宋庄当代艺术年鉴（2006）

THE CONTEMPRARY ART ANNALS OF SONGZHUANG CHINA

图书在版编目（CIP）数据

宋庄当代艺术年鉴. 2006/洪峰主编. —北京：华艺出版社，2009. 9
ISBN 978-7-80252-080-6

Ⅰ. 宋… Ⅱ. 洪… Ⅲ. 艺术—通州区—2006—年鉴 Ⅳ. J12-54

中国版本图书馆CIP数据核字（2009）第159324号

宋庄当代艺术年鉴
THE CONTEMPRARY ART ANNALS OF SONGZHUANG CHINA

主　　编：洪　峰
责任编辑：吴黎浪
出版发行：华艺出版社
社　　址：北京海淀区北四环中路229号海泰大厦10层
电　　话：010-82885151
邮　　编：100083
电子信箱：huayip@vip. sina. com
网　　站：www. huayicbs. com
印　　刷：北京经典盛世印刷有限公司
开　　本：787 × 1092　1/16
字　　数：280千字
印　　张：18. 5
版　　次：2009年9月北京第一版
印　　次：2009年9月北京第一次印刷
书　　号：ISBN 978-7-80252-080-6
定　　价：598. 00元（共3本/套）

年鉴编委会

宋庄艺术促进会出品

学术支持：北京大学中国现代艺术档案

编　　委：洪　峰
朱青生
杨　卫
吴黎浪
滕宇宁
陈晓峰
马陌上
王盼盼
黄维扬

主　　编：洪　峰

责任编辑：吴黎浪

书籍装帧：邢　毅
鞠　秀

目 录

序

宋庄 | One

2006年关于宋庄的重点文摘 | Two

2005、2006年宋庄艺术节 | Three

2006年展览 | Four

艺术机构 | Five

序

文/胡介报

早在文艺复兴时期，莎士比亚就在《哈姆莱特》一书中提出“人为什么活着?”的哲学命题。今天，我们当代人依然要对生命有所思考：怎样活得有价值？我们要给子孙留下什么？在我看来，文化传承是最重要的，没有文化的民族就没有精神凝聚力。历史的经验告诉我们：弥补文化断裂造成的损失与遗憾，需要付出昂贵的代价。所以，我们必须得从今天做好准备，努力为后人打造丰厚的文化遗产。

众所周知，当代艺术是时代的产物，是表现当代现实，直接呈现对社会各方面的思考。这是当代艺术的特点，也是其价值所在。过去，人们对当代艺术的认识不够，但幸运的是，我们正处于一个经济、文化蒸蒸日上的伟大时代，人们的思想观念在迅速提升。中央政府集思广益、地方政府思想包容，从而使得当代艺术有了得以发展、繁荣的土壤。如果说，“文化造镇”是想把当代人创新、创造的过程变成文化积淀留给后人，为将来打下基础；那么艺术年鉴则是及时记录当代人正在努力实施的过程，并将其弘扬开来。现在，政府已经明确一个姿态，就是要鼓励、支持艺术家，为他们提供创作空间和社会条件。中国要想与国际接轨，只有打开思路、拓宽视野，才能适应未来世界的发展要求。

历史证明，当代艺术具有强大的市场潜力，是文化创意产业发展的重要资源。卢浮宫的作品都是反映历史上的现实，所以成了人类文化遗产。宋庄艺术家的可贵之处，正在于艺术家们用绘画、雕塑、装置等多种多样的艺术形式反映了这个时代的特征。所以，宋庄的当代艺术作品，将来不仅属于宋庄，属于中华民族，也属于全世界，是整个人类共同的精神财富。

我们曾提出：能否用当代人的努力，打造百年后的文化遗产？这个想法并非空洞。通过对祖国和世界文化资源和遗产的考证，充分证实了宋庄具备这个条件。至于能不能成为遗产，可由百年之后的人们去评说。但如果我们现在没有这个意识，没有为“给未来留下什么”的创造性实践，那么，我们的后人就无法从我们这里获得文化上的启示。正是基于这个原因，我们组织了专业队伍来编写《宋庄艺术年鉴》，目的就是想记录下这些宋庄艺术家的创造性足迹，给未来发展提供人文参照。

2006年，仅仅只是开始，但我相信，随着这个开始，必将会打开历史的新篇章。

宋庄 | One

宋庄牌楼

宋庄概况

在北京天安门前的长安街东延长线咫尺之地，京杭大运河的北端有一座古城，这就是首都的“左辅雄藩”——通州。在通州城北，有两条不可多得的历史景观，造就了北京小平原的自然河流，这就是大运河的源流——温榆河与潮白河。在两条母亲河之间，有一片秀美繁荣的土地，这就是闻名遐迩的艺术群落——宋庄。

悠悠岁月，历尽沧桑，通州区这片辽阔原野，有多少代勤劳的前人在开发，在耕耘。远在黄帝、颛顼、帝喾、唐尧、虞舜的五帝时代，这些传说中原始社会末期的部落或部落联盟的领袖，曾将中原划分为九州，宋庄镇曾属于幽州之域、冀州之士、幽陵之区。传至夏、商及周初，这里先属冀州、后隶幽州，再改辖于周武王分封帝尧之后的诸侯国——蓟。大约在西周中期，蓟微燕盛，同是被周王分封的燕国把蓟国吞并了，于是这里归属于燕国。

宋庄小堡西街菜市场

解放以后的考古发现，北京地区新石器时代的人类遗迹有30余处，大都在山下河谷之处，完全处在平原的并不多见。然而在通州区一望无垠的大地上，曾于1975年8月、1995年6月先后在今梨园镇北三间房村西土岗处和宋庄镇菜园村南取沙坑出土了两件青沙岩石斧，距今已有四五千年。这就表明，在很早以前，先人已经在这里进行生产活动，他们在一条大河（后来叫沽水）的两畔繁衍生息，代代相传。可以说，宋庄镇域曾是通州区最先开辟的地域之一，通州区悠久灿烂的历史文化从这里开始。

宋庄镇域多河富水，一望平川，土地肥沃，四季分明。在镇域的西部，有两条河流自北而来，向南流去，一条自昌平而至，称温榆河，一条从顺义而入，叫小中河。在镇域的东部，也有两条河流，一条曾纵贯辖域中部，名潮白河（今中坝河），一条曾抚界南流，谓泓泓河（今潮白河）。四条古老河流天造地设不约而聚，平行纵穿仅仅百余平方公里的镇域，这在北京、在华北、在中国，乃至世界，都是不可多得的自然历史景观。

宋庄地处北京东部发展带上，西与朝阳区接壤，距CBD中央商务区十三公里；北与顺义区为邻，距离首都机场两公里，正好处在空港相邻地区，是临空经济和科技研发产业发展的一个重要区域。宋庄镇总面积115.929平方公里，辖四十七个行政村，镇域内户籍人口近十万人。宋庄地势开阔，土地整合和开发建设的空间很广阔，自然及人文环境相对保存完整，民风淳

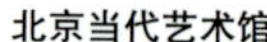
北京当代艺术馆

上上美术馆

朴。目前全镇有可建设用地五万多亩，发展用地五万多亩，都市、生态农业用地五万多亩。在两大重要水系温榆河与潮白河之间，绿地覆盖率现已达33%。镇域西边沿温榆河道有2002年度《高尔夫》杂志评选的全球必去的十佳球场温榆河高尔夫球场，北部有亚洲面积最大、功能最全、标准最高的通顺赛马场和占地两千亩的伯爵园高尔夫球场，镇域中部有千亩荷花塘，东部有四星级运河苑度假村，东南角有大运河高尔夫球场，构成宋庄运动、娱乐、休闲度假三位一体的旅游资源优势。

宋庄还是东北及环渤海地区进京的交通要塞，公路系统发达，京哈高速路、北京六环路、通顺公路、京承铁路、京秦电气化铁路穿镇而过。按照北京新的规划，宋庄正好位于百里长街东延线上，规划中的轻轨6号线、编组站等重要交通设施将在这里建成，把宋庄与北京城市中心区紧密连接在一起。

宋庄悠久的历史、丰富的文化底蕴和富于包容性的文化艺术氛围，使她成为了投资办学的理想之地。环境优雅、设施齐全的北京中加中学，创建于1997年，是宋庄首座与国际教育接轨的学校。

加拿大菲莎河谷大学、纽宾士域省大学、圣约翰社区学院等名校，在这里开设了最有特色的课程班。潞州中学是一所公立完全中学并设有国际部，占地面积近八万平方米，教学条件优越。目前已有北京工商大学嘉华学院、北京私立树人学校等二十多家学校落户宋庄。除此之外，宋庄艺术人才集聚，已形成北京乃至中国规模最大、知名度最高的艺术家群落。

宋庄艺术村的最初形成，与圆明园画家村有着千丝万缕、

宋庄美术馆

不可割裂的联系。1993年到1994年之间，圆明园画家村成为一个国内外记者、画商、艺术爱好者趋之若鹜的热闹去所，这给自由艺术家们带来了各种机会，同时也给许多画家带来了无法安静创作的困扰。于是，1994年初春，画家方力钧、刘炜、张惠平、岳敏君、王音和批评家栗宪庭等人就来到了宋庄。选择宋庄的原因是这里远离城市的喧嚣，又没有彻底脱离作为文化中心的北京。同时，这里的院落十分宽敞，多为传统的四合院格局，青砖灰瓦、花格窗子，透着纯朴和传统之美。远处的潮白河流，近处的碧绿农田都给人以开阔舒畅静谧的感觉，因此，这里十分适合居住以及安静地画画。

半年后，圆明园其他一些艺术家杨少斌、王强、刘枫桦、马子恒、张民强、姚俊杰、王秋人等也闻讯来到小堡村买了房子。他们是最早转移到宋庄的艺术家。1995年秋，圆明园画家村被解散，成就了以圆明园艺术家为主的艺术人群向宋庄的集体大迁徙，因此，小堡开始陆陆续续迎来从圆明园撤出的艺术家，较早的有鹿林、王庆松等人。一两年后，杨卫、陈牧、王炎、胡向东等人也从其他地方陆续地搬来宋庄定居。作为自由艺术家们新的聚集地，宋庄再一次成为海内外关注的焦点。一些老一辈艺术家，比如黄永玉等也相继来到宋庄落户，与年轻的前卫艺术家们一样过着清淡自在的艺术生活。

如果在“宋庄”剔除“圆明园”这一特有元素，那么，它只是北京周边一个普通的艺术家村落。正是因为有了“圆明园”的历史脉络，宋庄成了中国当代艺术当之无愧的生态博物馆。而在宋庄的艺术家方力均，既是圆明园画家村的第一批画家，又是宋庄艺术村的缔造者之一，也是新中国革命现实主义传统在当代艺术中的转基因传人。另一个起决定性作用的人，当属栗宪庭了，他从上世纪80年代开始关注和推介当代艺术，而在今天，他已经是艺术圈中屈指可数的领军人物。

万荷堂——黄永玉工作室

实际上，宋庄真正成为艺术家大规模的聚居地，还是近几年的事情。艺术家合群而居可以说是一种“习性”，也就是所谓的志同道合，群落让他们交流、沟通、相互温暖。2003年时，当地艺术家有二三百人，2004年有400人，到2005年猛增到700多人。此时的宋庄，已经成为一个文化标志，进入宋庄，也就进入了“圈子”，接近了中国当代艺术的最前沿。因而，宋庄就像一块磁铁，吸引着越来越多的艺术家。时至今日，宋庄已是一个品牌，并已形成颇具规模且不断扩张的自由艺术家群落，47个村里有12个村住着艺术家，以小堡村为核心，聚集了来自全国各地的近千名自由职业艺术家及相关产业的文化人士。随着艺术家的增多，宋庄艺术家的成分也越来越复杂，其人员构成由原来单纯的画家、策展人、艺术评论家演变为现在的雕塑家、行为艺术家、观念艺术家、摄影家、独立制片人、DV艺术家、音乐人、自由作家等，组成了纷繁复杂而又色彩斑斓的人文景观。

2005年9月6日，在宋庄镇政府和宋庄广大艺术家的大力支持下，宋庄艺术促进会正式成立。2006年7月1日成立宋庄艺术家群落接待中心，坐落于小堡商业广场中心区域，为来访于宋庄的外界朋友提供了一个服务的窗口。宋庄艺术促进会由最初的60名会员现已发展到有积极影响力的艺术家150多名，促进会还在自身组织建设上实现了突破，成立了各具特点的分会，如女艺术家分会、水墨同盟等等。在吸收会员方面促进会吸纳了宋庄以外的包括北京市区的艺术家会员45名，使宋庄艺术促进会的影响扩大到全市的范围。另外，促进会还积极发展会员单位加入促进会，会员单位的加入为促进会的工作运行提供了成本保障。

时间跨越到形成画家村12年后的秋天，在宋庄镇党委政府的大力推动下，一场不期而至的“宋庄文化艺术节”打破了往日的沉默。宋庄艺术节不仅是艺术家的节日，也是艺术的节日，更是宋庄人艺术生活的节日。当一年一度的宋庄艺术节来临之际，整个城镇到处都洋溢着喜悦的气氛。人们期待着艺术节的到来，人们盼望着艺术节的到来，同时，人们也为自己的期待和盼望，为打造艺术名镇、文化重镇、经济强镇在做准备。一年一度的艺术节更为宋庄罩上了一层耀眼的光环。

从偏僻的小村镇到今日丰腴的著名艺术重镇，宋庄走了一条由自聚集到国际国内共同关注扶持的道路。政府实行灵活的推广政策是宋庄成为知名艺术品牌的关键。继艺术促进会成立以后，宋庄又规划出了一个新的艺术园区，围绕着这个艺术园区，美国、台湾地区等地的艺术家、画廊纷纷盯上宋庄这块“飞地”，越来越多的画商和投资商也看准了这块风水宝地，纷纷开始投资兴建专业工作室和画廊。小堡北边有一个造型怪异的灰色建筑，是由美国人投资、艾未未设计的艺术中心。供艺术家办展览的画廊也已经渐成规模，有位于小堡村的前哨画廊、韩燕画廊，位于任庄的宋庄画家村画廊，位于喇嘛庄的宋庄艺术大本营，以及宋庄艺术家合作社，还有占地5000平米的宋庄美术馆等。另有投资商为艺术家专门修建的工作室群落已出租给艺术家使用，比如宋庄东区艺术中心等。宋庄自身的艺术博物馆、美国现代艺术博物馆、台湾香港画廊也都在加紧建设中。

随着宋庄艺术群落人数的增多，尤其是越来越多的艺术家被社会认可，它在海内外的知名度也不可避免地带动了当地服务业的繁荣。十年前还很偏僻的村镇，现在却是饭馆林立，甚至已经有了若干中小型超市。走进小堡村的商业街，那宽阔的街道，装修风格各异的店铺，让人很难想象这里原来是地道的北京农村。

从2005－2006短短的两年时间里，宋庄经历了脱胎换骨的变化，形成了近千名艺术家的规模，并成功举办了自己渐成风格的两届艺术节（宋庄文化艺术节）。今天，宋庄已成为先锋艺术家的温柔之乡和新的精神家园，在这里，他们安定下来。

宋庄艺术促进会

相比于上世纪90年代初期的圆明园艺术村，宋庄似乎是更成熟的选择，它聚集了众多的艺术家，有着异常活跃的艺术氛围，它引起了国内外艺术界和文化界的极大关注，更是现在许多来北京旅游人们计划中的一站。

宋庄的前景是光明的。随着社会的发展和进步，人们的物质生活将会一步步得到提高；人们的精神需求将会随着物质生活的提高而逐步得到提高；人们的艺术修养将会随着物质生活的改善而逐步培养起来，宋庄艺术也将会有更广阔的市场。宋庄是幸运的，丰富的历史文化底蕴和现代艺术传承创新兼而有之，在此基础上，宋庄将建设成为文化产业聚集区，形成国内规模领先的文化艺术产业基地。作为全国小城镇试点镇，宋庄具有得天独厚的区位优势。发达、便捷的交通、京东经济发展的纽带地位、完整淳朴的人文生态环境和百花齐放的文化艺术资源，成为了奠定中国宋庄崛起的基石。

文化造镇

当艺术家方力钧、岳敏君等人在上世纪九十年代初来宋庄落户之时，他们绝没有想到，宋庄，有一天会由一个名不见经传的小镇，一跃而成为中国当代艺术重镇。宋庄之所以能够吸引上千名艺术家云集于此，组成中国最大的艺术家群落，不能不说，这与“文化造镇”所营造的对艺术的包容态度有密切关系。当政府对艺术进行扶植的时候，宋庄的当代艺术才呈现出了前所未有的活力。宋庄艺术家的构成也不仅只是单纯的架上画家，还有雕塑家、摄影家、自由作家、影视制作人等等。宋庄作为国内最大的原创艺术家聚集地，呈现出了百家争鸣、百花齐放的多种艺术形式和多种流派和谐发展的人文景观。

2004年早春，胡介报刚调到宋庄镇任镇党委书记，就带领党委政府班子对全镇的资源状况进行了一次全面的调研。调研中发现，这个地区的文化资源丰厚无比，仅小堡村就聚集了一百多名画家。全镇47个行政村中，有12个村居住着不同类型的艺术家，总数达到360人之多。胡介报敏感地意识到这是一个不可多得的宝贵资源。在进一步调查中发现，这些艺术家大部分是搞当代艺术创作的。当时，国内对当代艺术的认识程度并不高，重视程度也不够。然而在国外，宋庄的当代艺术作品却已经引起了国际艺术界的关注和各国美术馆、画廊以及收藏家的青睐。许多优秀的艺术作品，不断地流向国外市场。现实的状况，激起胡介报早在永顺镇任镇长时就埋下的“文化情结”，昔日的理想与眼前的文化资源一起在头脑中碰撞。2002年，一篇关于美国纽约苏荷艺术区的文章令他仍然记忆犹新。文中讲述了苏荷区如何从一个破旧的工厂区变成美国当代艺术聚集区的过程，这推开了胡介报对文化产业了解的窗口，他从中获得一个重要的启示:当代艺术的积聚可以造就一个艺术城市。宋庄有很深的文化底蕴，何不利用眼前的艺术家资源，建成一个独具特色的文化小镇，最终打造“中国·宋庄”的文化品牌？还有一篇题为《大文化》的文章，也让胡介报感觉到，文化产业在未来的经济发展过程中会成为一个巨大的金矿，只要国家稳定，发展到某一个阶段，人们对文化的消费和需求就会越来越强烈地爆发出来。通过理论与宋庄的实际结合，胡介报坚信宋庄镇发展文化创意产业、实施“文化造镇”有着得天独厚的优势。最后，经过党委政府班子认真系统地策划，郑重提出了“文化造镇”的发展口号，确立了大力发展文化创意产业的方向。

当然，“文化造镇”绝不是停留在口号上，政府不仅把它当成一个重要的课题去研究，还专门成立了“文化造镇”工程领导小组和办公室，明确不同阶段的任务，去尽快落实具体的计划和产业项目。“文化造镇”战略的内涵概括起来是：通过文化为宋庄的发展提供内在动力；通过文化品牌打造宋庄区域的核心竞争力；通过文化氛围的营造为宋庄创造良好的投资环境；通过发展文化产业推动宋庄国民经济的快速、健康、持续增长；通过文化元素的渗透转换传统产业的价值主体；通过文化产业与传统产业的融合大幅度提升传统产业的价值。“文化造镇”的战略，就是要通过发掘、弘扬先进文化，营造诚信、开放、包容、亲和的人文环境，以深厚的文化底蕴和良好的生活环境树立宋庄独特的形象，培育独具魅力和影响力的区域品牌，扩大影响力和辐射力，吸引资金与人才，最终实现“文化造镇”的总体目标，即用五年至八年时间把宋庄建设成为经济繁荣、文化兴旺、社会和谐的“中国文化艺术名镇”。

2005年，宋庄在全国范围内征集LOGO。不久，“中国·宋庄”的品牌注册成功。同年9月，宋庄艺术促进会成立，由洪峰担任会长，积极发展宋庄艺术家群落，为“文化造镇”工程搭建了社会化服务平台，这是“文化造镇”迈出的重要一步。2006年2月，原宋庄文化服务中心，被改制为宋庄文化产业发展服务中心。在该中心的统领下，镇内的文化创意产业、创意新村等具体工作得到尽快落实，为“文化造镇”搭建了宏观管理平台。3月，宋庄文化创意发展有限公司成立，加快了文化创意产业集聚区建设的步伐，成为一个合理有效的市场化运作平台。2006年5月，宋庄门户网站——宋庄ART网建立，网站以中英文双语的形式上传，为宋庄当代艺术的发展搭建信息化服务平台。四个工作平台以及宋庄当代文化专项基金的启动，对我镇加强文化创意产业的发展起到了积极的推动作用，也为艺术家们营造出了良好的生活创作空间。

在具体项目实施过程中，政府针对宋庄艺术原创性的特点，贯彻了“意识超前，规划先行”这一想法。全区的设计

北京TS1【宋庄壹号】当代艺术中心

左右艺术区

一般由艺术家自己完成，体现出独特的个性和创意。对于建和拆，政府都要事先判断它的艺术价值，然后做出决定。新修的路正对着黄永玉先生的“侃亭”，但亭子没有动，对路线进行简单的调整，亭子便成了路上的风景。老先生曾梦想在宋庄拥有一座自己的院落，于是，一座名为“万荷堂”的四合院很快落成。不久，那里将建成荷香飘千里的“万荷堂”小镇和独具艺术价值的黄永玉艺术馆。宋庄成了无数艺术家梦想的家园，是适合艺术创造的精神乐土。百年以后，必将成为无数游人前来朝拜的艺术圣地。

如果说，首届“中国•宋庄”文化艺术节的举办，标志着“文化造镇”的战略构想已开始实施，那么从“第二届中国•宋庄文化艺术节”开始，则进入具体项目建设的实施阶段。今

东区艺术中心

天的宋庄，不仅跻身于北京首批十大创意产业集聚区，还获得了“2006中国最佳创意社区”、“2006艺术中国”最具影响力的艺术机构等殊荣。目前镇域内多家美术馆、画廊已陆续建成，宋庄原创艺术与卡通产业集聚区建设也已及时启动，集聚区内涉及的十几个文化项目正建成在即。“用我们当代人的努力，打造百年以后的文化遗产”，这既是在编织梦想，同时也是在创造现实。

宋庄艺术家进驻时间表

宋庄艺术家进驻时间表

(1993–2006)

1993年

黄永玉 （湖南）

1994年

张惠平 （北京）
方力钧 （河北）
岳敏君 （黑龙江）
栗宪庭 （河北）
刘 炜 （北京）
王 强 （北京）
高惠君 （河北）
姚俊忠 （河北）
廖 雯 （北京）（女）
边 学 （黑龙江）
边 红 （黑龙江）（女）
张民强 （江苏）
王秋人 （上海）
陈光武 （广西）
严 宇 （黑龙江）

1995年

杨少斌 （河北唐山）
罗氏兄弟 （广西）
王庆松 （湖北）
邵逸农 （青海西宁）
幕 辰 （辽宁丹东）（女）
刘枫桦 （河北）
高玉林 （河北）
张鉴强 （新疆）
李书英 （北京）（女）
索 探 （河北）
鹿 林 （山东）
陈 牧 （贵州）
马子恒 （江苏）
任 戎 （江苏）
任 辉 （江苏）
张国龙 （江苏）
廖海英 （四川）
段英梅 （黑龙江）（女）

1996年

常宗贤 （河南）
张 湘 （湖南长沙）（女）
李胡勇 （四川）
刘 铮 （四川）
董 潞 （天津）
王能涛 （黑龙江）
郎小杞 （江苏）（女）
饶松青 （湖北）
徐志伟 （北京）
刘国强 （河北沧州）
师若夫 （陕西乾县）
王 群 （湖南长沙）
王 琰 （湖北武汉）
杨 卫 （湖南益阳）
仲兆麟 （辽宁大连）
周 斌 （陕西）
魏 野 （吉林）
方 子 （美国）

1997年

鲍智明 （安徽合肥）
刘 丽 （河南）（女）
伊德尔 （呼和浩特）
杨大味 （河南）
杨春白雪（河南）（女）
陈庆华 （新疆）（女）
魏 林 （新疆）
胡向东 （江苏）
刘 瑾 （江苏）
王 峰 （山西）
杨茂源 （大连）
张 东 （福建永泰）
廖邦铭 （四川）

1998年

何大桥 （黑龙江）
孟 凯 （河南）
殷小林 （北京）
尹 坤 （四川德阳）
吴 雪 （陕西绥德）（女）
马 野 （陕西绥德）
贺 天 （湖南）
陈秋池 （吉林德惠）
周 策 （黑龙江海林）
王雪林 （江苏徐州）
刘 桐 （贵州贵阳）（女）
片 山 （贵州贵阳）
杜 婕 （湖北）（女）
刘海舟 （湖北襄樊）
石立峰 （河北石家庄）
李 佳 （河北涿州）（女）
马 越 （吉林）
林 红 （吉林）（女）
成 立 （甘肃兰州）
李勇哲男 （吉林）
刘 伟 （黑龙江牡丹江）
孟祥龙 （河北）
汪为新 （江西永新）
王 音 （山东济南）
张海鹰 （山东寿光）
张慧可 （宁夏银川）（女）
赵彤海 （西安）
张 涛 （黑龙江）
林天苗 （北京）（女）
郭俊杰 （山东）（女）
林天放 （黑龙江）（女）
王功新 （北京）

1999年

黄有维 （湖南临湘）
李光林 （辽宁辽阳）
刘 勇 （辽宁沈阳）（女）
单 智 （吉林辽源）
于生文 （黑龙江）
王殿森 （辽宁）
任 杰 （北京）
齐中华 （青海）
迟世云 （山东）
李 伟 （安徽）
杨文胜 （陕西）
肖国富 （贵州）
岳 蒙 （吉林）
陶 涛 （浙江）
雪 儿 （台湾）
童爱臣 （辽宁）
赵鲁军 （山东）
杜 撼 （江西抚州）
潘雪云 （浙江玉环）（女）
周洋明 （浙江临海）
孙光华 （北京）
赵光臣 （吉林松原）
刘 峥 （河北保定）
朴光燮 （吉林延边）
唐 城 （山西安泽）
魏 猛 （北京）
夏小万 （北京）
于远庭 （河北张家口）
赵禄寓 （山东邹县）
邝老五 （四川阿坝）

2000年

秦　剑　（陕西）
刘作瑞　（广西桂林）（女）
母　军　（河北秦皇岛）
王　飞　（山西大同）
吴德武　（河北）
唐建英　（河北石家庄）
申　云　（河北邯郸）
李大鹏　（河北唐山）
张学海　（北京）
原国镭　（北京）
张骞文　（浙江定海）
张海涛　（湖北宜昌）
董久平　（湖北襄樊）
冯国东　（广东）
李彦修　（河北深津）
梁长胜　（北京）
刘劲松　（北京）
刘纯海　（黑龙江）
刘立业　（山东）
刘　毅　（甘肃兰州）
陆晋生　（山东）
马　晗　（湖南株洲）
彭　一　（湖南湘潭）
肖芳凯　（江西大余）
张德峰　（北京）
张　戈　（北京）
张国平　（江苏）
张义旺　（天津）
郑学武　（黑龙江）
万　岭　（河北）
小　飞　（新疆）
扎　扎　（新疆）
日　出　（北京）
付尔康　（德国）
冯　兮　（北京）
白新成　（北京）
刘耀先　（内蒙）
吕　顺　（江苏）
张起田　（湖北）
李　云　（河北）
沉　波　（山西）
肖　翔　（河北）
班学俭　（宁夏）
黄文锋　（广西）
黄京哲　（吉林）
詹轶简　（湖北）
董　炎　（湖北）
薛耀军　（江苏）

2001年

杨　钊　（北京）
宋广袭　（安徽合肥）
陶思睿　（新疆喀什）（女）
王世君　（北京）
陈剑锋　（四川简阳）
王　钧　（安徽淮南）
薛利铭　（河北承德）
张世君　（四川凉山州）
哈世友　（甘肃）
张建俊　（陕西渭南）
刘旭东　（湖南浏阳）
卫保刚　（湖北黄石）
张路桥　（吉林松原）
杨　洮　（山东临沂）
邢　波　（吉林松原）
何学升　（宁夏吴忠）
朱久洋　（陕西洛川）
戈　溢　（山东）
王时雨　（新疆）
叶丕祥　（湖南）
刑　宛　（海南）
刘　柳　（湖南）
刘金梁　（北京）
吕　上　（河南）
何　必　（湖南）
李　雳　（河北）（女）
李凌村　（山西）（女）
杨　斌　（湖北）
单竹兰　（江苏）（女）
范蕴蕴　（天津）
钟　瑶　（辽宁）（女）
徐　晖　（内蒙古）
殷霄云　（北京）
崔宝珊　（北京）
梁国安　（湖南）
薛　明　（河北）
黄金瑞　（山东）
大　曹　（山东）

2002年

周　祁　（黑龙江）
王继光　（甘肃兰州）
王思丁　（安徽阜阳）（女）
魏　超　（山东临沂）
金　宇　（北京）
孙　涛　（四川绵阳）
刘港顺　（湖北黄石）
谭小勋　（湖南涟源）
刘　海　（广西南宁）
鲁一凡　（湖北黄石）
张庭群　（福建福州）
周　燕　（四川西昌）
窦金军　（山东陵县）
傅玉玺　（内蒙古通辽）
熊　涛　（中国香港）
李玉兰　（河北邯郸）（女）
江得农　（不详）
马　上　（河北）
马　鸣　（山东）（女）
王无际　（安徽）
关旨越　（福建）
冯　峰　（沈阳）
毕小波　（河北）
李庆军　（陕西）
李明铸　（天津）
林林兮　（福建）
纹　子　（河北）
陈建国　（河北）
郑东生　（安徽）
音　达　（新疆）
秘金明　（北京）
康耀南　（台湾）
黄志琼　（湖北）
黄金哲　（吉林）
黄耿忠　（福建）
蔡卫东　（甘肃）

2003年

笠　泽　（海南海口）
邢　鹏　（陕西高洛）
于建涛　（山东文登）
赵　磊　（甘肃平凉）
张北云　（甘肃兰州）
李继森　（天津）
杨　媚　（天津）（女）
刘保民　（陕西西安）
邬金梅　（浙江桐乡）
刘思昂　（内蒙古）
武海龙　（河北石家庄）
张　伦　（山西太原）
子　真　（北京）（女）
宋绪军　（山东泰安）
赵映岚　（河北张家口）（女）
高　杨　（内蒙古包头）
姜　进　（江苏如皋）
李鹤峰　（内蒙古包头）
王鹏杰　（内蒙古乌海）
李　凤　（山东青岛）（女）
李　伦　（湖北）
刘润君　（河北唐山）
李云通　（河北大城）
孙　齐　（吉林白山）
王　鹏　（北京）

姜　涛　（北京）
魏葆利　（山东青岛）
文　科　（河北三河）
万　军　（北京）
万里英　（山东）
万里雅　（山东）
王　琪　（山东）
王胜先　（甘肃）
王继先　（甘肃）
王笠刚　（陕西）
天　青　（山西）（女）
皮文涯　（湖北）
包书彰　（贵州）
孙芙蓉　（河北）（女）
宋广利　（吉林）
张　帆　（黑龙江）
张　巍　（陕西）
张林海　（河北）
李　云　（山东）（女）
李秀芳　（广西）（女）
杨小四　（云南）（女）
陈　超　（河南）
龄　子　（吉林）（女）
季大海　（北京）
赵俊涛　（甘肃）（女）
赵映岚　（河北）（女）
骆　驼　（内蒙）
徐晓燕　（河北）（女）
栗胜春　（河北）
戚梦光　（河北）
韩旭成　（河北）
荣　晗　（河北）（女）
廖建华　（湖南）
龄　子　（吉林长春）（女）
张东红　（吉林长春）

2004年

朱国强　（辽宁锦州）
钟天兵　（甘肃兰州）
赵俊海　（吉林）
张柏涛　（黑龙江大兴安岭）
袁兴刚　（北京）
于建刚　（山东海博）
俞成浩　（吉林龙井）
伊贤彬　（福建三明）
一　牛　（北京）
杨小兵　（甘肃天水）
杨明炀　（北京）
杨　放　（新疆哈密）
徐弘滨　（河南遂平）
韦　仝　（四川重庆）
王　琪　（北京）（女）
王霁昕　（黑龙江大庆）
王　浩　（河北平顶山）
王海霞　（山东临沂）（女）
王　浩　（吉林）
苏梓寒　（安徽滁州）
盛　东　（山东）
任峥锋　（山西）
冉令欣　（辽宁抚顺）
宁方涛　（山东青州）
苗　壮　（吉林长春）
马东民　（黑龙江大庆）
贾　穹　（吉林）
大麦子　（陕西）
孙　齐　（吉林）
李　刚　（甘肃兰州）
锦衣鸿　（四川）
姜永杰　（山东青岛）
江树海　（辽宁沈阳）
江会武　（州贵阳）
何树海　（黑龙江讷河）
关　健　（辽宁兴城）
龚　顺　（广州中山）
冬　宁　（四川重庆）（女）
陈志平　（甘肃临洮）
陈沿青　（河北邯郸）
陈活活　（广西北海）（女）
白野夫　（河北石家庄）
赵德伟　（山东青岛）
杜　丹　（辽宁营口）
大麦子　（陕西）
马嫣冷　（湖北）（女）
王振玲　（山东）（女）
叶观望　（广西）
田小赤　（吉林）
安　毅　（甘肃）
纪晓峰　（山东）（女）
张　婉　（辽宁）（女）
李天涧　（甘肃）
汪得农　（浙江）
迟树艺　（吉林）
陈剑青　（山东）
罗　海　（广西）
侯　庆　（湖北）
赵　丽　（山东）（女）
赵　跃　（四川）
索予彤　（河南）（女）
海　波　（吉林）
郭季军　（甘肃）
高伟刚　（黑龙江）
崔　涛　（山东）
郭金逸　（新疆）
野　雪　（甘肃）
焦可川　（陕西）
谢仁辉　（福建）
潘　洵　（吉林）
魏葆莉　（山东）
黎　丽　（法国）

2005年

朱　赤　（不详）
张莹禹　（吉林长春）
崔　男　（河北邯郸）
张建龙　（甘肃兰州）
张建军　（山东潍坊）
张慧荣　（山西太原）（女）
曾建阳　（福建泉州）
尹　俊　（四川德阳）
于　若　（河北）
杨九云　（上海）
伍　礼　（湖南湘潭）
陶永升　（黑龙江）
王成城　（贵州贵阳）
王　新　（河北邢台）
王　默　（山西太原）
王俊彪　（不详）
任战芳　（河北邢台）
刘　峥　（北京）
曲　伟　（河南郑州）
祁百成　（天津）
梅　子　（四川西昌）（女）
刘新歌　（山西）
林志聪　（台湾嘉义）
李　雄　（陕西）
李　欣　（北京）
贾见罡　（山西原平）
黄金宝　（吉林磐石）
黄继德　（北京）
华继明　（湖北）
胡月朋　（辽宁锦州）
胡建涛　（河南濮阳）
洪　帆　（河北三河）（女）
红　树　（山东潍坊）（女）
贺洪志　（重庆）
郭仁杰　（山东平邑）
郭　波　（四川成都）
宫昌鸿　（黑龙江哈尔滨）
高海艺　（天津）
高　琦　（山东）
丰野秋　（内蒙古）
房　辉　（辽宁沈阳）
邓　彬　（湖南冷水江）
成　宇　（辽宁沈阳）
陈　鱼　（河南濮阳）（女）
陈　宏　（河北）

陈道纯 （北京）
陈百明 （黑龙江）
蔡富军 （广西桂林）
阿　西 （广西南宁）
赵燕峰 （北京）
贾　穹 （北京）
马　修 （瑞士）
马　杰 （菲律宾）
尹恩江 （天津）
王　风 （山东）
王　兵 （湖北）
王　洪 （陕西）
王　觉 （河北）
王　卿 （河北）
王　琦 （不详）
王江丽 （吉林）（女）
王宝明 （河北）
叶植盛 （广东）
老　木 （湖北）
任　辉 （江苏）
刑　明 （不详）
刘　军 （黑龙江）
刘　君 （吉林）
刘　峰 （不详）
刘　惠 （四川）（女）
刘伟利 （不详）
刘富春 （吉林）
孙　侃 （吉林）
孙　毅 （辽宁）
朱拂梅 （四川）（女）
权学俊 （吉林）
何　杰 （不详）
宋小鸿 （河北）
张　彦 （山东）（女）
张方白 （湖南）
张建民 （河北）
张谧诠 （吉林）
李　勇 （陕西）
李玉英 （山东）
李志宏 （河北）
李修祥 （江苏）
李恒彪 （四川）
李常生 （不详）
李常宝 （吉林）
杨久云 （不详）
邹　操 （吉林）
阿　兰 （加拿大）
陈玫霏 （海南）
麦　子 （陕西）
若瑟林 （马来西亚）
南　超 （吉林）
柳　庄 （黑龙江）

赵　刚 （不详）
赵树林 （河北）
赵燕峰 （北京）（女）
郝梦竹 （加拿大）
徐若涛 （辽宁）
海　上 （上海）
袁　辉 （不详）
高　栋 （甘肃）
高德华 （陕西）
梁建平 （河北）
覃　余 （广西）

2006年

赵智寰 （山东） （女）
包筱瑜 （浙江乐清）（女）
毕　雨 （河北石家庄）（女）
蔡志勇 （广东梅州）
车波田 （吉林白山）
程　伟 （吉林吉林）
崔爱民 （河北邯郸）
崔晓梅 （河北沧州）（女）
崔秀男 （吉林延吉）
窦　子 （山东临沂）
封瑞昌 （河北怀来）
高　粱 （山东定陶）
关　葳 （辽宁大连（女）
韩　燕 （四川内江）（女）
何秉华 （天津）
何宏伟 （呼和浩特）
虹　灵 （辽宁葫芦岛）（女）
胡军强 （云南昆明）
胡书鹏 （江西瑞金）
花　哥 （四川雅安）
华　军 （北京）
黄国良 （江西黎州）
寇占山 （辽宁辽阳）
况枢锋 （山东胶州）
赖小平 （四川德阳）
李　高 （陕西西安）
李　林 （四川重庆）
李　磊 （辽宁盘锦（女）
李树桥 （辽宁辽阳）
李锡钧 （天津）
李雪瑞 （河北邯郸）（女）
李一丙 （河北邯郸）
李玉峰 （山东济宁）
李岳洋 （天津）
李志强 （河北邯郸）
林剑峰 （浙江温州）
刘　华 （青海西宁）
刘　征 （河北保定）
刘贵全 （河北三河）

刘　休 （湖南永州）
刘正勇 （湖南株州）
刘志强 （山东青州）
柳叶刀 （山东济南）
卢　曦 （陕西西安）（女）
罗　利 （陕西西安）（女）
罗　艺 （四川彭州）
罗华江 （福建龙岩）
马　鸣 （广西北海）（女）
马燕翔 （北京）
孟凡江 （北京）
米　娅 （山东烟台）（女）
穆道明 （吉林吉林）
欧　阳 （福建南安）
钱　盛 （浙江金华）
沈俊杰 （江苏海门）
孙　狄 （安徽宿州）（女）
孙广义 （辽宁盖州）
索　秀 （河北邯郸）（女）
谈一峰 （江苏南京）
王　赛 （辽宁沈阳）
王保龙 （山东临沂）
王楚禹 （陕西高洛）
王芳芳 （陕西西安）（女）
王建明 （山东淄博）
王小腾 （河北保定）
文　菁 （湖南长沙）（女）
吴　悠 （四川眉山）
吴文萍 （四川自贡）（女）
吴震寰 （广东湛江）
武嘉慧 （河北邯郸）（女）
武文成 （甘肃兰州）
武小会 （内蒙古）（女）
夏　莹 （天津）（女）
肖　千 （黑龙江海林）
谢　雁 （山西大同）（女）
谢　媛 （山西大同）（女）
雪　浪 （山西河津）
阎成林 （天津）
阎卫东 （重庆）
杨海平 （黑龙江牡丹江）
杨玉芳 （河南鹤壁）（女）
叶力萌 （浙江温州）
伊　灵 （上海）
袁克华 （北京）
张　彪 （云南）
张　谷 （贵州贵阳）
张　霞 （北京）（女）
张　敬 （浙江桐乡）
张　聪 （吉林吉林）（女）
张国超 （黑龙江大庆）
张纪海 （山东临沂）

张继生　（北京）
张开兴　（天津）
张利平　（河北石家庄）
张清源　（安徽淮北）（女）
张秋荣　（福建三明）（女）
张晓红　（河北任丘）（女）
张英楠　（陕西宝鸡）
张永平　（黑龙江海林）（女）
张照会　（河南平顶）（女）
赵　默　（黑龙江安达）（女）
赵　浥　（湖北襄樊）（女）
赵巧云　（山西阳泉）（女）
赵学敏　（河南洛阳）
赵振岩　（吉林松原）
赵志刚　（吉林长春）
甄　伟　（不详）
郑伯敏　（广东珠海）
郑益民　（江西九江）
支　子　（黑龙江大庆）
朱　岩　（河北唐山）
朱　岩　（湖北）
卓　玛　（辽宁营口）（女）
王兴刚　（辽宁）
万　力　（湖南）
也　宁　（不详）
于建刚　（山东）
马东钦　（河北）
马若宇　（云南）（女）
云　芸　（天津）（女）
亢新路　（河南）
元新路　（不详）
毛　珺　（河北）
王　飞　（山西）
王　卉　（不详）
王　军　（北京）（女）
王　匡　（河南）
王　芳　（陕西）
王　默　（不详）
王山山　（山东）（女）
王志平　（河北）
王俊标　（山西）
王南飞　（北京）（女）
王浩强　（山东）
王斌华　（福建）（女）
王智伟　（不详）
付满乐　（河北）
冯路敏　（辽宁）
田会增　（黑龙江）
白　夜　（陕西）
白龙云　（辽宁）
白进梅　（云南）
亚力山大（英国）
任芝田　（湖北）
伊林春　（福建）
刘　志　（吉林）
刘　浪　（吉林）
刘大顺　（辽宁）
刘天国　（北京）
刘存瑞　（辽宁）
刘剑霞　（河北）（女）
吉晓美　（湖北）
吕　彤　（河北）
杜　旻　（河北）
孙金虎　（山东）
安石榴　（广东）
朱小梅　（河北）（女）
毕　雨　（不详）
江　洪　（山东）
江丽丽　（河北）（女）
许洪淘　（黑龙江）
余　峰　（安徽）
余留群　（不详）
吴家高　（江苏）
库雪明　（北京）
张建军　（山东）（女）
张继晟　（山东）
李　汉　（山东）
李　磊　（辽宁）（女）
李广玉　（辽宁）
李广明　（安徽）
李宗阳　（山东）
肖　千　（黑龙江）
肖　昱　（内蒙古）
苏志强　（广东）
阿　平　（内蒙古）（女）
陆　莹　（澳门）（女）
陈　美　（四川）（女）
陈士斌　（安徽）
陈晓峰　（福建）
庞　勇　（辽宁）
庞宏伟　（河北）
枝林风　（黑龙江）
武孟春　（吉林）
金春鹤　（吉林）
姜　旗　（美国）
姜晓梅　（辽宁）（女）
赵光武　（吉林）
赵红梅　（黑龙江）（女）
赵碧琴　（福建）（女）
闻　竹　（河北）
唐　群　（吉林）
敖　月　（湖南）（女）
贾宇然　（黑龙江）
高　旋　（辽宁）（女）
崔龙虎　（吉林）
梅　子　（四川）（女）
蔡一了　（北京）（女）
黄　娣　（辽宁）（女）
寒　嘶　（浙江）
斯巴斯詹（法国）
曾　良　（福建）
曾龙飞　（湖南）
董青源　（山东）
董洒东　（广东）
蒋　亮　（不详）
韩金英　（北京）（女）
韩淑英　（山东）　女）
漠　子　（安徽）
蒙　蒙　（新疆）
燕　子　（湖北）（女）
薛铜山　（河北）
小　骆　（西安）
谭慰萱　（湖南）
李卫明　（北京）

收集工作任务艰巨，很难顾及周全，望遗漏者谅解！

现居住宋庄的艺术家名单

现居住宋庄的艺术家名单

白庙村

笠泽 刘作瑞 秦剑 黄有维 徐弘滨 王继光 张湘 常宗贤 高枫 李伟 高鉴 刘任 陆晋生 王立刚 王群 赵彤海 杨永乐

佰富苑环岛

刘一墨 杨钊 宋广袤 陶思睿 何大桥 李小争

艺术家大院

阿蒙 白新城 蔡富军 陈德成 陈士斌 陈鱼 陈志平 楚天 杜婕 高伟刚 高旋 郭利众 寒嘶 韩香树 何杰 贺洪志 洪帆 虹灵 胡军强 华继明 华军 江会武 李常生 林春岩 林剑峰 刘海舟 刘军 刘剑霞 柳庄 吕顺 马杰 马鸣 毛钢 梅明亮 祁百成 曲伟 刘峥 任辉 沈俊杰 盛东 索探 谈一峰 佟大壮 汪臻 王兵 王琦 王琪 王青 王赛尉 迟木松 吴震寰 邢波 徐辉 徐杉 杨大味 杨春白雪 刘阳 叶力萌 伊灵 伊贤彬 余留群 原国镭 张惠 张林海 张啸天 张彦 赵红梅 赵默 赵振岩 郑益民 钟瑶 周跃潮 朱新战 邹操

小堡村

阿蓝 阿如那 阿斯 白野夫 包筱瑜 毕雨 蔡志勇 曹操 崔男 车波田 陈道纯 陈光武 陈活活 陈美 陈牧 陈庆山 陈秋池 陈义 陈增慧 成宇 程伟 崔秀男 邓彬 董斌 窦子 杜江岩 杜可西 方力钧 房辉 封瑞昌 付山丁 高广春 高海艺 高惠君 高粱 高杨 高玉林 宫昌鸿 龚顺 古振宇 管义 郭波 郭贵君 郭金逸 韩旭成 韩燕 郝岩 何树海 贺天 红树 侯庆 胡建涛 胡燃 胡书鹏 胡月朋 花哥 黄国良 黄继德 黄晓云 贾和震 贾穹 姜进 姜永杰 焦可川 金宝锦衣鸿 寇占山 况枢锋 郎小杞 李大鹏 李凤 李高 李冠德 李国瑞 李鹤峰 李俊军 李磊 李雳 李伦 李平吉 李秦 李庆军 李书英 李淑青 李树桥 李太默 李昕潞 李雄 李秀芳 李旭 李雪瑞 李一丙 李宜宣 李薏 李月领 李岳洋 李云通 李昭光 李志强 栗春 栗胜春 栗宪庭 廖雯 梁建平 林江东 林志聪 龄子 刘冰 刘纯海 刘劲松 刘海 刘华 刘辉 刘吉弟 刘润君 刘桐 刘新歌 刘休 刘旭东 刘玉君 刘正勇 刘志强 柳叶刀 鲁一凡 陆佩 陆新华 陆莹 鹿林 罗锋 罗广军 罗华江 罗利 罗艺 马东民 马维山 马嬿泠 马勇 梅子 孟凡江 米娅 苗壮 聂孟芳 宁方涛 欧京海 欧阳潘雪云 片山 钱盛 饶松青 荣晗 人然 任战芳 日出 邵逸农 申云 宋绪军 宋一川 苏天强 苏志鹏 苏志强 苏梓寒 孙狄 孙芙蓉 孙广义 孙吉祥 孙齐 孙文九 孙文然 索秀 覃余 谭小勋 唐群 唐涛 田小赤 童子真 图布信 土风 王大海 王殿鑫 王芳芳 王飞 王建明 王俊标 王默 王南非 王鹏 王鹏杰 王秋人 王韶晖 王绍伟 王小腾 王新 王雪林 王艺锦 王毅 韦晓天 卫保刚 文菁巫女 吴刚 伍礼 武海龙 武嘉慧 武文成 武小会 武鑫 夏莹 谢俊领 谢雁 谢媛 刑明 修建华 雪浪 严超 阎卫东 杨放 杨金山 杨京伟 杨九云 杨少斌 杨洮 杨小兵 杨洋 杨玉芳 姚俊忠 叶植盛 伊德尔 伊火根 伊茹罕 殷铭 尹恩江 于建刚 于诺 于世涛 于小雅 俞成浩 袁克华 岳敏君 泽艺 曾建阳 张柏涛 张彪 张代祥 张东红 张谷 张国超 张建军 张建龙 张鉴墙 张金禹 张敬 张开兴 张乐勤 张利平 张路桥 张伦 张淼 张民强 张清源 张秋荣 张士群 张守泽 张庭群 张小华 张晓红 张学海 张永平 张月 张照会 张巍峥 赵俊海 赵立 赵利民 赵美玲 赵巧云 赵朔 赵燕峰 赵涊 赵映岚 赵政武 赵智寰 甄嵘 甄伟 郑伯敏 支子 周策 周晓东 周燕 周洋明 朱赤 朱立波 朱维彬 朱岩 庄保林 卓玛 子真

疃里

吴文萍 王成城 张聪 关葳 张英楠 李云 赵俊涛 蓉海晗 索予彤 娄芳 贺中 张明伟

喇嘛庄

迟树艺 金宇 李胡勇 刘枫华 刘君 刘勇 刘征 史绪 王能涛 杨明炀 袁兴刚 张方白 张谧诠 张霞 朱国强 刘跃先 季大海 老付 孙侃 南超 李颜修 老杨 王蕾 刘艳华 王霞 杨宇光 刘炜 苹果

北寺

班学俭 崔晓梅 丰野秋 华绪为 秘金明 冉令欣 王世君 邢鹏 杨海平 一牛 小麦子

大兴庄

阿西 陈华 陈剑锋 陈沿青 冬宁 杜丹 韩宝全 黄金宝 贾见罡 姜涛 焦向东 赖小平 李林 李亚明 李志强 刘丽 刘维里 吕凯 孟凯 孙振鹏 万力 王保龙 王楚禹 王钧 王荣 王涛 王琰 王音 韦仝 吴红梅 邢一得 薛利铭 阎成林 于建涛 张北云 张慧荣 张鹏 张胜利 张世君 张莹禹 赵磊 刘海洲 刘伟 邝老五 刘潼 陶涛 张赵前 杨键侠

大兴艺术空间

关健 何宏伟 李光林 母军 王飞 魏超 吴悠 肖千 谢仁辉 张纪海 张继生 张军

丁各庄

杜树杰 王浩

东区艺术中心

穆道明 周海陶

辛店村

傅玉玺 何学升 李刚 李佳 李卫明 李依依 李玉兰 刘贵全 马子恒 石立峰 孙光华 魏葆利 文科 熊涛 徐志伟 殷霄云 张海涛 张起田 张骞文 赵学敏 朱久洋 林天放 毛峰 陈波 王思丁 陈庆华 陈明肃 甄雪梅 赵禄寓 陈

国东 马杰 贤波 刘熊祥 张兴远 陈建华 廖华 蔡卫东 刘柳 鲍志明 任杰 张帆 李天润 张东 张涛 魏林 陶红梅 杨小四 赵刚 孙光华 马子恒 黄京哲 刘峰 杨斌 梁长胜 何必 阴霄云 白子 唐城 大猫 王峰 陈波 叶丕祥 谭洁 刘宁

任庄

大龙 范蕴蕴 戈溢 哈世友 江树海 李锡钧 刘毅 马越 朴光燮 王强 钟倩 张义旺 钟瑶 齐中华 李津 常工 赵德昌 林红 潘洵 朱尚熹 王福 王时雨 权学俊 严宇 光彩 杨祥 杨凡 翟墨 武宏峰 马保中 卢阳 王旭东 张继生 三山 冯峰 张晓军 苏步 林虹 朴光郡 杨晓静 刘景桥 赵学俊 庞永杰 黄燎源 王宝明

平家疃刘街

殷小林

宋庄

边红 边学 成力 崔爱民 单智 郭仁杰 李玉峰 卢曦 孙涛 王海霞 罗氏兄弟 刘中伟 秦利华 王俊标 蔡春连 潘金密

艺术工厂区

白琳 杜撼 何秉华 李继森 李勇哲男 李涌 刘保民 刘港顺 刘思昂 马燕翔 马野 史力如 唐建英 王霁昕 邬金梅 吴德武 吴雪 夏小万 杨媚 易明豪 尹俊 尹坤 张建俊 赵德伟 赵金鹤 赵志刚 钟天兵 俊彪 李家阳

小杨各庄村

窦金军 冯国栋 林天苗 王功新

艺术合作社

刘艺君 张海鹰 郭俊杰 吕上

刑各庄

刘天国 赵光臣 马上 卢彪臣 刘国强 廖邦铭

燕郊秦合城京东国际艺术区

赵险峰 李宗阳 于达 于兴

龙旺庄

郑学武 马晗 冯路敏 岳梦 白也夫 李彦修 邵奇 马明

徐辛庄

王季夏 李可克 王饶玲

新潮家园

祝讯 王瑛

通州

杨卫 扎扎 张应华 董久平 马燕泠 陈牧

工业区

程广

（名录收集工作任务艰巨，很难顾及周全，望遗漏者谅解！）

宋庄大事记（1994—2006）

1994

1994年 原先住在圆明园的张惠平由于不方便再住在圆明园，移居到“宋庄”，宋庄的历史就此揭开。

◆ 1994年 300多名追求梦想的画家在这里租住农宅，生活、创作，宋庄原始景观形成。艺术家方力钧、刘炜、岳敏君、杨少斌、王音和批评家栗宪庭迁移到宋庄镇居住。

1995

◆ 1995年 圆明园画家村解散，大部分先锋艺术家迁移到宋庄，并在宋庄形成了深刻的影响，形成了颇具规模并不断完善和扩大的艺术家群。

1997

◆ 1997年 部分圆明园艺术家来到宋庄，宋庄成为海内外的一个新闻关注点。此时，艺术家几乎“进驻”了宋庄镇的所有自然村，如大兴庄、辛店、喇叭庄、北寺、小杨各庄、白庙、邢各庄等。

1999

◆ 1999年9月 宋庄镇被国务院体改办正式批准为全国小城镇试点镇。

2000

◆ 2000年 方力钧1999创作的一幅作品在嘉德春季拍卖中拍出了27.5万元的高价，同年嘉德秋季拍卖专场上，王广义的《大批判—可口可乐》以33万元成为当代拍卖品的第5名，创造了中国当代艺术第一次在国内拍卖市场的辉煌。

2001

◆ 2001年9月23 唐城和张义旺在潮白河实施行为作品“2001年9月23”，去了很多人。

◆ 2001年冬 唐城、高风、陈牧在北京芥子园实施行为作品“盐”。

2002

◆ 2002年9月 由宋庄小堡、辛店和滨河小区艺术家组成的“时空现代艺术展”在北京禅0家居举行。

◆ 2002年6月28日 李勇、张建俊、李卫策划的“芯片的心”油画展在北京BS艺术车间举行。参展艺术家大多都是宋庄的艺术家。

◆ 2002年冬 王强等人策划的“宋庄现象——艺术家群落展”在中华世纪坛被封闭。

2003

◆ 2003年初 陈秋池策划的宋庄艺术家联合的“乡村制造”展，在“道谱视觉”艺术中心。

◆ 2003年5月 非典开始，各村抗击非典。

◆ 2003年6月 由居住在宋庄的著名批评家栗宪庭策划的“念珠与笔触”展在东京画廊展出。

◆ 2003年12月20号 “宋庄艺术合作社”在关辛庄成立正式对外开放。

2004

◆ 2004年4月7日 由齐中华赞助，画家马越、张鉴强主持的《热烈庆祝宋庄十周年暨国际名人签字消费品拍卖文艺联欢会》在宋庄东燕郊神州大酒店二楼举行，参加联欢会的艺术家及各界朋友近二百人。

◆ 2004年5月2日 下午14：00由宋庄画家村画廊主办的第一届宋庄艺术节在宋庄镇任庄村举行。

◆ 2004年5月5日 “人间烟火——宋庄艺术合作社视觉艺术展”在宋庄艺术合作社举行，此次展览是合作社成立以来第一次大型展览，展出的的作品包括油画、图片、行为录像、VIDEO、雕塑，大部分作品是第一次对外展示。参展艺术家共24人。合作社展厅是当时宋庄最大的展示空间，也是宋庄艺术家在宋庄首次举办最大规模的艺术展览。

◆ 2004年8月 “6959”宋庄艺术家展览在通州梨园举办。

◆ 2004年10月7日 张海涛策划的“当代权充艺术展”，在宋庄艺术合作社举办。

◆ 2004年10月16日 “尹坤十年(1995—2004)个展”在北京季节画廊（新加坡）展出。

◆ 2004年10月20日 “吃饭也是艺术”——宋庄艺术家沙龙餐厅“前哨”在宋庄小堡村成立，是宋庄第一家以展现艺术家集体面貌出现的文化、餐饮服务企业。

◆ 2004年11月28日 香港探岭画廊落户宋庄画家村。

◆ 2004年12月4日 “高风个展”在宋庄探岭画廊开幕。

◆ 2004年底诗人苏非舒发起的物主义公社在喇嘛庄成立。

◆ 2004年12月24日 由“十成十环境艺术事务所”主办，班学俭策划的“十成十——艺术家联展”在宋庄举行。参展画家有王能涛、王强、马越、尹坤、刘枫华、庞永杰、金宇、胡向东、班学俭、索探、高惠君、姚俊忠、龚顺、韩旭成。

◆ 2004年12月 李勇A著《千万别作艺术家》出版，大量资料介绍宋庄及七九八周边艺术区艺术家的生存状态。

2005

◆ 2005年5月6日 宋庄艺术合作社主办的“人间烟火——宋庄艺术合作社第二届视觉艺术展”开幕。展览共有30位艺术家参加，展出作品形式包括：油画、行为图片、装置、VIDEO、雕塑。

◆ 2005年5月14日 由宋庄艺术家张海涛策划的“暧昧•昧暧”当代艺术展在宋庄探岭画廊举行。参加艺术家有：韩兵、杨文胜、张义旺、冯兮、沉波、唐城、蔡卫东、郑冬生、华继明、苏非舒、原国镭、张海涛、刘港顺、麦子、刘瑾。此展后不久探岭画廊搬离宋庄。

◆ 2005年5月22日 上午11时至下午3时，二十几位男女在宋庄潮白河畔裸体集会，在旷野里游泳、聚餐、晒太阳、聊天，半裸全裸都有。倡导“国际裸体日”的艺术家成力认为：“裸体日活动不是做作品，实验艺术是‘不定质艺术’，艺术与生活处在一种贴合状态中，这样也许更好。”今年的主题是“你自愿参加吗？不请求别人”。

◆ 2005年6月5日 著名评论家廖雯策划的专题展“性殇”开幕。

◆ 2005年6月15日 电视剧《画家村》摄制组走进宋庄，对当年圆明园时期的艺术家及活跃在当代艺术市场的部分艺术家进行了纪录采访。主要记录了艺术家的思想状态、生存状态及艺术主张，采访分成两个部分、两个阶段。第一部分，以访谈为主，第二部分将主要对三十名艺术家跟踪拍摄，摄制组将陪他们回到他们的故乡或者那些对他们影响至深的城市和农村，回到他们的父母、儿女及那些在他们的人生转折点上打下烙印的人们身边，回到那些温暖的、痛苦的记忆当中。第二部分在2005年内未见施行。

◆ 2005年7月 由杨卫策展的“阁”当代艺术展在宋庄艺术大本营举行，参展艺术家40位左右，该展是宋庄艺术大本营的开场展。

◆ 2005年9月 圆明园艺术家村文献编辑办公室成立。秘书长杨卫，办公室主任王强，办公室筹备小组成员：方力钧、王音、王强、伊灵、祁志龙、张洪波、迟耐、邵逸农、岳敏君、杨少斌、杨卫、徐志伟、摩根。

◆ 2005年9月6日 宋庄艺术促进会成立。会长:洪峰。副会长：栗宪庭、王能涛。秘书长：李秀兰，副秘书长：李学来，理事：栗宪庭、洪峰、杨少斌、马越、王能涛。监事长：崔大柏，监事：方力钧、岳敏君。首批宋庄艺术促进会会员60名。

◆ 2005年09月10日 “法•中当代艺术家宋庄联展 ”在宋庄画家村画廊举行，参展的中外艺术家有Bertrand Foly、Dorian Francois、凌飞、Edith Henry、Genevieve Doctobre、Henry Lavie、Julien Hardy、饶松青、严宇、伊灵、刘毅、大龙、库雪明、徐志伟、宋海曾、朱发东、Sylvain Houcke、 Roger Beugre、Van M、朱炯、朱雁光、李广明、王秋人、石头、马燕泠、马晗、阿芳、郎小杞。

◆ 2005年9月17日 雕塑家索探发起的“宋庄十年邀请展”在宋庄举行，参展艺术家近百人。该展是宋庄艺术基地的开场展，宋庄艺术基地是目前宋庄第一大的画家集中营地。

◆ 2005年9月20日 “第二届北京国际美术双年展”在中国美术馆、中华世纪坛举行，宋庄画家村参展艺术家有：张国龙“天书”（主题展）、任戎“人•植物—兵马俑”(主题展）、纪晓峰（女）“花开的季节”(序列展)，任戎作品获本届艺术大奖。

◆ 2005年9月23日 宋庄赵鲁军(老三)在山东日照老家自杀，英年40岁。曾为宋庄“三元里画家村食堂”老板（三元里名称的由来：三元钱四菜一汤，白酒、瓜子、茶水免费，已破产。）

◆ 2005年10月7日 “捕风捉影”当代艺术展在宋庄艺术合作社举行,展出的艺术形式为摄影图片、行为、装置、VIDEO、油画。

◆ 2005年10月 《财经时报》的各路记者耗时1个多月，以《宋庄启示录》为主题的8个版面对宋庄艺术家群落的生态现状进行了全面报道。

◆ 2005年10月 由宋庄艺术家张海涛策展的“暧昧——不确定表达”在798零工厂展出。

◆ 2005年10月18日 由水墨画家鹿林倡导的“宋庄水墨艺术家同盟”成立。该同盟以宋庄水墨艺术家为主导，将在水墨艺术领域进行学术性，艺术性的全方位研究与探索，立足于中国当代水墨艺术，放眼于各种艺术形式，共同促进，吸收，开掘，发展水墨艺术新的内涵，这是同盟之特色。

◆ 2005年10月22日 宋庄艺术促进会主办，画家马越为主编的《宋庄ART》杂志出版，这是宋庄政府首次投资的“半地下”刊物。

◆ 2005年10月24日 由政府投资的大型文化活动“首届中国宋庄文化艺术节”在宋庄小堡村举行。其中“中国当代文化艺术展——宋庄路”参展的艺术家近三百人，作品700多件，包括油画、雕塑、水墨、版画、装置等，展览一天结束。本届宋庄文化艺术节标志由宋庄画家杨洮设计。

◆ 2005年10月 由策展人吴鸿在宋庄举办的“翻手为云，覆手为雨——TS1当代艺术中心第一回展”，参展作者为宋庄著名艺术家和村外著名艺术家。该展是“宋庄一号”艺术中心落座宋庄的开场展，“宋庄一号”在当时是位于宋庄地区内最大的艺术展示空间。

◆ 2005年12月7日 晚17：00 由栗宪庭展览统筹，对比窗艺廊主办的宋庄雕塑家冯国东先生个展“一个扫地工的梦”在北京798厂艺术区开幕。晚22：20冯国东先因患癌症在北京中医医院与世长辞，英年57岁 。

◆ 2005年12月24日 《“十成十”第二届当代艺术展》在宋庄艺术大本营举行，参展艺术家有王强、王晖、王国锋、马保中、马越、尹坤、枫翎、叶恒贵、伊德尔、刘枫华、刘飞、孙光华、张方白、李路明、庞永杰、余极、张利语、金宇、何云昌、班学俭、高惠君、徐志伟、索探、童正刚。

2006

◆ 2006年 廖雯策划“花非花”展览在宋庄美术馆开幕。

◆ 2006年7月2日 宋庄艺术家张海涛策划的“当代权冲艺术展II”在北京798艺术区锦都艺术中心开幕。

◆ 2006年10月16日 栗宪庭电影基金会成立。

◆ 2006年10月2日 上上美术馆开馆展，“天光云影”水墨联展和“印迹”当代艺术展。

◆ 2006年10月6日 第二届艺术节，主题“打开宋庄”。

◆ 2006年10月6日 邱志杰策划的“新民间运动”展开幕。

◆ 2006年 宋庄美术馆开馆展，“天与地——现实主义的记忆”纪实摄影展。栗宪庭任馆长。

◆ 2006年10月6日 东区艺术区开馆展 “水墨在当代”，由刘晓纯主持。

◆ 2006年11月4日 张海涛策划的“当代权充艺术展III”在宋庄上上美术馆开幕。

◆ 2006年10月28日 栗宪庭先生在宋庄美术馆多功能厅作题为“中国百年艺术思潮”的报告。这也是宋庄美术馆将举办一系列学术讲座的开始。

◆ 2006年12月 宋庄被评为“北京文化创意产业集聚区”。

◆ 2006年12月21日 李玉兰夫妇收到宋庄法院传票，后来陆续有十几位宋庄艺术家被告，农民要求低价收回房屋。

◆ 2006年12月31日 李广明、胡月朋策划的“宋庄制造1”展览在上上美术馆开幕。

收集工作任务艰巨，很难顾及周全，望谅解!

2006年关于宋庄的重点文摘 | Two

都市化、艺术化与艺术群落

文/于长江

但是我们却失去了
栖息的家园
人性的崇高
盲目地一点点沉沦、消失
就象撞落在悬崖上的浪花
又无知地扑向另一个悬崖
年复一年、没有目的

—— 荷尔德林

宋庄艺术群落，通常被视为圆明园画家的一种自然的延续和传承，但随着时空场景的变换和画家各自生存状态的消长兴替，今日之画家村，已经置身于一个全然不同的语境中。当前宋庄正在发挥画家的文化力，把自己重塑成一个独具特色的艺术之镇——谁能想到画家们多年前的一次不经意的漂移，竟然成就了今天这样一个“都市化”与“艺术化”并行的社会进程。

城市与艺术

“城市”与“艺术”，因人类无穷的创造欲和创造力而交织在一起，体现了人类建构新世界的持久冲动和成就。但在城市和艺术之间，存在着一种充满悖论的关系，在很多时候并不总是互相支持的。

一方面，历史上伟大持久的经典艺术，几乎总是产生于城市，中国、印度、中美洲、地中海沿岸等等文明发祥地，流传至今的艺术成就，总是跟城市——作为政治、军事或商贸中心——的生活相关联。从东亚已经荡然无存的阿房宫，到欧洲残垣断壁的希腊罗马遗址，到中东饱经沧桑的神庙，到南美神秘莫测的玛雅祭坛……这些曾经辉煌的艺术聚居之地，都依托当时的城市文明。而近现代的各种艺术流派，似乎也总是兴起于伦敦、巴黎、纽约、上海、东京、墨西哥城之类大都市。

但是，这并不意味着城市总是善待艺术。事实上，城市也

黄永玉与岳敏君（洪峰摄）

经常摧毁艺术。大规模的城市建设——不管是出于帝国宏大永垂万世的狂想还是现代市场经济中“大资本+技术”无坚不摧的力量——总是要同时摧毁很多优美、成熟的艺术成就。比如，古代东西方帝国首都在一次次改朝换代中不断“规划”和“重建”，在王宫贵族们宏大审美的强力主导之下，无数民间的、个人的、局部的、基层的美好生存状态和生活感受，被不分青红皂白地扫荡一空……而在近现代，资本主义力量的崛起，又一次“洗劫”了人类的艺术灵感。

迄今为止人类主要经历了两次“城市化”的浪潮，前一次是在几千年前不同文明的人类分别改变了原来农业或牧业生活，转入“城市”这种生活方式；后一次则是17、18世纪从欧洲发起、向全球扩散的现代化、资本化的城市化进程，这个过程不仅在欧洲和北美掀起了波澜壮阔的造城运动，而且在广大的亚、非、拉各大洲等西方国家造就了很多超大型的城市，包括上海、孟买、西贡、伊斯坦布尔等等。今天我们仍然处于这个浪潮之中。今天中国的都市化——不管是北京总体上的发展，还是宋庄这个局部的变迁——都可以视为世界这场新的城市化浪潮的一部分，而北京“前卫艺术”的发展，跟这个宏大的历史背景息息相关。

不管东方或西方，近现代市场经济主导下的城市化，造成

栗宪庭与廖雯（吴黎浪摄）

了人们一种不同于以往的、特化的生存状态，它的很多方面是与人的自然天性背道而驰的。在率先实现这种城市化的西欧国家，城市化历史经常被视为一段痛苦、悲惨和黑暗的记忆，也正因为如此，欧美早期的社会科学基本上是以反思近现代都市化而发展起来的，到19世纪末、20世纪初，出现了如滕尼斯、齐美尔、韦伯、派克等一批城市社会学的大师。齐美尔从精神心理学的角度，阐述了现代都市中人的精神生活的扭曲状态，包括“标准化”、“陌生”、“过渡的神经刺激”、“货币化”等迫使人们“用脑而不是心”来生活，造成的非人格化、麻木、主观的心智状态……而现代和当代艺术，也是人们对于自身命运的这些反思、自觉和超越活动的一部分。

美国城市社会学家沃兹在他的经典之作《作为生活方式的都市性》（Urbanism as a Way of Life）一书中把现代都市的各种特殊属性，概括为一个基础概念——“都市性”（urbanism），它的三个最重要的维度是“规模”（size）、“密度”（density）、“异质性”（heterogeneity），这三个变量，构成现代都市生活的基本特征，也是探讨现代城市艺术的重要视角（perspective）。

“都市性”的双刃

方力钧（照片来源：《生命之渺》方力钧画册）

现代化与城市化造成的“都市性”，对艺术既有摧毁的一面，也有激活的一面。

一般来说，都市性中存在着很多“反艺术”的倾向，集中体现在人们在所谓“理性化”、“效率”、“规范”等旗号下，总是要大量删除“没用的”东西，包括那些不能直接转化成经济效益的艺术活动，比如单纯的审美意义上的“艺术”。商业化的力量经常在一种狂热追求“标准化”的过程中，扼杀或摧毁作为艺术核心价值的“独创性”，比如现代化公司企业的经营模式，总是造成上班族千人一面的西装革履的样子，与文革中清一色的绿军装、蓝制服达到了异曲同工之妙。另一方面，公众在消费广告狂轰乱炸的震撼下，丧失常规自主判断力，盲目跟从各种媒体煽动起来的“时尚”、“流行”，乐此不疲地从众追随某些品牌……这种“标准+非个性”的倾向，

岳敏君工作室（吴黎浪摄）

被社会学者里兹尔（George Ritzer）称之为“麦当劳化”（McDonaldization），已经成为全世界都市生活的主流，这些趋势泯灭个体独创性，可以被视为一种“反艺术”的力量。

另一方面，现代都市也是艺术发展的绝好土壤。首先，都市非人性化的力量对“人”的威胁，反过来促使人们极力保持“自主性”（autonomy）和“个体性”（individuality），以此来“对抗”看似不可抗拒的“现代社会”的力量，这种“对抗”的冲动也包括现代艺术创作。一定程度上说，现代艺术的兴起，跟现代哲学、社会科学一样，是基于对都市性中非人化的、理性化的各种强制性力量的反动（reaction）。

同时，沃兹三个变量中的“异质性”也对“艺术”具有极大的促进作用，正是它，为现代艺术提供了无尽的刺激和灵感。都市“异质性”是城市对于人类最大的“迷幻”，美国城市社会学泰斗派克（R. Park）先生指出，尽管现代都市生活充满了疏离、强制、剥削、对抗、紧张、越轨、暴力等等令人痛苦不堪的问题，但为什么农村人口——尤其是年轻人；还是不顾一切地蜂拥到城市？答案就在于“城市”具有这种不可替代的“异质性”的魅力——城市使得人们在有限的空间中，可以发展出无限无穷多样的生存方式！在都市中，每一条街道、每一栋楼房、每一个店铺，都可能意味着一个新的世界，一个人可以在很短时间内，就仿佛跨越时空，体会完全不同的社会文化环境，结交形形色色的人，品尝喜怒哀乐的情感……这种万花筒一样的感觉，就是都市的魅力。

城市这种“异质性”——动态、让人眼花缭乱的多样、多元、动态、反差的状态，正是最适合“艺术”的土壤。形形色色的人群、观念、思想、行为不断发生撞击、互动和交融，会不断激活人的各种潜能，不断创造和创新——这种对于人的潜在灵感的持续开掘，就是一种广义的不自觉的“艺术性”，是城市艺术创造力的源泉，它构成了我们所说的都市社会“艺术化”的条件和基础。

都市社会的这种创造性的形成机理，有很多与常识相悖之处，经常不为常规智慧所理解，比如，通常人们很少想到，都市中最具艺术活力和创造力的区域，并不一定是文化馆、艺术团、大学或研究所，而是少数民族聚居地（getto）或贫民区（slum），在中国也就是常说的“大杂院”、“城中村”或“城乡结合部”！这些看似“脏乱差”的良莠难分的地带，恰恰是不同文化背景、不同地域、不同阶层人员——往往是移民或难民——最自由、最密切、最真诚同时也可能是最伪善最残酷地互动、交流的社会空间。这些特定场景下的特定人口，能够体验到人生丰富、深刻、厚重或微妙的情感，不断生成很多影响全人类的伟大思想或人格——比如，印度人就常自豪地说，正是印度加尔各达和孟买的贫民区，造就了印度诺贝尔奖获得者！因为那里的生活反而赤裸地体现出生命的活力和人性的光彩。而西方社会内部包括早期格林尼治村等穷困潦倒的艺术群落，也造就了很多艺术史上的奇才，因为这种过渡性的、混杂的、多重的街区和社区，才是人们回忆、梦想、喜怒哀乐、爱恨情仇的情感密集的所在城市这种“混杂造就灵感”的现象，也促使西方城市研究者最终抛弃了曾经热衷于功能分区

杨少斌

规划的倾向，纷纷转向提倡城市不同人口混居、不同功能重叠的新城市发展思路，其中最具代表性的人物是上世纪 60年代美国被称为“穿运动鞋的瘦小老太太”的城市社会学者雅各布斯（Jacobs），她的著作和思想成为西方城市发展的一个里程碑。在中国，她的著作去年终于被翻译介绍给公众，引起了国内城市研究领域的很大震动。

北京：历史悖论

北京是一座十分特别的城市，今天的北京，一方面是上述席卷全球的都市化浪潮的一部分，但又是中国本土城市历史传统与逻辑的一种浓缩——因政治军事而建城，由于城市的重要性引来天下英才荟萃，进而发展而成为文化之都——这种模式，与西方城市不同，也与扬州、苏州、广州、成都、西安等历史文化名城的传承有很大的不同。北京这种城市类型，在世界上几乎是独一无二的。

值得注意的是，北京的艺术家群落，似乎一直就出现在城市边缘，从圆明园，到宋庄，到七九八等等，这种总是游移于“城乡结合部”的区位原则，隐含着内在的社会机制，因为北京的艺术，发生在三种逻辑的交汇点上——一个是现代意义的“城市化”进程，一个是历史悠久的“帝都”格局，一个是中国自古至今的“文人墨客”传统。

今天中国的艺术，不管是“前卫”还是“学院”，都无法真正摆脱中国传统人文活动的传承，即使是像先锋艺术这种

刘炜工作室

看似完全不折不扣的“舶来品”，事实上也已经处于中国文化融会吸收的过程中，可以纳入中国人文精神思想演化的脉络之中。前卫艺术形式和内容上的“西化”特征，常常掩盖了这种社会群体在中国文化传承中真实的历史角色——试想，如果抛开目前西方中心话语的艺术史思路，我们也完全可以把前卫艺术中某些行为视为中国历朝历代文人墨客“不苟时人”、“箪食瓢饮”、“放浪形骸”等等传统的一种现代版。

但当代北京城市艺术群落的发育，存在着一种历史传承的错位——在中国传统的地域格局中，这类另类前卫的文化活动和行为，往往不是发生于政治中心的首都，而是生成于工商业繁荣的经济中心城市，比如明末、清末的苏州、杭州、扬州等，产生很多“怪才”、“奇才”，但这类圈子的活动和领域，要相对游移于现实社会之外，跟主流社会形成一种“井水不犯河水”的隔离，这样二者之间才会“相安无事”。至于像南京、北京等作为政治中心的大都市，本身具有高度的政治象征意义，其方方面面都被视为一种政治合法性的源泉，如果在这里不断出现异端另类偏激的创意取向，普通大众就会在伦理和政治认知上陷入混乱——因此在传统道德本位的社会中，北京通常不会产生太过激进的艺术流派。

但当代的情形发生了很大的变化，由于现代城市化浪潮同时覆盖了所有城市，连北京这种传统和当今的政治中心，也笼罩在全球一体化的“都市化”浪潮中，甚至成为世界城市化体系的一个节点，而伴随着这种“现代性”（或“后现代性”）的扩张，传统的社会壁垒被打通，前卫艺术这种本来属于“江湖之远”的现象，却要移植到北京这个“庙堂之高”的“帝都”框架中……这几种不同的逻辑交织在一起，充满悖论，必须找到一种兼容和妥协的结果。

“边缘”遭遇

先锋艺术天生的“异端”特征，决定了它在北京几乎不可能直接占据城市中心地带，因为在那里不管是经济意义上还是社会意义上，都面临着太高的生存成本。除了房租等具体的经济因素之外，还受制于一个社会对于一种超前、反常规的亚文化群体的“容忍度”。在相对成熟的都市中心地带，各种“常规性”（conventionality）已经十分稳固和成熟，仿佛一切都已经是“既定的”（established），很难容忍生成一种全新的局部的秩序。比如，艺术群落如果放在中心地区，就会面临着在行为、观念、形象、语言、作息等等诸多方面与周围人的反差，这种差异性在一个“正常”的社会中，会构成一种压力和冲突，这种冲突不一定是打架斗殴之类的实际行为，而更可能是感觉、心态、价值等等方面的“对立”、“对峙”或“对抗”，进而引发出其它现实问题。

先锋艺术这种另类的、动态的、脆弱的新生亚文化不适合在北京中心地带生存，但是，它又不可能在纯粹的乡村发展。前卫艺术所承载的现代感或后现代感，主要是在都市化或都市情境下激发的，如果跟都市生活不沾边，确实很难找到前卫艺术的感觉。

正是在这种两难的境遇中，艺术家群落注定找不到一个长久安稳的栖身之处，从圆明园到宋庄……都是在城市化、市场化的追逐下，自觉不自觉地游走在城市北京不断扩大的边缘线上——从近郊，到远郊，再到卫星城……其核心是维持一种既非城内、又非乡村的边缘游移的轨迹。

但地理的“边缘”，往往并不总是“社会”的“边缘”，艺术群落常常误入一种似是而非的“假边缘”，这也是艺术群落屡屡受挫的一个因素。

圆明园就是这样一个典型。当时的“北京”与前卫艺术很不幸走到了一种对立的零和状态，这种对立，除了通常人们谈到的观念、价值、政治、意识形态、国际介入等原因之外，另一个更值得我们今天关注的原因，是这种“边缘误解”。圆明园位于北京的北郊，但它并不是真正的“边缘”，因为在社会文化意义上，这里是历史与现实的一个交汇点，也是各种社会势力都高度集中的社会空间。

北京作为一个城市，几乎承载了当时中国社会所有的符号与意义，这是一个“意义密集型”的社会，正因为如此，中国社会一切敏感性——政治的、经济的、民族的、阶层的、文化的……事实上，都在这里汇聚和放大；而圆明园——这个被不断赋予各种历史和现实价值的废墟——本身就承载了太多太多的“含义”，几乎代表了中国人近现代的所有国恨家仇，所以它与北京的中心，诸如天安门广场等等，从来就不遥远。而20世纪80年代以来，在这种不能承受之重的历史胜迹周边，又簇拥了一群正在努力争当“世界第一流”的北大、清华等等“学府”，又兴起了当今世界最眩目、最前卫的产业——IT产业在这样一个集中了中国人所能想像到的所有“历史感”和“现代性”的地带，就算没有九十年代中叶的那一幕“取缔”的剧目，艺术群落也同样会与社会现实引发剧烈的冲突，因为这一带既饱含着严肃的历史宏大话语，又充斥着迅速崛起的现代市场化的、产业化的都市风气，这些东西，与当时画家那种自我崇高化、浪漫化了的艺术原教旨主义有着某种不可调和的冲突，这种矛盾，是早晚会爆发出来，仿佛纸包不住火一样。

宋庄：一种解放

在“大北京”的范围内，位于东部的宋庄与位于西北的圆明园具有不同的意义，这种差异当然不仅是地理上的，更主要的是社会文化上的。

当年圆明园画家村面临的一个基本障碍，就是圆明园、颐和园、北大、清华这些地带都过于“北京”了。这里看似郊区，但实际上聚集着北京的诸多核心象征，在这么一个所在，

林天苗（照片由本人提供）

出现一些不入流的“异端”，当然是“问题很严重”了。

而宋庄则很不同，宋庄及其所在的通州（县）不仅在地理上处于“城乡结合部”，而且在社会文化意义的“城市-现代秩序”的边缘，是介于“北京”与“非北京”之间——原来常常被视为狭义的“北京”之外，但是跟北京又有着密切的联系——就当时画家自身的感受而言，这种“既是北京、又不是北京”的两可的状态，正是一种最佳的处境。

首先，北京是不能离开的。北京毕竟是文化之都，事实上是艺术群落千里迢迢艺术之旅的地理和心灵的目的地，也可以说是一种精神化的神圣的流放地，所以“北京”是不可替代的，是不能没有的。北京之于中国，在很多方面都有某种“终极”的意义，当一个文化人或者艺术人还没有完成他心灵之旅的时候，很难就这么不明不白地离开这里。概念化了的“北京”事实上是一种境界，一个精神的制高点，到了北京，再去别的地方就是“外出”，好像去“采风”，好像总要回来。北京就是这样一个心理的中心，远离了她，就好像背离了家园。因此，不管在哪里，都要保证没有离开北京。

同时，北京又是不能太近的。宋庄的边缘性，在常人理性

夏小万(吴黎浪摄)

中，往往被视为一种“劣势”，但在艺术语境下，这种地理和社会定位，又恰恰是一种“兼而有之”重大的优势。因为地处市区边缘，北京的种种“都市性”的强势，还没有完全扩展到这里，因而这里能够提供一种“纯艺术幻觉”的可能，现代性和都市性——不管是表现为政治的还是经济的还是文化的——对人的压制，在这里应该弱得多，比如相对低廉的生活费用、相对弹性的生存空间、省略繁文缛节的宽松状态、没有“外人”监控或观赏下的自由、随机随意决定时间、地点、人物的生活节奏……事实上，这种边缘社会，本身就是对于人们精神的心理的一种解放。

宋庄直至今天为止，还没有承载那么多的“历史意义”，也没有圆明园周边“硅谷”、“学府”、“殿堂”之类的头衔，这种相对单薄的背景使得宋庄从一开始就没有那么多复杂联想。事实上，当初艺术群落迁移到这里，也是因为这里的环境——地理的、社会的、人文的——要单纯得多。这里不仅更接近乡村，而且当地的居民人口生活在与“艺术”不太相干的状态，即使在物理上近在咫尺，但几乎没有多少社会联系或心理共鸣——艺术与非艺术人尽管共处同一现实场景，但实际上是生活在全然不同的人文空间里。这种仿佛阴阳界般的社会隔离，正好可以造成一种“旁若无人”的自由——这是当时艺术家最渴望的“请勿打扰”的逍遥。

冲突

中国的城市，历来是艺术与艺术家的栖息之地，但是在城市化程度比较高的地方，社会的理性化和结构化几乎是不可避免的，不管是西方“现代性”的城市化中，还是非西方或前现代的城市化（长安、扬州、汴梁等等），都存在一个“艺术”与“城市”如何相处的问题。

中国人传统上对于“城市”有一种基本的态度，那就是城市是繁荣、奢华、喧闹、权贵聚集之地，而中国“以农为本”的基本社会价值，对城市的过度膨胀保持一种制约力。但近现当代中国社会的沧桑荣辱，造成了一些有别于传统的、很特别的“中国心态”，其中一个最引人注目的方面，就是“城市崇拜”——举国上下痴迷于“现代化大城市”的概念，而人们对于“城市”的想象，就是高楼大厦、宽阔马路、高档小区、高架立交桥、霓虹灯、汽车洪流等等于是，所有城市都在朝这个方向狂奔——“进城”、“旧城改造”、“新城开发”等等俨然成了今天中国的主题词。事实上，国人这些所谓“城市”的意象，不过来自旁观发达国家某些城市的一种局部和表面现象，很多都是西方现代资本运作下生成的各种“副产品”。

更深层的问题在于，现代城市内在的逻辑，是效率、产值、利润、标准化等等，它们反映了一种特定的人格——或者叫做“资本主义人格”，或者“经济人”，或者“一维人”（One-Dimensional Man）等等——具体表现为一种特定的人生态度，它跟艺术——包括现代前卫艺术——的心境，常有很大的差异。因此艺术与城市化“相处”是一种十分艰难复杂的过程，结果如何难以确定。

艺术是一种态度，一种人生观。艺术是自由的、奔放的、动感的，它的力量和价值，在于一种不确定性，这跟今天国人“城市”意象的基本逻辑是不同的。比如，今天北京这种大都市，“井然有序”是城市的理想——人与人之间有序的、符合规范的互动，是城市存在的基础原则。但是，艺术是基于个体的，是喜欢随意的，是游走于现实与想象之间的状态，现实的秩序和规范，几乎不可避免地要成为艺术“颠覆”的对象。

中国今天城市发展的基本模式，是政府主导的城市化，而政府行为的基本特点，必须也只能是“组织化”的运作模式，这种“组织化”与艺术的内在逻辑也有很大的反差。目前中国诸多城市的“文化建设”和“艺术建设”，总是力图通过“组织运作”来实现一种“艺术化的城市化”，但这二者之间几乎是本能地存在着张力和矛盾，实际效果并不理想。宋庄的艺术化，不宜简单照搬其他城市发展艺术产业的道路，而是应该努力建构一种艺术群落与城市之间新的良性互动，让自由增值，让个性更飞扬，让激情与创造力更放光彩。

艺术人之所谓为艺术人，他们的要求是不可能符合现实逻辑的。艺术人事实上只能生活在梦幻中。他们的期望，充满悖论和矛盾，注定是追求理性化的现代社会无法提供的。在体制上，艺术理想的可能是一种无政府状态，但艺术的丰富而脆弱的天性，又要求它的生存环境必须具备诸多基本的保障，比如基本的安全，基本的刺激，基本的秩序等等。艺术否定规则，但又依赖规则，因此，比如市场机制就能如此顺利地介入艺术，似乎提供了某种规则，但一旦形成“按规则比赛”的惯习，又会立即窒息前卫艺术那种内在的反叛冲动，也就泯灭了激情活力。

艺术家们在潮白河洗澡（徐志伟摄）

而今天人们热衷于打造的“城市”，总是自觉不自觉朝向公众的、市民的、大众的、主流的方向。越是所谓现代都市，越是“市民社会”，它越是为平均的、中产化的生活服务。目前，北京社会占主导的市场原则，越来越侵入和主导艺术活动，事实上已经使得艺术越来越“中产阶级化”了。尽管这种中产化还掩映在“自由化”、“国际化”、“规范化”等等幕布下，仿佛是一种“顺其自然”的发展，但实际上由于中产阶级在市场上具有最强大的规模和人均购买力，因此“自由化”几乎不可避免地走向中产化（甚至贵妇化）。当然，中产化所需的艺术，依旧是“创意”的，但问题是这种“创意”，已经是一个无形的产业链中的一个环节，是一种社会分工的“工种”，它是为了“迎合”特定商业化社会塑造出来的一种购买者的口味——尽管这种口味可能也是惊世骇俗的，但毕竟是“他人”取向的，不是艺术家自己自由意志和自由偏好的。这种“创意”就好像广告公司的设计，是一种在规定了目标条件下的命题作文，终极目标就是“客户满意”。

这些现象背后，隐含着审美“主导权”的争夺。问题在于，社会审美的决定权和鉴定权究竟掌握在谁的手里？是艺术家通过不断的精神探索来引导社会审美，还是艺术家设法迎合满足社会某一实力群体的品味？

艺术的本意，或者说原教旨的艺术，不应该是故意、刻意

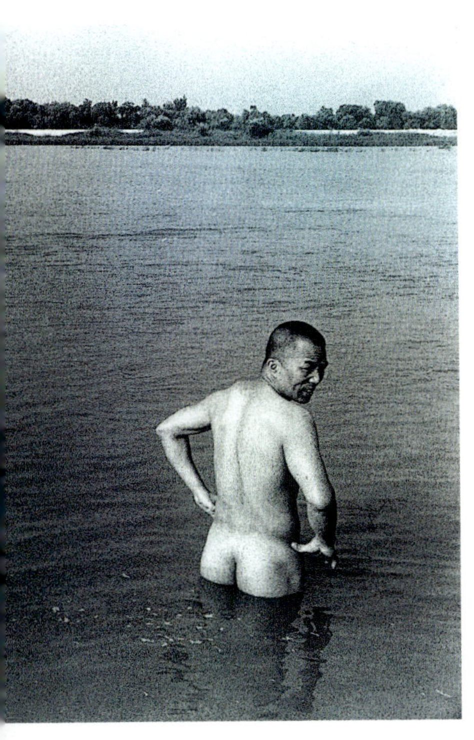

为了满足或吸引某些潜在欣赏者而创作，而应该是艺术家个人根据“自己的”好恶来自由探索和创造，但是，现代性与都市性，事实上正在把今天的艺术活动，改造成一种为满足某一个假想人群的喜好而进行的“生产”，这种趋势，不能不说是一种遗憾。

艺术化：理解和领悟

今天宋庄支持艺术活动的努力，可以视为“城市艺术化”的一个重要的尝试，值得艺术界和社会学界的共同关注。城市的艺术化是一个城市社会人口自身的深刻变革，它绝不仅仅是多修几个城市雕塑、多建几个画廊、多几个画家等等外在的东西。事实上，只有一座城市内在的精神与艺术越来越相通，它才能自然而然地变成艺术之城。就像历史上人为的或自然的艺术化过程一样，我们今天城市艺术发展，不会仅仅是一个一般意义的“产业化”，它注定要实现真正的“艺术化”，其核心是对于艺术的“理解”——不是一般性地理解艺术作品、画廊经营、画展运作、艺术市场等等，而是真正领悟“艺术感受”和“艺术人格”的真谛，比如：

另类

有活力的艺术肯定是“另类”的，是不同凡响的，是注定充当少数之少数的，甚至可以说是永远“异端”的。这种本色，在圆明园时期的氛围下，作为一种体制外的失控状态，反而是比较容易的，但是在今天宋庄，艺术已经越来越纳入社会体制之中，很可能处于都市性与现代性的双重管治，艺术的“异端性”究竟能否发展？如何发展？就会成为一个疑问。

严肃性

主流社会公众对于艺术的“理解”，常常局限于艺术家看似反常、古怪的外貌举止行为，越来越多的人对此表示“原谅”，但这是不够的。公众真正需要理解的，是艺术人的一种不同于世俗常规的“另类的严肃性”—— 他们看似随意放任，但实际上是很投入很认真很精益求精地做着一些谁都不知道的事情。这恰恰是创作活动的核心原则，也是一般公众最难以体会的一种艺术感受。

社会壁垒

宋庄的艺术群落，仅仅是在地理意义上“居住”在这里，除了住房租赁和餐饮等最简单的社会联系之外，艺术家群落的社会联系几乎与宋庄当地社会无关。本地居民在观念、审美、价值、兴趣爱好等方面也与艺术群落几乎没有交流。换言之，艺术群落与当地社会之间，存在着一种深刻的社会壁垒——这种状况，会制约宋庄社会本身的艺术化。如何促成艺术与当地社会之间的影响，特别是当地社会如何从艺术群落中汲取各种文化要素，优化自身的文化和审美环境，已经是一个需要探讨的问题。

鹿林在工作室

北京的距离

宋庄于地理上、社会上和心理上与北京“不远不近”的距离，恰好是艺术群落保持自主独立但又不会被隔离、排斥的最佳距离，这是圆明园时期之后，艺术家在这里重新集结的主要原因。但艺术家感受的“宋庄”的这些优点，并不一定是宋庄主流公众的兴奋点。宋庄人与中国主流公众一样，充满了中国式的“现代化崇拜”和“都市情结”。比如，曾经有很长一段时间内，宋庄人感到最大的遗憾，就是离北京太远，所以不管是自己内心深处还是对外宣传上，都有一种难以掩饰的“贴近北京”的情结——总是想证明“我们也是北京！”宋庄公众这种“也算北京”的心理需求，与艺术群落的心态有很大的落差。艺术群落珍惜的是它与北京之间若即若离的距离带来的一种“自如”，因此绝对不是“越北京越好”。在一定程度上，圆明园就是因为“太北京”，而终于“沦陷”于北京强大的理性秩序之下；而宋庄真正能够提供给艺术家群落的得天独厚之处，正是一种超然世外的“现实幻像”（realistic vision）——一种在现实中建构出来的俨然“自如”的境界，但它却是艺术群落的生命线。宋庄主流社会能够保护这种“幻觉”，就是切中了艺术群落的核心关怀，避免艺术群落新的漂移之旅。

市场化

个人与艺术的无奈之一，就在于你无法真正的“自主”。事实上，过去几年宋庄艺术群落已经被纳入全球化的市场体系之中。以画廊、画商、博览会等机制构成的艺术品市场体系，已经几乎完全控制了艺术家的命运——作品能否卖出、标价多少，这些本来纯属商业运作的指标，几乎成为评价艺术家的唯一标准，也越来越内化为很多艺术家内在的追求目标——市场征服世界的力量，在艺术领域好像也不例外，可谓天网恢恢，逃也逃不掉而宋庄之所以还是艺术栖息之地，是因为这里的现代都市、市场之网，还比较宽松稀疏，还没能降服生活的全部，还给一些人留有一些幻觉的空间和时间，还可以容纳一点不切实际不着边际的梦。宋庄如果能够捍卫这种“梦幻”，就是艺术的守护神。

在今天宋庄这样的文化建设中，“城市化”的原则与“艺术”的取向，还会有一个漫长的磨合期，但艺术是充满了不确定性的，精神上可能处于永恒的漂泊之中。还是用荷尔德林的诗句来结束这个冗长的讨论：

哦，别了！我的灵魂每天离开你，
又回到你身边，我的眼睛为你
流泪，它又炯炯地向着
你所停留的那边眺望。

回到村里

文/杨卫

回到村里，这是宋庄艺术家说得最多的一句话。语言是心灵的传感器，说者不可能无心，尽管只是一句简单的日常用语，但也是随意而出，反映出了某种心理情结。我曾在几年前写过一篇文章《乡村的失落》，针对普遍宋庄艺术家的这个心理情结做过一些批评。当时之所以写出那样的批评文章，还是因为自己在宋庄居住过，曾经也深陷在“这里风景独好”的情绪之中，或多或少沾染了一些故步自封的小农意识。正是出于对这样一种意识的检讨，同时也是对再次出走的渴望，我追溯了艺术家从圆明园到宋庄的这个历史过程，提出从城市到乡村的迁徙实际上是一种文化撤退，是对现代文明的一种逃避。现在回头再看，我当时的观点的确是有一些偏颇的地方，至少我没有就现代文明的话题充分展开，就以此作为了一个文化立场去批评乡村的滞后。这，当然也是有原因的，原因就在于我当时还是一个当局者。所谓当局者迷，身在庐山自然是难以识破庐山的真面目。事实上，乡村的涵义不仅仅只是关联着贫穷、愚昧与落后，在土地的深处她也包含了哲学意义上那种刻骨铭心的乡愁，而这种乡愁以最为真挚的情感为源泉，成为一种价值的底线，不仅可以慰藉出走的疲惫，而且还可以弥补现代化的急速发展带来的心理失落。所以，人类社会的发展，自古以来便伴随着这样一种对于乡愁的回眸。像中国古代的老庄，以对“顺其自然”的思想推崇来反对发展的“异化”，就是在哲学意义上对乡愁所做出的一种最好解释。这个解释成为人类社会的一种反思力量，以对土地的眷恋，不断回应“人不可能拔着自己头发上天”的深刻命题，往往越是发达社会其反思的力度表现得就愈加强烈。正如城市工业的萌芽阶段同时伴随出现了卢梭“自然状态”的反思，而城市工业的发达阶段同时伴随出现了海德格尔对“乡愁”的追溯一样。文明的进步与价值的失落成为一个难以调和的矛盾，赋予了乡村以民风淳朴的内涵，从而作为价值弥补的另一半，不断制衡于城市工业的盲目发展。事实上，自五四新文化运动以来，虽然中国也是以发展现代化为主旋律，但合声部分也一直包含着对现代化的反思。

高惠君（吴黎浪摄）

比如上个世纪初梁漱溟等人发起的“乡村改造运动”，就是对沧桑巨变的社会动荡所做出的一种平安拯救，包括费孝通对“乡村社会”的系统研究，从通观古今之变的角度提出许多不变之乡村的保留意见，亦是对发展所做的一些稳定工作。

通过追溯历史，我们会发现乡村，抑或是那种刻骨铭心的乡愁，在人类进步史上发生的一些积极作用。社会需要发展，同时也需要稳定，这是鱼和熊掌的关系，在这样一种关系中怎么处理好城市文明与自然乡村的矛盾？还是要用一种辩证的思维来看。乡村作为城市的旁证，其实不是否定现代文明，而恰恰是对现代文明的一种充实。正如我前面提到的一些例子，对文明的反思是为了平衡，对乡愁的回眸，也是为了丰富内在的激情。这是一种互补，亦是人类新陈代谢的一个过程。谈到这里我的话题似乎已经走远，因为我所谈的主要还是宋庄这样一个新兴的艺术家群落与现代中国的一种社会关系，却因为这种关系涉及到历史的这样一些进程，并牵扯到了我个人的成长经历，使我不由得展开了这个历史的棋盘，以至于差一点跑了主题。好在，我的心里有那样一种乡愁，所以，即便跑得再远，也还能沿着乡间散发的泥土气息v。

毫无疑问，宋庄是乡村，尽管它也受到行政的制约，户籍的管理，不再是原始的自然村落，但在大批艺术家没有到来之前，这里跟中国许许多多的乡村一样，只是一个普通的村镇。可以这么说，是艺术家的到来改变了它的性质，将一个普通的村落赋予了文化的内涵，而这些内涵是身在其中的原村民无法赋予，甚至都意识不到的。还是那句话，身在山中不会认识到山的真面目。乡愁也是走出来之后才有的一种牵挂，再回头已是一种升华。那么，艺术家为什么会选择像宋庄这样的乡村集聚呢？客观原因当然是因为这里没有城市的喧哗与拥挤，而且物价也相对便宜。但抛开这些客观原因，主观上还是跟艺术家这种特殊的职业有关。艺术是一种灵魂创造性工作，需要去伪存真，而乡村更能带给人自然的启迪，民风的淳朴、土地的粗犷，都是艺术创作的灵感，是人性获得温暖与力量的磁场。事实上，艺术史上像艺术家回归乡村自然的例子比比皆是。暂且不论中国的“文人画”历史，只说西方，其实，从古典主义到浪漫主义的转折，最先也是得益于艺术家们找到了通往乡间的出口。比如19世纪法国的巴比松画派，卢梭、亚兹·德拉佩纳、特罗容、杜普雷、多比尼以及雅克等艺术家，从巴黎闹市逃到巴黎南郊的村落巴比松附近，以表现乡村的自然风景为突破口，才由此解放了古典主义的束缚。后来的印象派绘画直接受益于此，像塞尚、高更、凡高等人，也是到了乡村，才从自然景色中获取了更多色彩的灵感，从而打破过去的艺术程式，为再后来现代主义绘画的兴起作了铺垫。当然，宋庄艺术群落的产生跟以往历史上出现的艺术群体还是有一些不同，不同之处在于艺术家最初选择宋庄基本上是属于被迫，即由于圆明园艺术家村的取缔，使他们不得已才选择了更加偏僻的宋庄。但尽管产生的背景不同，心理的体验却是相似的。就像宋庄由最初的几位艺术家慢慢发展到今天拥有了近千名艺术家一样。这种自由的聚集，其实也包含了对共同价值趣味的认同。乡愁是最难化解的一种内在情感，而彼此的欣赏与认同，却能转移视线，使人在漂泊的江湖获取暂时的归属感。事实上，不见得一定是宋庄，但艺术家的聚集、艺术群落的产生在今天急速发展的中国已是在所难免的事情，不是宋庄也会是别的什么村，什么庄。

现在的问题是，宋庄已经成了一个象征。由于越来越多的艺术家纷沓而至，已经使这里成为了中国当代艺术的创作重镇。于是，随着艺术家的增多，政府也把文化产业的目光投到了这里。这无疑是一件大快人心的好事，表明了我们社会的进步。但发展文化产业的同时，我们也要看到产业化带来的一些问题。就像宋庄近几年以文化造镇来实行整体规划，开始了大兴土木、重塑现代文化形象的工程。此番引起的山乡巨变，并不见得是件好事。本来，艺术家回归乡村，是因为难以排泄的乡愁，更是向往乡村那种自然的生态。如果改变这样一些自然的生存条件，对于艺术家而言，无异于是割断了灵感的源泉，斩了思想的后路。事实上，艺术家从最初被迫来宋庄，到逐渐适应，至后来站住脚跟，就是因为乡村的慢节奏能带给他们闲暇的思考与创作时间。这是至关重要的一个因素，艺术创作是一种向往美的途径，亦是一种通向真的探寻，其创作的前提首先就是相对自然的环境。正如我开始提到的宋庄艺术家喜欢说的一句话“回到村里”，虽然只是一句简单的日常用语，但却包含着这些艺术家对宋庄这样一个乡村环境的认同，实际上是已经把宋庄当作了一种家的回归，一种乡愁的安放之地。所以，要发展像宋庄这样艺术群落的文化产业，其村落的性质最好不要改变，还是因地制宜的好。因为有些东西需要发展，而有些东西则需要保留，文化的先进往往是原生态的文化保护工作做得好。宋庄这样的艺术群落是当代艺术的原生态，它以某种回归自然、回归村落的形式出现，不仅是对现代文化建设的一种补充，更重要的是，它作为今天城市化进程的一种窗口，还能使人在窒息的城市生活中，通过这个窗口呼吸到自由的新鲜空气，感受到广阔自然天地的朴素与真诚。这，正是艺术的精神力量，也是今天大批艺术家移至郊外、回到村里的社会意义。

“宋庄”艺术的前世今生

文/吴鸿

宋庄终于有“组织”了，令人欣慰。有司命我写一个短文的时候，我还在想，所谓“宋庄”的概念到底要怎样来看？一方面，宋庄就像个打小鬼子的时候的青纱帐，里面纵有雄兵十万，从外面也是看也看不见，摸也摸不着，谁也管不着谁，谁也妄想称老大。另一方面，宋庄的艺术家出去的时候，也仿佛脸上带着记号，人家会悄悄的指着他的背影说，这人是宋庄的——这可就怪了！

我想，谈到宋庄的概念，首先要指出的就是它的“乌托邦”的状态。这种状态是一种只能存在于心理想象中假想状态，在现实中注定了要屡遭碰壁。谈到这个问题，势必要引用它的前世“圆明园”时期来一起比较。

所谓的“圆明园”时期在中国当代艺术的发展史，它是承先启后的过渡状态。首先，它承接“八五”之余韵，是试图把理想化为现实的“理想国”的尝试。其始作俑者，今已不可考。然其对自身身份状态“自由”的追求远远超过了对艺术语言自由的尝试，是大多数从外地来京的艺术家的共同的特征。众所周知，“八五新潮”是从属于当时社会整体的思想启蒙与思想解放运动的，理论多于实践，对社会问题的关注多于对艺术语言的关注。经过重大的社会波折之后，作为其余韵的承继者的圆明园状态，试图通过艺术市场来达到在经济上的自立，并以此对抗体制的束缚。但是，由于当时艺术市场处于艰难的开发期，这样，圆明园时期的艺术家们在社会身份的确认中，便处于了一种尴尬的“多余人”的状态。一方面，要在主流体制的夹缝中生存，免不了要不见容于当时僵化的社会政治体制；另一方面，生存的拮据和共同的“受伤”的情绪，也使这些渴望得到承认与尊重的艺术家们的心中充满了愤懑的情绪。如此，这种潜在的“不安定”的因素在通过艺术家茶余饭后的发泄，再通过一些别有用心的媒体的渲染，最终引起了这种乌托邦状态与体制的全面冲突。但是，它似乎已经不是理想与现实的冲突了，而是一种的假想的生活状态与“正常”的社会秩序之间的冲突了。就像那些流浪丁世界各地的波西米亚风格的

原国镭在工作(邓华摄)

吉普赛人总是不见容于各处暂居地正常的社会生活秩序一样，驱逐艺术家的警察与治安联防们在政治的因素之外，似乎还有着“驱魔”与“逐妖”的中世纪情结。

在此之后，只有“宋庄”还继承着这种波西米亚的吉普赛人式的风格。虽然近些年来，在北京和其它一些中心城市也出现了很多类似的艺术家聚居的群落，但是，只有宋庄是圆明园传统的继承者。这么说原因并不是因为很多圆明园的“元老”们现在还选择在宋庄居住着，而是因为在我的叙述中有如下的理由：

其一，宋庄的“无绪”状态是宋庄之所以成为“宋庄”的必须的特征条件。这种无绪的状态实际上表示着宋庄其实是一个松散的“居住”的概念，带着各种身份、怀着各种目的、来自各个地方的艺术家都可以在这里找到自己的位置，你可以三五成群喝酒泡妞，也可以鸡犬相闻而老死不相往来，这造就了宋庄极其宽松的生活状态。而造成这种状况的原因，则是我要说明的第二点理由。

其二，宋庄的生活条件的低标准和多样化，为各个阶层的艺术家提供同样多样化的入住条件。如上所述，在宋庄之外的一些艺术群落中，为什么不能呈现像宋庄这样如此多样化的生活样本？是因为在那些区域中，或是因为房租和生活的最低标准等综合因素成为限制了一些艺术家入住的“门槛”，或是因为在区域中占主流位置的一些团体以自己的趣味产生“排

尹坤(照片由本人提供)

他性”，使这些区域群落成为与“圈子”划等号的概念。而宋庄不同，首先是因为它的范围太大，大到一些区域团体和个人难以以一己的趣味爱好和身份等级为标准在这个区域中产生实际意义上“排他”的作用。二是因为宋庄毕竟是处于一个城乡结合的区域中，可以在此维持着相对比较低廉的生活标准。这样，穷有穷欢乐，富有富忧愁，大家尽可以在这种多样化的状态中找到自己的归属感。这种“多样化”还带来了宋庄的第三个特点。

其三，宋庄的“流动性”的特点正是因为其多样化所决定。所谓的多样化是一个横向、静止的概念，从纵向、动态的角度来看，宋庄实际上又呈现着极大的“流动性”的特点。这种流动性一方面表现在因为较低的生活标准，使很多刚来北京的艺术家把宋庄作为滩头阵地，日后条件好了，可以向市区迁移；另一方面又表现在因为宋庄对很多人来说，越来越呈现出“居住”上的意义了，他们的交际活动和业务范围都慢慢和相对更加市区化的798等地发生更紧密的联系。这种“流动性”，使宋庄艺术市场因素的作用，越来越变得像一个成本低廉的加工、生产基地了。

其四，宋庄更主要的还是在艺术上表现出“草根性”的特点。由于宋庄的艺术家中，出身于非名牌院校的占大多数，而且，还因为信息的相对闭塞，所以，宋庄的艺术状况呈现出极度的自由和原生态。这种表现在信息缺乏交流的条件下的“原生态”实际上就是自以为是的“个人化”的特征。“自以为是”可以毁掉一个“好画家”，也可以成就一个“大艺术家”。这就是这些自以为是的生活在宋庄的草根艺术家们的两难处境。

上述的特点，似乎能决定了居住在宋庄的大多数艺术家们的精神气质。

首先，他们对艺术有着近乎偏执的热爱。“艺术”是他们生活在这个想象中的“乌托邦”中的唯一的理由。所以，在此基础上，我倾向于把宋庄看成是一个只在假想中存在的“精神的共同体”，大家居住在一起，便提供了这个“假想”的基础。其次，他们是一群天真的假想者。艺术在每个人的生活中与具体的生活细节混为一体，他们沉浸在这种类似于宗教情绪的想象的狂欢之中而不能自拔。再次，由于条件所限，多数人与外界交流不多，他们在自己的艺术氛围中自以为是，把艺术的独立与人格的尊严简单地等同起来，这样形成很多人自尊、自恋、自卑的奇怪的性格组合。

这种精神气质觉得了宋庄的现状，并影响到宋庄的未来发展。

谈到这个问题，我们似乎要把宋庄的概念扩展到所谓的“大宋庄”的范围才能给出问题的合理性。这个在“艺术区域”意义上的“大宋庄”的概念，实际上是以宋庄镇行政范围为核心，包括通县县城范围的滨河、武夷花园，以及散居在通县县城附近等地的一些艺术家。作此概念的延伸，一则是因为上述数处之间人员的相互流动是非常频繁的，二则上述所分析的特点和特质也都可以适用于这个扩大了的地域范围。

在这个大宋庄的范围中，由于把艺术仅仅作为一种生活方式，一方面它可能会产生一些有个人特点的伟大的艺术家；另一方面，它也可能会为一些以艺术为“精神麻醉品”，或者是以“艺术”为逃避社会责任的借口的人提供了庇护所。所以，他们在给宋庄的艺术景观提供了多样化的样本的同时，也使“宋庄”背上了混乱与业余的恶名。

所以，在艺术市场兴旺之前，“宋庄”是作为一种另类的生活方式和怪异的言谈举止吸引着媒体的注意。在以798为代表的一些新的艺术群落出现之后，由于这些地方直接以商业诉求为目的的操作方式，它一方面不自觉地以“商业”标准为接纳和拒绝艺术家的“门槛”，这样，它就似乎具有了某种能代表“学术”规范化的标准。我们暂且不管这个标准的商业因素有多少，但是，实际上这种商业的门槛恰恰是使上述这些地方避免了重蹈“混乱”与“业余”的恶名。同时，再加上这些地方规模化的商业炒作方式，使它们在较短的时间内迅速引起一些艺术商业机构的关注，也同时引起了大众时尚媒体的关注。这样，先前作为“先锋”和“前卫”艺术代表的宋庄似乎在一夜之间被冷落了，这种失落的心态较为普遍地表现一些“宋庄”艺术家的心态之中。一些宋庄艺术家向798和索家村的迁移，既是各个艺术群落之间人员的合理流动，也是应对上述的这种失落心理的合理反应。

接下来的问题是，这种在艺术市场作用的催生下，在不断要求艺术家技术“专业化”的氛围中，“宋庄”继续生存的空

伊灵在工作室

间到底还有多大?

谈到这个问题，似乎可以把“宋庄”的概念分成几个层次来分析。

其一，作为居住意义上的“宋庄”的概念。这个概念作为所有关于宋庄的各个层面的概念中是具有初始性的意义的，它与一种波西米亚式的生活方式联系在一起，在所有关于宋庄的不切实际的想象中，也正是在这个层面上才发生意义的。但是，也正是这种基于“居住”意义上的“前卫”的概念，使宋庄在具有了最大的包容性的同时，也使它自己变成了一个缺乏辨别能力的“大酱缸”。这种酱缸文化在具有多样的生态化的同时，也具有着一定的盲目的破坏性力量。这种破坏性的力量有时候会表现为对所有“经典”盲目的、没有理由的颠覆与嘲弄。它试图用一种最低的形态来抹平各种艺术表现能力之间的级差。而这种的“抹平”的动力并不是来自于像现代艺术对传统学院派艺术技术主义的反叛与革命，相反，它来自于一种群氓式的对于必要的艺术表现技巧的仇视与嫉恨。这种草根性的颠覆的快感的释放是制约宋庄在技术美学的意义上能有所发展的最大的障碍。同时，这种“居住”的意义也受到来自于798等这些所谓专业化的艺术市场区的威胁而呈现出“空心化”的趋

王能涛在工作(邓华摄)

势。这种空心化的意义就是越来越多的艺术家把宋庄当成了一个仅仅表示低廉房租的“廉租房”地区，而他们的主要的艺术与市场活动则都是在类似798等这些比较“成熟”的艺术市场区域中来进行的。这种空心化的模式将对宋庄能起到的影响是极具破坏性的。一方面，将使宋庄在北京的艺术格局中越来越被边缘化；另一方面，通过一些成功者从市场上反馈回来的机遇性神话也刺激着急功近利的风气在这个区域中蔓延。

其二，作为艺术品商品生产基地的“宋庄”的概念。宋庄的艺术家从圆明园时期开始，就尝试着能够用独立的市场化的运作来对抗体制对每个社会个体的束缚，这是从体制化的行政社会向个人化的商业社会过渡的必然的阶段。但是，由于上述的宋庄的波西米亚式的个人主义风气的盛行，所以，即使是艺术商业活动也是局限于私人性的个体与个体之间的交易为主。缺乏规范的艺术中介机构的介入，决定了宋庄虽然作为中国较早的艺术品市场的实验区，但是它始终不能建立起有规模的、规范化的艺术市场机制。这样留下的空间，实际上是为一些生活在这个机制的夹缝中的艺术掮客们提供了机会。表面看来，这些掮客为艺术家们带来了一些主顾与机会，但是，从长远的眼光看来，这种不规范的交易行为对正常的规范化的艺术市场

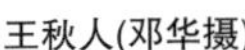

王秋人(邓华摄)

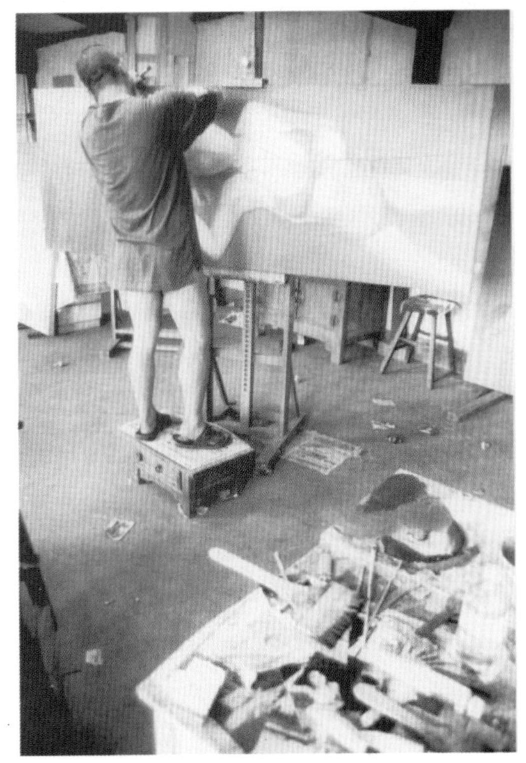

班学俭在工作(邓华摄)

行为的摧毁性是巨大的。它一方面使人们不再遵循正当的规范性市场规律，同时，它还从相反的方面给人们提供了通过急功近利的途径成功的范例。另一方面，这种不规范的交易行为还扰乱了正当的艺术品市场的市场秩序，使规范性的机构对这种混乱的局面望而生畏，长期以往，受到损害的必将是作为艺术品市场链最底层的艺术家自己。所以，宋庄不能仅仅作为一个生产基地的概念而存在。

其三，作为潜在的规模化的艺术品交易市场的“宋庄”。所谓市场的概念有两种，一种是主动性的市场，另一种是被动性的市场。在被动性的市场行为中，作为艺术品商品出卖方的艺术家没有任何主动性，一切只能依靠“运气”和圈子里的“关系”来卖出作品。而宋庄的艺术家又多数习惯于像农民伯伯卖青菜萝卜那样零买零卖。在此，希望新成立的宋庄艺术家的团体，能团结大多数的艺术家，向那些不遵守市场规则的画廊机构说不，向那些心黑手辣的掮客们说不。

其四，作为前卫艺术意义上的“宋庄”。首先我们要搞清楚两个概念，“前卫艺术”并不等同于“地下艺术”。虽然这两者在某些方面具有一定的重叠性。所谓的“地下艺术”，一方面是指相对于主流体制的叛逆状态，它不能见容于主流的社会文化体制，而不得不采取某种“地下”的状态来传播自己的影响。这又可以分为两种情况，一种是在艺术语言和艺术主张上，与现行的主流文艺理念有分歧。其次是用文艺的方式来传播和主流的意识形态不同的政治、社会观点。虽然都是以“地下”的面貌出现，但是，只有前一个方面才能称得上是实验的前卫艺术的文化现象。而后者则只能算是以文艺的方式出现的政治性文化现象。另一方面，则是指一些民间的亚文化的状态，它们在没有或不能进入主流文化形态的时候，也是一种“地下”的面貌出现的。而宋庄的艺术状况恰恰是上述数种关于“地下”的文化状态都兼而有之。有时候它的民间性的、江湖性的亚文化状态掩盖和遮蔽了它的艺术上的实验性的“前卫”状态。而这种民间性的、江湖性的亚文化状态在多种形式下都是表现为一种不负责任的对主流文化的颠覆力量。这种颠覆性的力量在文化上不具备任何建设性的意义。所以，在这个层面上来看，宋庄的前卫性是江湖性的，而不是知识分子性的。

宋庄的艺术江湖

—— 一个艺术家村落的流变

文/韩雨亭

从北京站坐上公交车直达到一个名叫“小堡”的终点站。如果不堵车，可能会花掉你一个多小时，然后，你就到了中国著名的艺术家聚集的村落——宋庄，一个中国当代艺术家乌托邦式的理想聚集地。在中国有哪一个村庄能吸引800多位当代艺术家？只有宋庄。很多中外著名的当代艺术家，都是从这里走出去的，当代艺术的代表性人物之一方力钧，更是成为了宋庄艺术村的符号与艺术家们的标杆。

方力钧在1991年左右创作的《系列2·2号》现被收藏于德国科隆的路德维希博物馆里，那是一个西方的现代艺术博物馆，在相当长的一段时间里，这幅作品一直都是中国当代艺术的代名词。

1993年，凭借着威尼斯艺术双年展，方力钧进入了西方主流社会的视野。《纽约时报》曾做过一期关于中国的报道，他们便选用了他的一个打着哈欠的“光头”作为封面，还专门为这个“光头”形象加了一个醒目的注释：“这不是哈欠，是呐喊。”当时，方力钧的图像之于西方社会，绝不亚于2005年美国《新闻周刊》以电影演员章子怡之于西方世界的符号性价值。它们分别代表了不同的中国文化和社会现实，一个代表了刚刚冲破禁忌的中国，一个代表了极度娱乐的中国。

宋庄艺术史

宋庄的“前身”始于圆明园画家村，它与圆明园的关系，更像是父子关系。圆明园同样是出现在中国20世纪末的艺术群落。一群桀骜不驯、追求自由与“反叛”的艺术青年，手持画笔，围绕着圆明园组成了一个艺术理想的“乌托邦”。

不知道是为了对喧嚣城市的逃逸呢，还是一种文化姿态地撤退，从1994年开始，艺术批评家栗宪庭、方力钧、刘炜、张鉴墙、王强、马子恒、王秋人、张惠平、杨少斌、岳敏君等中国当代艺术的大腕们，都选择了撤离圆明园，到远郊的宋庄购房置业。当时的宋庄还是一片荒草萋萋、鸡犬相闻的田园景

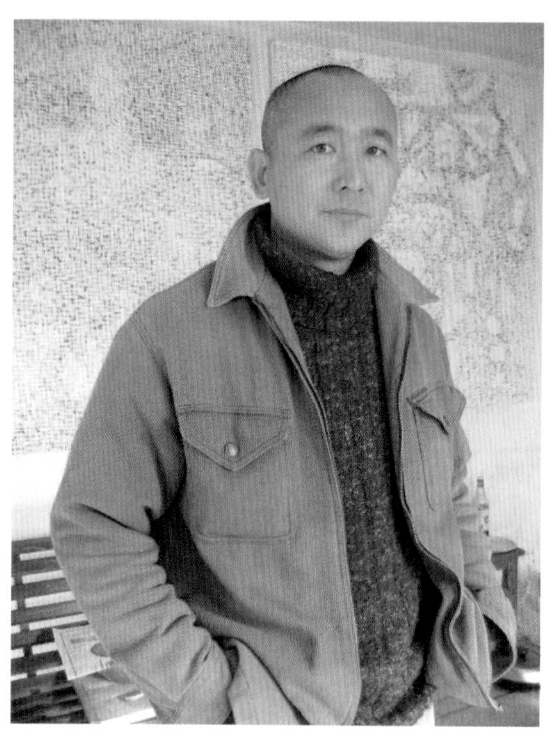
房辉

象，就人居环境而言，就是一片荒地，很多房子都塌了，里面种了很多树，每家的院子都在一亩左右。眼前的这种景象的确比较符合中国知识分子历来所追求的那种隐逸的很多条件，譬如，新鲜的空气，朴实的村民，相对单纯的人际关系。

栗宪庭、方力钧等一批知名艺术家的撤离，主要是出于某种现实的考量：既远离城市的喧嚣，又没有彻底脱离作为文化中心的北京。1995年，圆明园画家村被解散，艺术家们进行了集体的大迁移，而他们大多选择了宋庄这个比较偏远的村落里，过着没有太多人莫名其妙地观望与指指点点的生活。他们努力避免让自己成为梵高式的悲剧，现世的成功与幸福，成为了他们选择艺术事业与生活方式的前提。方力钧等明星式的艺术家，无形之中成为了他们的理想，他们中的很多都无意之中当自己变成了“玩世现实主义”与可爱的“泼皮”。

正如批评家杨卫所描述的那样：“宋庄像艺术家们梦想的试验场。”在十多年的时间里，聚集起了800多位画家、作家、音乐人和评论家便是一个证明，同时，一个围绕艺术家的生态体系与文化圈子自然形成。更重要的是，很多艺术家也的确从宋庄这个地方走出去了，并且，他们大多选择的是：跳出中国的艺术体制，直接进入到西方主流社会，然后再返回本国，这属于艺术范畴的“出口转内销”。

艺术的一个区域，便意味着一个圈子。宋庄的艺术家们形成一个庞大的圈子，除了创造外，大家都围坐在一起，喝酒、谈艺术、谈哲学、谈人生，当然，最具有吸引力的还是谈女人。

相比较体制内而言，宋庄的艺术家们是一群脱离于国家文化系统的“在野”势力，他们大多数人都没有任何经济实体做后盾。按当时的主流意识形态，有多少人乐意拿出一大笔钱，砸给一群独来独往、自由散漫的艺术家？没有。

这些都不重要，宋庄艺术家显示出了某种草根式的生存能力，这种能力有时候生猛，有时也很脆弱。他们之所以选择了在宋庄这个地方扎根，一是那里的房租当时很便宜，更重要的是，那里有一个由艺术家组成的江湖。在这个江湖里，大家可以相互信任、扶持、倾诉和“取暖”。

栗宪庭曾在一篇叫《野草的生命力》的文章里描述过艺术家们的生活状态。“这里的艺术家居住得相当的集中，这里的PARTY不断，喝酒、恋爱、大声嚷嚷着说话、激情四射地画画……酒精和女人使艺术家几乎整天处于热血沸腾之中，这种生活方式使用浪漫这个词来形容，过于文雅，那是一种类似酒神般的放浪生活。”栗宪庭写的这种艺术家们的生活方式，由原先的圆明园画家村，最后移植到了宋庄。

总之，在外界眼里，他们至今仍是一种神秘的生活群体，有人把他们看成了当代的梵高，一群为艺术理想而活着的群体。事实上，在宋庄周围的白天和黑夜，也游荡着一群以艺术名义生活的人。

这不由得让人想起了世界上其它国家的艺术家们的聚集区，譬如纽约的苏荷、东村、布鲁克林，以及东柏林，这些地方也是艺术家们聚居的地方。但是，跟宋庄一样，很多人与艺术一点关系都没有，也并非是为了追求艺术，只是想找寻一种群居而自由的生活方式而已。即便是艺术家，但好的艺术家也永远只是少数，大多数艺术家无论是生存能力还是艺术天分都很一般。

800多名艺术家，构成的是一个巨大的艺术圈，也构成了一个巨大的人际圈。这里的很多艺术家，到现在为止，可能还尚

姚俊忠

杨洮

未得到主流社会的广泛认同，但在宋庄，他们虽然得不到那么多的艺术认同，但他们也可以从这里得到人格层面的认同。你只要得到别人“这哥们不错！”的评语，那么便证明你成为了其中的一员。

不过，既然有江湖，那么就必须得有些江湖的“潜规矩”，宋庄无形当中也有了一些江湖标准：这里有自己的艺术标准，也有行为标准，虽然自由散漫，但不能过火，这种标尺无形当中控制着每一个人。譬如，你不能骂一位老艺术家，只要骂一位老艺术家，你便触及了这个群体的底线，这便是圈子文化，一种看不见的约束力。每个群体都会形成一套等级和权威式的人物，虽然表面上看不怎么显性，实际上在生活层面上更加明显。

利益与阶层

经历了漫长的寒冬，中国当代艺术开始成为了某种艺术主流，这让那些长期禁锢在体制内的艺术家们既羡慕又嫉妒。2006年7月，曾有杂志列出一个当代艺术家的作品价格表，其中大部分艺术家都与宋庄有关。比如，在纽约和香港，岳敏君的

《迷惑的春天》与《狮子》两幅作品，分别为511万和467万；张晓刚的《血缘：同志NO.120》更是高价，被卖到了809万；他的另一幅名为《戴红领巾的女孩》的作品，卖得也不错，价值为385万；方力均那幅名为《NO.8》的画为345万，还有他那幅《中国地图》则为188万；王广义的《大批判——耐克》则飙升到330万……

这是一个让宋庄的大多数艺术家仰视的价格。对于他们来说，方力钧、王广义、岳敏君等明星艺术家，无形之中成为了他们的奋斗目标与价值“标杆”。这一帮明星艺术家大都成名于上世纪90年代初，他们率先得到了国际上的认可，这让他们迅速脱贫致富，可还有更多的艺术家没有赶上这趟列车，他们的生存状态自然与原来的艺术群体开始“脱轨”，贫富阶层自此拉开。

那么，来来往往的年轻艺术家们之所以扎根在宋庄，差不多都期望自己的作品有一天能像方力钧、王广义、岳敏君那般值钱，甚至还有想成为这个时代的资本英雄。如今，每个艺术家都在讨论“谁的画卖得好，谁出名了”，他们也不再那么热衷于谈论艺术创作本身，喜欢用更多的时间去探讨曾被自己唾弃的“市场”，很显然，“市场主义”代替了过去的英雄、理想、人文主义。杨卫说：“宋庄过去的价值标准，被市场狂潮葬送掉了。”

“当代艺术家与所谓的主流艺术家不同的是，他们创作受到的影响来自两个方面，一是现实生活，二是成功艺术家，仍在体制内的主流艺术家，大都只能受到国家意志与意识形态的影响。当代艺术家之所以受到成功艺术家的影响，其根本还是受到了市场的影响，市场为他们的创作提供了一个标准。市场谁说了算，博物馆、批评家、媒体说了也不算，市场是大家无形之中构成的一个标尺。”

宋庄这个梦想的“试验场”里，每年都有喜剧发生，当然，每年也都有悲剧发生，去年，宋庄有两名艺术家自杀身亡，这里面蕴含着生存的压力，也来自创作本身的痛苦。

这还不算宋庄的低迷期。宋庄最低迷是发生在90年代末，那时，当代艺术在本土没有任何市场，亚洲经济不景气，艺术市场难以活跃，政府各种手段的打压，让艺术家们更是丧失信心。大家无所事事，媒体关注的永远是栗宪庭、方力钧、王广

孙芙蓉

义、岳敏君那几个艺术家，大家都觉得没有了退路，未来充满了变数，不知是好还是坏。除了几个活跃的明星艺术家之外，大家每天差不多都是在“内部消耗”过日子，相互喝酒，对骂，打架，没多久，很多艺术家搬离了宋庄。直到最近几年，艺术家开始往回聚。

现实与未来

当代艺术的兴旺，让宋庄由原来的“试验场”变成了一个巨大的“名利场”，各种角色都纷纷地参与了进来。政府官员、媒体、策展人、投资家等等。他们都能从自己的角度意识到，当代艺术即将给自己带来一种什么样的利益。

宋庄的政府领导者们通过调查和实证，宋庄无论是精神气质，还是地缘政治与地理位置，都太像巴黎巴比松村、纽约苏荷区、伦敦东区、柏林米特区等著名的海外艺术家聚居区了。在政府的构思之中，宋庄具备成为一个“具有世界影响力的当代艺术的中心”。

边红

在西方，这一传统大约始于19世纪初，画家们纷纷迁往巴黎郊区的巴比松村落，形成最早的乡村艺术家“移民区”，后来就诞生了一个巴比松画派。画派活跃于19世纪30～40年代，主张描绘具有民族特色的法国农村风景，其中的佼佼者就有诗人风景画家柯罗(J. B. C. Corot)、科学风景画家卢梭(The' odore Ousseau)以及农民画家米勒(Jean a Francois Millet)。当然，近代最为有名的艺术家聚居区当属纽约的苏荷区和东村。苏荷区在上世纪50、60年代兴盛，原先废弃的高大厂房被改造成前卫艺术家的工作室，随着他们的创作受到画商的承认，苏荷区成为繁华之都。而后来的新一代前卫艺术家无法承受日益高昂的房价和消费水准，便在离苏荷区不远的东村重新聚居，西方艺术家聚居形式的出现与60年代西方商业社会的形成密切相关，也与60年代的反叛与嬉皮风潮密切相关。不过，这些艺术村最终都有一个归宿，那便是随着商人们的蜂拥而至，变成了一个豪华、奢靡的繁华社区，画廊、酒吧、咖啡吧、俱乐部、饭店林立，商业气质取代了艺术气质。

“文化造镇”是近两年宋庄提出来的口号，政府的高层领导人也经常去参加艺术家们的家庭派对，跟艺术家们打成了一片。

宋庄：“画家村”的产业梦

来源/北京日报

从行政归属上，宋庄属于通州区。但在国外，宋庄却比通州要知名得多。

如同法国的巴比松，美国的东村，德国的达豪、沃尔普斯韦德——宋庄也因聚集了众多的艺术家和有异常活跃的艺术氛围而引起国内外艺术界和文化界的极大关注。这里被称为世界上规模最大的艺术家群落。

艺术家群落的形成经历了十年多的时间，给“宋庄”这个本属于乡村的名字赋予了更多的内涵。北京提出发展文化创意产业，更让这个京郊小镇恰逢其时地面临一次机遇。

选择宋庄，偶然还是必然

艺术家们为什么纷纷选择宋庄？这是记者在采访中最好奇的一个问题。有趣的是，询问得到的答案多有几分传奇色彩。

比如住在小堡村旁的黄永玉先生，自己盖了一栋美仑美奂的四合院。据说当初选址源自一个梦。黄老先生坐车经过宋庄，途中一直酣睡，醒来后说梦到自己在这里有一个四合院，于是就有了位于宋庄的四合院。

比如被称作中国当代艺术“教父”的栗宪庭，选择宋庄的原因就是想“住农家院”。

艺术家选择宋庄,从梦中择地来解读，就是一则逸事。如果说想住农家院，那么京郊遍地都有,选择宋庄真的就是一个偶然。

栗宪庭、方力钧等人最初选择宋庄，也许真的出于偶然。这里有一个熟人、正好有一栋空房都可以成为选择的原因。但是，当宋庄的名字被圈内人所熟知，艺术家选择宋庄就成了一种必然。

实际上，宋庄真正成为艺术家大规模的聚居地,还是近几年的事情。艺术家合群而居可以说是一种“习性”，也就是所谓的志同道合，群落让他们交流、沟通,相互温暖。2003年的时候，当地艺术家有二三百人，2004年有400人，到去年猛增到

700多人。此时的宋庄，已经成为一个标志、图腾，进入宋庄，也就进入了“圈子”，接近了中国当代艺术的最前沿。现在，宋庄已经是一个品牌。一位从美国归来，居住在通州张家湾的画家在京城办画展，却找到宋庄艺术促进会,请求张贴宋庄的LOGO。

艺术家群落在宋庄扎根,能在这里旺盛生长更值得深究。宋庄镇党委书记胡介报说了这样一句话：“对待艺术家,宋庄人始终是一种尊重、宽容的心态。”艺术家的特立独行、放荡不羁能够被这里的人所接受，至少不排斥，让艺术家感到了自由。

被艺术改变的村庄

宋庄镇小堡村，村口的大门是一个巨幅的画框。穿过画框，就进入了这个又宋庄称作“画家村”的小村子——这里居住的画家有200多位。

以小堡村为核心，宋庄艺术家群落向周围辐射，辛店、大兴庄等十几个村子现在也都成了艺术家的聚居地。

艺术家们的到来，直接或间接地改变着村子的面貌和村里的生活。

早期到来的艺术家们多是购买了农民的院子，自己加以改造，打造成符合自己个性的工作室；更多的艺术家则是租用了村子里废弃的厂房、农居、人防工事，甚至养殖场。现在，宋庄镇已经有十一个旧厂房被改造成了艺术家工作室，成了一个个的艺术园区。据说大兴庄的一个原养鸭场经过改造，出租给十几位艺术家做工作室，每年光租金就要几十万元。

一进小堡村，首先映入眼帘的便是前哨画廊，后现代建筑风格使之与宋庄其他建筑明显地区别开来。这是小堡村的第一个画廊。经营者刘楠也是居住在小堡村的画家，前哨画廊代理的也基本上都是宋庄艺术家的作品，标价从几千元到几万元不等。问起画廊的盈利情况，刘楠并没有正面回答，而是说：“宋庄生活这么多艺术家，这是近水楼台，我甚至想有一天画廊可能都会搬到宋庄来，说不定这条街就改成画廊一条街了。”

眼下，这条小堡村的中心街又被称为艺术一条街，更多的是绘画用品商店，有四五家之多，多为村民所开。随便走进一家，满眼看到的都是颜料、画架、画布等各种用品。货架顶上也摆着几幅画作，老板介绍是给画家代卖的。这个商店每个月

张谧诠与方力钧

的营业额要超过万元。

宋庄越来越多的农民参与到文化产业中。“韩燕画廊”的主人靳东升，就是小堡颇有远见的一位村民。走进小堡南街76号，他的画廊中展示和推介的宋庄画家作品，标价最低的一幅为3000元。不但如此，靳东升还利用自己会烧瓷器的手艺，与几位画家展开合作，请画家在瓷坯上作画，他来烧制定型。这样制成的一个花瓶售价在5000元以上。靳东升还打算扩大自己的事业，在艺术园区购买10亩地开办更大的画廊。

小堡村村委会委员李学来告诉记者，10年前，买一个农家小院不超过1万元，现在少说也要10万元；过去租一个小院月租金300元，现在少则500元，多则数千元，仅此一项，全村农民年收入120万元。1994年村里只有4个小卖部，现在光超市就8

申云

家，饭店46家，画廊6家，美术用品商店4家。按照一个艺术家1年消费2万元现金来估计，1000名艺术家就能带来2000万的现金流，服务业就能解决1000人的就业问题。

“变化还不只这样的简单概括。艺术家来了之后，对老百姓风土人情、文化素质都有影响，而且推动了地方经济的发展。很多村民都有了车。”

艺术家“年产值2.5亿元”

“在宋庄居住生活的艺术家们，一年艺术品的交易额至少2.5亿元。”宋庄文化造镇办公室主任洪峰告诉记者，略一停顿，他又补充了一句，“这还只是非常保守的估算。”

洪峰的依据在于宋庄艺术促进会去年所作的一次调查。据这次“不完全统计”的结果，当年，在宋庄居住的艺术家有30人的艺术品交易额超过300万元，几个领军人物的个人交易额甚至超过6000万元。而根据宋庄镇每年入户登记的统计数字，在这里居住的艺术家超过700人。

如今，以小堡为核心的宋庄画家村，聚集了来自全国各地的数百名自由职业艺术家及相关产业的文化人士。

艺术家们创造的价值是难以估量的。即便单纯以画作的成交价来衡量，其数字也要让人咋舌。洪峰说，每个艺术家工作室就相当于一个工厂，而且其产出效率要远远高于一般企业。据他所知，去年岳敏君的一幅画在欧洲拍卖，以90万美元的价格成交，创造了宋庄艺术家作品拍卖的最高纪录。

宋庄艺术家的作品，几乎每天都在世界范围内交易着。香港拍卖行、威尼斯双年展……世界知名的画廊、拍卖会、画展，都可以找到宋庄艺术家的身影和画作。去年5月，宋庄代表画家王广义的一幅油画在香港拍卖，以高出预估价一倍的108万元成交，也创出了他个人油画作品的最高成交价。

“宋庄”的市场价值随着王广义、方立钧、岳敏君、杨少斌等来自宋庄的画家们的作品不断以傲人的价格落锤，当全世界的收藏家都开始对中国当代艺术作品瞩目的时候，人们也不得不注意到宋庄画家这个群体的存在。

宋庄的“艺术硅谷”蓝图

身为宋庄艺术促进会会长的洪峰在接受记者采访时，身上的两个手机不停地交替作响。打断了几次谈话之后，洪峰抱歉地说：“实在太忙了，现在有11个项目在谈。”

宋庄镇同时着手的这11个项目，包括艺术园区、知名画廊、当代艺术馆等等。如此大规模地引进项目，镇里规划的蓝图是让艺术家群落完成向文化创意产业的转变。仅是吸引艺术家来宋庄居住、创作已经不能满足，当地政府希望把宋庄打造成中国当代艺术“硅谷” 。

“现在只能说宋庄镇具备了发展文化创意产业的基础，真正形成产业还有很多的工作要做。”宋庄镇党委书记胡介报如是说。

从产业的角度来看，宋庄镇已经具备了相当雄厚的生产环节。但出自宋庄的艺术品的市场在哪里呢？

这个答案可以在世界范围寻找，几乎所有知名的画廊、拍卖行、展馆都有宋庄艺术家的作品。现在，宋庄镇正致力于完善文化市场这个产业链条。

洪峰向记者透露，以一幅在画廊里成交的画作为例，实际上画家得到的钱大概只有成交价的50%。照此分析，宋庄艺术

赵光臣

家创造的经济价值，有一半贡献给了区域之外。

由宋庄镇领导和艺术家代言人栗宪庭等人分任会长、副会长、理事、监事长等职的宋庄艺术促进会，已经将众多艺术家确定为“会员”。大到全镇的产业发展，小到艺术家个人的饮食起居、子女入学,艺术促进会的作用就在于搭建一座桥梁，利用民间组织给艺术家提供社会化服务。

去年，艺术促进会出面组织了宋庄艺术节，对宋庄艺术家的作品进行了一次全面的展示，艺术节当天成交的作品价值300多万元。

占地400亩的艺术园区已经通过口碑相传，成了吸引艺术家回流的“风向标”。其中5000平方米的大型艺术展厅已于去年封顶，6月份将投入使用。“这是宋庄艺术村的标志性建筑，暂时定名为中国宋庄艺术家群落，总投资在6000万元以上。”围绕艺术园区，美国、台湾地区等地的艺术家、画廊也纷纷盯上宋庄，美国现代艺术博物馆、台湾、香港画廊也都在加紧建设中。

艺术产生的价值难以估量，由此引发的相关产业如旅游、服务、房地产及其租赁等，给宋庄带来了显著的变化。无论是精神还是物质，无论是文化还是经济。

宋庄艺术12年 千名画家的梦工厂

来源/《新周刊》

1000名艺术家的新宋庄

这里是艺术家聚集区、艺术加工厂、艺术大卖场以及开艺术堂会的地方，新宋庄已成为中国当代艺术的一面金字招牌。

如果说，还有一个地方具有当年圆明园画家村的气味，那只能是宋庄。

这是中国当代艺术史不能回避的一个地点，12年来，从最初数名画家的进驻，到如今形成的千名画家的聚居，这个位于北京通州区的宋庄镇更像是一个民间艺术学院。

在“宋庄美术学院”中，已诞生和正在诞生着出类拔萃的艺术家，他们自我教育、互相提携与启发、树立个人品牌、把艺术变成流通品。后继者则受他们的影响，自发而来，渐渐形成聚集区。

宋庄2006年正在经历脱胎换骨的变化：它终于形成了近千名艺术家的规模；它终于建成一个美术馆(宋庄私人美术馆)；它终于有了自己渐成规模的艺术节(宋庄文化艺术节)；它终于引来了体制(宋庄镇政府)的重视，并成立了社团(宋庄艺术促进会)；它终于形成了自己的规则与潜规则；它当初的理想与努力，现在差不多都实现了。

也许，新宋庄就是艺术家们的“南街村”。

住在宋庄：艺术家聚集区

1994年，批评家栗宪庭和艺术家方力钧等人带头到了宋庄。随后，圆明园画家村向宋庄进行了一次集体迁移。再后来，各地艺术家纷纷投奔宋庄。不过这里至今看起来仍是个没有西洋景的城乡结合部，远不如798适合立此存照。可以这样来描述这个群体：平日里，艺术家们深居简出，闷在工作室搞创作，天黑了就三五成群出来喝酒聊天。

艺术评论家吴鸿这样评价宋庄：“宋庄就像个打小鬼子时

候的青纱帐，里面纵有雄兵十万，从外面也是看也看不见，摸也摸不着，谁也管不着谁，谁也别妄想称老大。”这是宋庄给人的最初感想。

很长一段时期，在当地人看来，艺术家跟“盲流”民工没什么差别。艺术家们只好三天两头被治保队查暂住证，家里丢了东西也没法报案。“怎么报案？人家觉得你本身就跟贼差不多。”批评家杨卫在宋庄住过3年，那段日子让他知道什么叫没有安全感。

如今，宋庄47个村里有12个村住着艺术家，人数近千。他们变成宋庄的宝，过去带头查暂住证，赶人走的治保队长当上了宋庄艺术促进会的副会长，还向自己曾冒犯过的艺术家道歉。

但宋庄艺术家们的生活却没什么改变。松散、无序、不怎么排他；房子便宜，但天冷受不了，得租楼房过冬；有人来有人走，但来的多走的少。

可能对他们来说，宋庄就是一个码头，大家都是外地人。

在旁人看来，他们过的是草莽式生活，虽包容，却缺乏辨识。吴鸿点评这种生活为：“极度的自由和原生态”。他认为这种信息闭塞造成的“原生态”实际上是自以为是的“个人化”的特征，可以毁掉“好画家”，也可以成就“大艺术家”。

任何艺术家聚居地，包括宋庄，都只能是部分人的乐园。要做到像已成名画家那样如鱼得水也并不容易，比如方力钧，据说连当地的小痞子都很尊重他。“方力钧已经成为宋庄的精神符号，他在这里找到小王国的感觉。”杨卫说。

在艺术家们看来，宋庄实际上已经超越了聚居地的概念，它成为一种生活方式和一个梦想的代名词，他们选择的是随心所欲地生活，而不仅仅是在哪里生活。

做在宋庄：艺术加工厂

宋庄越来越像一个艺术生产基地。艺术家们自称劳动者，他们也承认彼此有高低之分。有人认为，1000个人里面，不到50个成功者。但就是这50人，激励着大部分人留在这儿。

庞永杰在宋庄的画家里是比较成功的一位。他很勤奋，一年可以卖六七十幅画。他很坦白：“画家就是以卖画为生，没

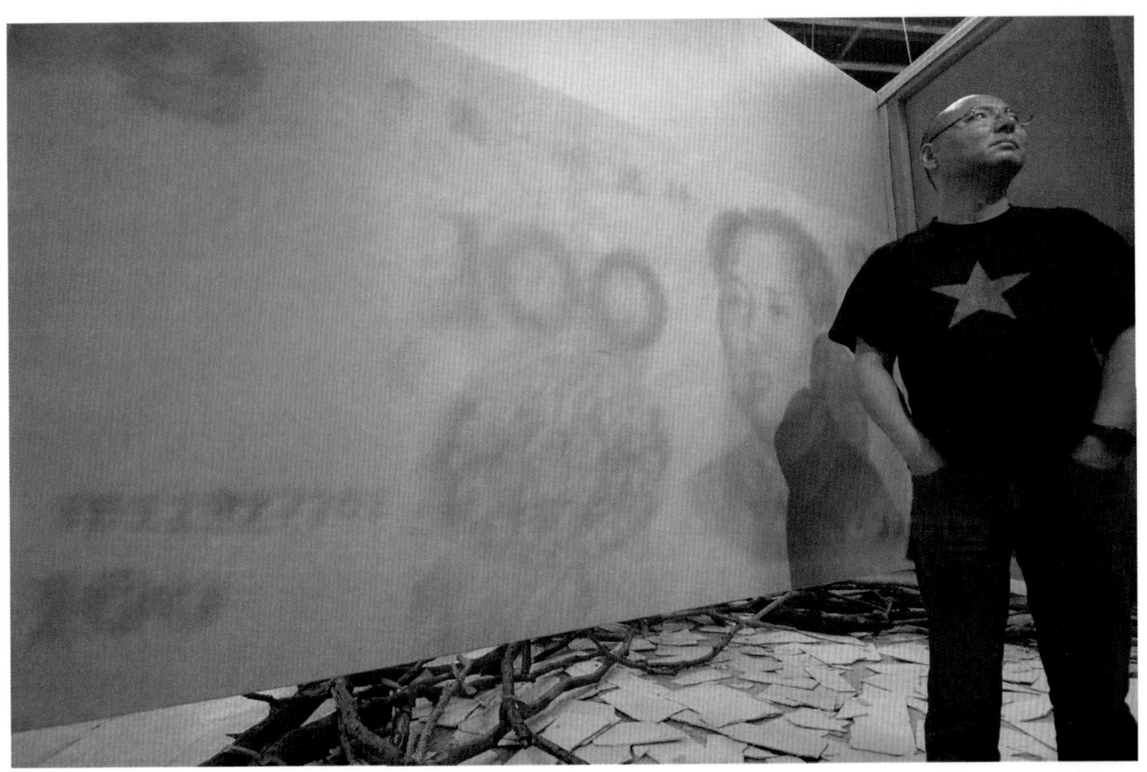

王强

必要把自己弄得那么高。这里很多最底层的画家，连生活问题都没解决。”

一直以来，宋庄脑后有反骨，他们的快感和名声都来自“草根性”，总试图用最低形态抹平艺术表现极差。吴鸿认为，这种“抹平”的动力来自群氓式的对必要艺术表现技巧的仇视与嫉恨，极具破坏力。因此有人说他们的作品杂乱和业余，难以跟规范的商业运作挂钩。

技术美学意义上发展的滞后还伴生了另外一个问题，因为居住密集且生活过于封闭单一，艺术家在创作上也显得创意不足。庞永杰告诉《新周刊》：“大家都住在一起，相互影响肯定有，所以我一般会保持距离。玩的时候还在一起玩，但是做东西要避开。做当代艺术跟风偷懒实在太容易了，而不成功的原因往往就是跟风。”

尽管如此，这一年来当代艺术市场火了。宋庄也跟着火起来。

宋庄出了名，来参观的人越来越多，艺术家在工作室干活，隔几分钟就会被访客的敲门声打断一次。他们很矛盾，一

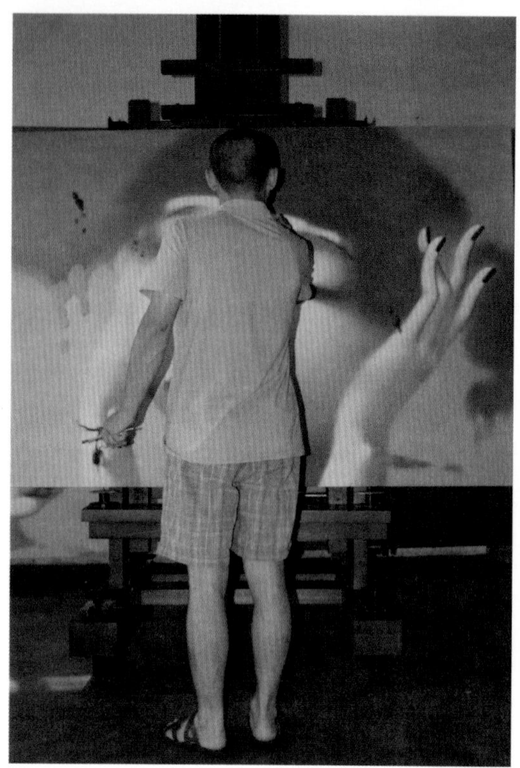
张东红在工作

方面希望自己的工作室有画商或买主上门，因此大多数人愿意把工作室放在人气最旺的小堡，导致这里地租升高，从每月300元涨到至少500元以上。另一方面他们又讨厌不间断的打扰。小堡“画家大院”女艺术家陈鱼的门上别着两个纸牌子：“工作中请勿打扰”和“休息中请勿打扰”。她说：“有人敲门又不能不理，但确实影响画画，这个大院每家都有这种牌子。”

陈鱼正在为自己在798的个展作准备。对宋庄艺术家来说，这里几乎只适合工作，要是展览或出售，他们更愿意去798，因为那里聚集了很多画廊，是专业化的艺术市场区。

卖在宋庄：艺术大卖场

2005年第一届宋庄文化艺术节，推出了一批不知名艺术家，成交300多万人民币。一个叫关健的艺术家，前一天还穷得被房东逼租，第二天就卖了80多万的画。

这个成功的案例，无疑使艺术品市场链最底层的艺术家受到鼓舞。

一直以来，在宋庄卖画都是靠碰运气，或圈子关系进行

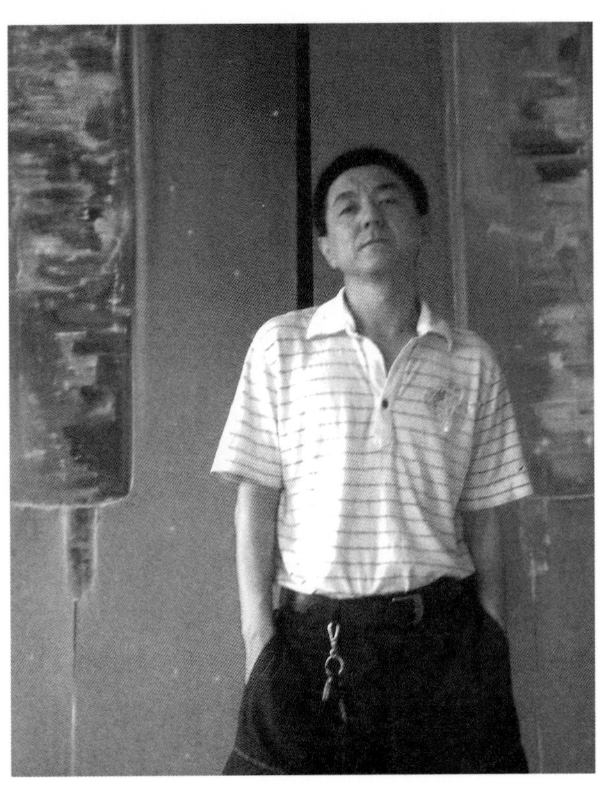

邢波

的交易。对单个艺术家来说，这种方式无可厚非，甚至颇有成效。然而当成百上千艺术家聚在一起，如此“集市”非得有行规才能保障在场者的利益。

但因为生活方式的波西米亚和松散，宋庄早期的商业以单对单的个体交易为主，这种自产自销的商业模式使宋庄一直没能建立起规范的艺术市场机制。甚至很大程度上成了艺术掮客的“淘宝”乐园。

近年来，一些画廊落户宋庄，798等艺术商业区的中介机构也开始介入这里的艺术品交易。然而宋庄太大了，它各自为政的无组织状态远非一道商业门槛所能规范。

庞永杰说：“跟别的行业一样，宋庄的人会越聚越多，但成功的却是少数，这跟演员行业差不多，竞争很残酷。”艺术家的多和“急”默许了艺术掮客，如此商业化，摧毁了很多人的梦想。很多在宋庄找不到机会的艺术家选择离开，到更商业化的艺术领地寻找机会。一些已经做得不错的艺术家也迁移到别处。

吴德武在工作

宋庄艺术促进会会长洪峰倒显得很乐观："生态本身就是这样。有一流的艺术家、有二流的艺术家、也会有三流的艺术家。就像金字塔，如果没有塔基，知名艺术家就好比在空中飘。这种存在只能使宋庄越来越好。"他领导的宋庄艺术促进会是服务机构，代表政府出面维护艺术家的利益。"有来的有走的，形成活水一样流动的场，这很正常。你不可能把人像钉子一样钉在这里不能动。"

"宋庄镇政府开始重视他们，逐渐把他们保护起来，他们由完全的盲流状态变成大家开始逐渐认同的东西。"这是当代艺术兴起的必然结果，杨卫指出："没有宋庄也会有别的地方。"

玩在宋庄：艺术堂会

2006年10月6日至16日，宋庄将摆开一场艺术堂会。宋庄艺术促进会承办的第二届中国•宋庄文化艺术节在此举办。这堂会有腕儿、有自己的趣味、宋庄艺术好汉一一粉墨登场。

宋庄的奇异在于，它有全国行政级别最低的美术馆；它集合了全国最多的当代艺术家；它最松散又最趋向秩序。

开幕演唱会将邀请到崔健和他的乐队，位于宋庄文化公园的舞台露天240亩，四周原野环抱，"野"性十足。随后的"大机器原声时空"原生态音乐表演、国外民间歌舞表演、新民谣乐队演出、艺术家烛光晚会甚至“疯狂机器之夜”狂欢，似乎都暗喻宋庄的草莽精神和狂放之气。

堂上两个论坛。“艺术与文化产业发展论坛”将探讨宋庄乃至全国艺术群落现象和文化产业发展趋势；“水墨在当代学术论坛”则关注水墨艺术在世界当代文化语境中的可能性。

堂下十个展览，包括“开放之路”公共雕塑展、“歌颂我们美好的生活”当代艺术展、“喇嘛庄、艺术家大院、女艺术家空间”及镇内画廊工作室开放展、“公共生活的重建”当代艺术大展、“未来宋庄”建筑艺术实践展、乡村重建文献展、“从黑山学院到达汀顿”资料文献展、新民俗唐卡展、宋庄水墨同盟会首届邀请展、中国独立电影展在内的展览，显出宋庄趣味，它们甚至是中国当代艺术趣味的，试图在多元中寻找精神。

杨卫说：“宋庄艺术节的最终目的还是要宣传，艺术家们也希望这个活动能活起来。这是经济时代的必然选择。”

这场艺术堂会既是当代精神的，也有现实关怀，它展示了个人创意与群体生态如何共存相生、民间活力如何与政府互动而不是导向招安。

再探宋庄：

——中国前卫艺术基地的艺术与商业博弈

来源/《财经时报》

文化造镇：下一个苏荷

艺术市场上中国当代艺术作品的狂热表现，以及由此带来的观念冲击波，使宋庄政府意识到艺术家也可以成为促进商业发展的资源，而这个罕见的资源却是宋庄的一大优势，他们没有理由不打这张文化牌。

去年此时，我们为报道《宋庄启示录》来到宋庄，今年再来时，明显感觉宋庄在这一年发生着惊人的变化。在外人的眼中，看到的也许只是那些越来越多的与艺术相关的场馆在加紧建设着，而对居住在宋庄的艺术家来说，变化却发生在他们内心的感受上，有的甚至觉得看到了一种盼望已久的希望。

商业背景下的商业动机

近年来，中国当代艺术品已成为全世界艺术市场上最引人注目的现象，同时也是全球经济观察家们用来解读中国经济实力的一项有趣的指标。

中国当代艺术品成为拍卖市场上增长最惊人的板块之一，是艺术品投资、收藏的大热门。令宋庄人骄傲的是，与宋庄渊源极深的知名画家们在经济浪潮中的出色表现，方力钧、王广义等人的作品，达到了很高的价格水平。香港苏富比推出的“中国当代艺术专场”，全场共计72件拍品，总成交额达到惊人的4355万元，远远超出预估。特别是王广义的《大批判：安迪·沃霍尔》，以108万元的价格成交，比估价整整高出一倍。

“这两年，尤其是2005年，中国的拍卖会简直是疯了，很多艺术品的价格在拍卖会上以半年十倍甚至几十倍地往上打滚儿，地狱和天堂仅一步之遥。”“现在画廊”老板黄燎原说。

“艺术品和股票有根本的区别，艺术的魅力在哪里？就是有虚拟性和想像力。1万美元的艺术品，可以具有1000万美元的想像力。股票哪能这么去想，那不疯了吗？如果你选择了可以将他定位为一线艺术家甚至是未来“大师级”的人，当全世界都在关注他的时候，那么很可能就是1000倍的增长概念。”从

荣晗

师若

事过证券交易的环碧潭画廊老板李国胜如是说。

韩国阿拉里奥画廊在中国的法人代表和艺术总监尹在甲认为，除了中国经济、政治近几年所表现出来的强势发展之外，还有一个原因，中国有着几千年的文化传统，并且是亚洲地区极为重要的一个国家。尤其，“亚洲国际贸易在世界占38%~40%左右，但文化还不到5%，因此，文化产业肯定会有一个较大的发展空间”。

尹在甲与宋庄也有着不解的渊源。10年前他在北京读书的时候，曾在宋庄附近开过一家名叫“通道”的酒吧，并认识了居住在宋庄的方力钧、岳敏君等人。只是当时谁也料想不到，这些艺术家们现在会如此引人注目。

渐渐改变命运的艺术家

去年艺术节上，很多艺术家的作品被挂上了展板，摆放在了宋庄商业广场中间的大路上。一些收藏家夹杂在前来看热闹的人群之中，默默地搜寻着自己中意的作品。有的艺术家就真的因为这一次的艺术节而改变了命运。

关键就是其中的一位。在第一届艺术节之前，因为他并不懂得如何去经营自己，所以作品一直没有太多的人去关注，经济上一直显得有些窘迫。而在艺术节上，他的作品被展示之后，随即有买家当场订下了一大批画。这件事情在艺术家圈子里一下子传开了，令画家和组委会颇为振奋。本届2006艺术节

吴震寰在工作

做宣传时，这件事情作为典型的商业案例被写到了宣传页上：一位艺术家头一天还被房东追讨房租，翌日便卖了几十万元的作品。

“像关键这样的艺术家确实是艺术节的受益者，要不他的画没多少人知道。艺术节对于这样的画家来说就是一次绝好的宣传机会，因为大多数艺术家不懂得怎么经营自己。”艺术家马越这样评论道。

其实马越自己也是个被人传来传去的例子。就在去年的艺术节过后没有多久，一位印尼来的收藏家就在朋友的带领下直接去了他的工作室，拿着美金买空了他所有的作品。“当时很巧，宋庄的胡介报书记正好到我家来串门，就正好看见那个收藏家在这买画。”

对于他自己所有的作品一共卖了多少钱，马越坚持不肯透露。但是他说，“这总是个好事。”马越对自己的评价是“有些活动能力的艺术家”。因为他在宋庄之外的一些画廊办过几次展览，所以还是有些人知道他的作品，去年的艺术节只是一次有着推动作用的契机，让收藏家知道了他的工作室也在宋庄。

但是，更多的同样居住在宋庄的艺术家就没这么幸运了。在这次的艺术节上，主要展出的是那些小堡和喇嘛庄艺术家大院里的艺术家作品，大多是一些经济基础比较好的艺术家。所以其他那些散居的艺术家中就有人觉得管理者嫌贫爱富，

马东民（照片由本人提供）

于是，他们自发组织了一个叫做“自由艺术家大展”的活动在潮白河与宋庄艺术节同时开幕。并且把海报贴到了促进会的门口，上面写着：“多年前我们是独立的、自由的在这里玩，现在我们仍独立的、自由的玩在这里。”

越来越商业化的宋庄

“宋庄现在确实是越来越有商业性的东西了，但是要知道，这种变化是一种必然。”宋庄最知名的艺术家方力钧在沙发上懒洋洋地说道。在宋庄的采访中，记者有一个强烈的感受，几乎所有成功的艺术家都已经清醒地认识到，宋庄的商业化是一种必然的趋势，而那些潦倒的、暂时还没成功的艺术家们，却依然在坚持着某些“纯艺术”的观念。

艺术家马越的话很直接，他说，“宋庄以后变成798那样，有越来越多的时尚的、商业的机构进驻是一定的。这里的房价已经在不断上涨，以后肯定还要涨。这种状态会使得一些底层的艺术家有新的创作感觉、新的艺术品出来，而同时也会把一些不成功的艺术家赶到更远的地方。”

相对于这样现实的评论，宋庄的官方有着更为理想化的想法。宋庄镇的书记胡介报在接受《财经时报》采访时说，他们准备打造出可以供给不同层次艺术家居住和工作的空间。“成功的艺术家可以进条件更好的艺术家园区，年轻的艺术家可以租便宜的民房。”

在当地政府现行的政策里，如果农民的房子租给了艺术家，那么他的水电费用等等都会有优惠的措施。“现在每年这些艺术家给我们当地带来的收入大概有六七百万元吧。”宋庄镇聚集艺术家最多的小堡村书记崔大柏这样说。

在这样数字的刺激下，艺术家一定会被当作一个资源而被不断的开发。胡介报对此也并不讳言，他说，“政府肯定是要考虑当地的经济发展的，所以官方在开发当地艺术家资源的时候，可能会比艺术家本人更关注这些艺术作品的市场效应。”

胡介报在向《财经时报》介绍宋庄未来的计划时说道，以后还要在这里开发高尔夫和赛马场，把时尚的体育产业也引进来。“要把宋庄的价值全面开发。”从这一年的变化和这些计划来看，宋庄的商业化进程在不断地加快着，已经从“现在时”发展到了“将来时”。就像马越所说，“这种趋势不是能按照一个人两个人的想法而转变的，这是必然的。”

显然，宋庄正在形成品牌概念，并迅速累积巨大的无形资产价值。

将成为第二个苏荷?

谈到现在的宋庄，几乎所有对艺术有所了解的人们都会想到纽约苏荷的例子。二战后，纽约取代巴黎，逐步成为西方乃至世界艺术中心，其中的关键原因就是曼哈顿的“苏荷区”。

上世纪五六十年代，美国艺术新锐群崛起，各地艺术家以低廉租金入住该区。很多眼光敏锐的画商也开始在此设立画廊，逐渐的原在高级街区的不少老牌画廊也相继移来。政府看到了此地的发展前景，最终立法，以联邦政府的立场确认苏荷为文化艺术区。

但是这样的结果也造成了苏荷区租金飙升，而过度的商业化也使艺术的活力不复当年，逐渐成为了许多人慕名而来的旅游区。

而宋庄的现今确实不得不让人想起当年的苏荷。胡介报也对《财经时报》说，让他们下决心确定“文化造镇”方案的原因之一就是看到了一篇名为《苏荷》的文章。可是在后来的采访中，这位敢于第一个吃螃蟹的官员也不经意地流露出对于这种政策的矛盾：想避免宋庄因地价过高而赶走艺术家成为第二个苏荷，同时所有的活动和政策却又在客观上催生着商业的进驻。“官方希望让不同层次的艺术家都能留下来，这种想法比较乐观，实际上做不到。”马越冷静地说。

在批评家杨卫看来，这种把艺术资源开发成为商业资源的过程是残酷而不可避免的。“在国外，有一部分弱势的艺术家是有人去养着的，而那笔钱就是由成功的人创造并拿出来的。但是中国现在，钱还都用在一些基础设施的建设上。”

无论怎样，宋庄的改变是不可避免也不可能阻挡地发生了。在那些艺术家获得了一直渴望的安全感之后，也感受到了这种安全感的代价“商业和艺术的混杂”。就像马越所说，“以前的宋庄是大家的，现在的宋庄是官方的。”那么哪个更好呢？面对记者的追问，马越笑着回答，“只能说各有利弊，只不过以前的状态太过理想化了。”

链接

目前，北京已经形成了8大创意产业集聚区，文化创意产业已成为北京服务业的重要组成部分和推动北京经济发展的重要力量。据统计，北京文化创意产业产值已达到960多亿元人民币，占北京市GDP的14%以上。有关专家测算，到2010年，北京文化创意产业实现增加值将达1000亿元。

朝阳区政府打造“706大厂房”

对北京文化创意产业的发展来说，798艺术区无疑是一个极具潜力的地方。目前市政府已经把798艺术区纳入了北京市创意产业园区之一。北京市朝阳区文化委员会专门成立了798艺术区领导小组，并出资在798艺术园区内成立“706大厂房”，为支持中小创意公司设立的“结缘”创意空间。只要符合条件并通过资质审核的原创艺术家，可分别获得免费或半价租金的入驻优惠。798内原来有很多创意空间或个人工作室，但都是纯商业运作，付租金签合同。而706大厂房是由政府运作，是为更多缺少资金的创意人提供施展才华和发展的空间。

宋庄打造“中国文化名镇”

宋庄作为北京乃至中国规模最大、知名度最高的画家村群落之一。为了更好地挖掘、利用这些丰厚的文化资源，宋庄镇自2004年就提出“文化造镇”的发展模式与思路。即通过文化为宋庄社会发展提供内在动力；通过文化品牌打造宋庄区域核心竞争力；通过文化氛围的营造为宋庄创造良好的投资环境；

钟天兵

通过发展文化产业本身推动宋庄国民经济的快速增长；通过文化元素的渗透转换传统产业的价值主体；通过文化产业与传统产业的融合大幅度提升传统产业的价值。

为了实施“文化造镇”发展战略，宋庄镇拟在全镇建设一批重点文化设施，主要包括：建立以“小堡画家村”为代表的文化艺术聚集区；建设以“宋庄赏石文化艺术、民间艺术、书画艺术等文化中心区”和“中国宋庄当代艺术空间”为代表的文化旅游、展示、交易基地；建设影视后期制作基地和文化出版发行基地等。

2005、2006年宋庄艺术节 | Three

第一届艺术节招贴

首届中国·宋庄文化艺术节概况

2005’第三届中国南北民歌展示周暨首届中国·宋庄文化艺术节以“宋庄路”为主题，由国家文化部民族民间文艺发展中心、通州区宋庄镇人民政府和宋庄艺术促进会共同主办。316位宋庄艺术家的760件作品在两公里的街道上露天展出；来自全国20多个省、自治区、直辖市的150多位民间歌手进行了6场民歌展演，历时3天，到场观众10万人。首届宋庄艺术节极大地鼓舞和振奋了宋庄艺术家的创作热情，进一步增强了宋庄艺术家群落的集聚效应。艺术节将最具民族性的原生态民歌展演和最具时代性的当代艺术展示推上同一个大舞台，引起国内外媒体

首届文化艺术节开幕式

的强烈关注。首届艺术节作为中国当代艺术发展史上年度重大事件，创造并载入历史。

2005年10月21日-26日在北京市通州区宋庄镇举办“第三届中国南北民歌擂台赛”暨首届中国宋庄文化艺术节。此次活动由中国民族民间文化保护工程领导小组办公室、文化部民族民间文艺发展中心主办，通州区宋庄镇政府、宋庄艺术促进会具体承办。

顾问：栗宪庭、胡介报

策划：洪峰、王能涛、马越、班学俭

时间：2005年10月22日

地点：北京市通州区宋庄镇小堡村大街

主办：文化部民族民间文艺发展中心
中国民族民间文化保护工程领导小组

承办：北京市通州区宋庄镇人民政府
北京市通州区宋庄艺术促进会

协办：《宋庄ART》杂志社

首届中国·宋庄文化艺术节活动内容：

首届艺术节现场

一、第三届中国南北民歌展示周

1、时间：2005年10月21日-24日

2、地点：通州会堂

3、天籁之音--宋庄之夜--大型原生态民歌演唱会

二、当代中国宋庄文化艺术展

1、举行首届中国宋庄文化艺术节开幕仪式

时间：2005年10月22日上午10：00

地点：小堡村南横牌处

2、民族风情展示活动

时间：2005年10月22日上午9：00至11：30

地点：小堡 村南沿路向北两侧及广场

3、《宋庄路》艺术展览

时间；2005年10月22日上午10：00 -下午5：00

地点：小堡村东

4、和谐的中国——大型 书画艺术宋庄展

展览时间：2005年10月22日-25日

地点：嘉华学院

5、宋庄招商引资洽谈会

时间；2005年10月22日

地点：宋庄艺术展现场

第二届中国·宋庄文化艺术节招贴

第二届中国·宋庄文化艺术节概况

2006年10月6日，由宋庄镇政府举办、宋庄艺术促进会承办的为期11天的“第二届中国•宋庄文化艺术节”在北京通州北部的宋庄镇拉开帷幕。

本届艺术节以“打开宋庄”为学术主题，大量开放了宋庄艺术家工作室，并广泛吸纳了全国当代艺术家的优秀作品参展，无论内容还是形式，都更具突破和创新，更为多元化。艺术节期间举办了两个论坛，即全国性的“艺术与产业”大型学术研讨会，对中国当代艺术进行了回顾和展望，讨论当代艺术家群落现象和文化创意产业发展前景。“水墨在当代学术论坛”就水墨艺术在世界艺术殿堂的发展进行了研讨。与第一届艺术节不同，本届艺术节举办了更多的展览。开放之路、歌颂我们美好的生活、未来宋庄、乡村重建文献展等10个展览主题广泛，作品样式丰富。

位于北京通州的宋庄艺术镇，是继上世纪90年代中圆明园画家村迁移后形成的大型艺术家群落，散居画家800余名。为积极参与打造北京国际文化形象，切实推进区域文化创意产业发展，营造新北京人文奥运氛围。

宋庄艺术家群落是从1994年起开始形成的，由批评家栗宪庭和方力钧等艺术家牵头租房置业，后以圆明园画家村为主力成员的集体大迁移，形成了现在颇具规模并不断完善和扩大的自由艺术家群落。目前，全镇47个村落，其中有12个村落居住着艺术家，全镇的艺术家数量已经近千名。

2004年，由当时新任镇党委书记胡介报提出“文化造镇”的概念，并以盘点宋庄地区经济发展的优势和文化资源为基础，利用五至八年的时间把宋庄打造成国际当代艺术创意中心与文化制造业基地。为此，宋庄镇先后推进了以“小堡画家村”为代表的当代艺术区，以画廊、美术馆等文化机构聚集和国际文化艺术交流平台建设为代表的文化旅游、展示、交易基地等。

本届艺术节的活动内容十分丰富，中国美术界及评论界名流汇聚一堂，为送爽的北京金秋增添一笔重彩。2006年的“中国•宋庄文化艺术节”，不仅是画家、乐迷、摄影家及爱好艺术的朋友们的狂欢节日，更将为国内外致力于文化创意产业的有识之士打开一扇认识文化北京了解艺术宋庄的大门。

第二届中国·宋庄文化艺术节主题展览

"开放之路"公共雕塑展

策展人：邹跃进

参展艺术家：朱尚熹 傅中望 隋建国 孙振华 戴耘 景育民 王少军 徐光福 展望 杨金环 王中 陈志光 刘君 萧立 许正龙 蔡东 张弦 宫长军 闵一鸣 乔迁 陈文令 李占洋 卢昊 赵磊 王兴刚 王钟 马军 李亮 丘婧彤 柳青 谢长敏

时间：2006年10月6日—10月16日

地点：宋庄佰富苑环岛向东至美术馆2公里范围

内容：在佰富苑环岛向东至美术馆2公里范围，展现最具实验精神、最具实力的当代雕塑作品。雕塑家们在艺术形式美感的基本前提下，把历史文脉和风土人情，转换为不损害美感的艺术形式。代表了不同年龄的艺术家对当代艺术的理解和态度，也能看出他们各自对开放的中国的特定文化立场。

在开放的社会情境中公共雕塑艺术何为？

文/邹跃进

"'开放之路'——中国•宋庄第二届艺术节公共雕塑艺术邀请展"，将于2006年10月6号至16号在北京通州的宋庄镇举行。本展共邀请了三十一位艺术家的二十九件作品参展，他们是（以年龄排序）：朱尚熹、傅中望、孙振华、隋建国、景育民、王少军、徐光福、展望、杨金环、王中、陈志光、刘君、萧立、许正龙、蔡东、戴耘、宫长军、闵一鸣、乔迁、陈文令、李占洋、卢昊、赵磊、张弦、王兴刚、王钟、马军、李亮、丘婧彤、柳青、谢长敏。他们来自全国各地，有早已成名的艺术家，也有刚从美术学院毕业的本科生和研究生，他们基本上代表了不同年龄的艺术家对当代艺术的理解和态度，看出他们各自对开放的中国的特定文化立场。

改革开放以来，以雕塑家、壁画家和环境设计师为主体的公共艺术的创造者，在一个开放和变革的历史情境中，把公共艺术推进到了新的发展阶段，它的主要表现就是在公共空间领域中，毛泽东时代那种以意识形态宣传为中心的艺术，被新的审美形式和符合社会新的需求的艺术所替代。但是必须看到的是，这种替代所带来的公共艺术的变化和发展并不是没有问题的，事实恰恰相反，中国的公共雕塑艺术充满了问题。这也是我在此将以本次公共雕塑艺术展为契机，探讨在开放的社会情境中，中国公共雕塑艺术何为的问题的原因。

《超女纪念碑》孙振华、戴耘作品

我们知道，雕塑成为美化、装饰公共空间，如一个城市，一个企业，或一处景观的艺术手段开始于八十年代。由于公共雕塑艺术是为城市的美化服务的，所以，艺术形式的美感不仅成为雕塑家关注的中心，而且也是资助城市雕塑的当地政府能够接受的艺术形态。雕塑家们也只有在艺术形式美感的基本前提下，才能把当地的历史文脉和风土人情，转换为不损害美感的艺术形式。事实上，我们从北京，青岛等城市的雕塑中，都能明显的感觉到这一基本的艺术特征。

当然，政府或企业作为公共空间中雕塑艺术的赞助者，无疑希望雕塑不仅是美的，具有地方性的，而且更希望雕塑能成为城市或者企业的现代精神的象征和形象表达。有意思的是，对现代化的需求和渴望，几乎成了所有政府官员和企业家的共同心愿和集体意识，由此导致公共空间中的雕塑，都千篇一律地表现与现代化相关的宏大而又抽象的观念，如速度、向上、开拓、飞腾、进取、力量等。这种艺术的概念化倾向，使象征现代化的城市雕塑作品，在一些不懂雕塑艺术的企业家手里，成了成批量生产和制作的产品。我们在中国大地上随处可见的不锈钢雕塑，就是他们的“杰作”。这些产品的基本形态和含义是用几根曲线的组合，再装上一个或几个圆球，外加有方向感的三角箭形，来表现运动和飞翔，以象征现代化的速度，而事实上它们却是中国公共艺术中彻头彻尾的“伪现代主义”。

也许赞助公共艺术的政府和企业，都有符合公众也认同的文化理想，但它们并不考虑艺术的创造力本身在公共艺术中的绝对价值。如在城市的公共空间中，我们看到用装饰手法表现传统文化或历史的浮雕作品，几乎一直在延续1978年创作的首都机场壁画的唯美模式，毫无新意可言。在我看来，自上世纪改革开放以来，中国各地政府和企业赞助的公共艺术，好的只有美化、装饰的功能，差的则败坏了公民的审美趣味。简言之，中国公共艺术不缺少数量，缺少的是灵魂和精神，是对中国问题的深切关注和深刻的反思与表现，是在艺术的发展逻辑中能够占据重要一环的作品。也许我们可以说造成这一现象的原因，与政府官员，企业家与艺术家之间的权力关系、利益关系的复杂性相关，与整个社会体制和文化制度有关。正是由于这些原因的存在，使一些富有创造力的艺术家，把公共雕塑艺术的创作视为一种“活”，一种纯商业化的艺术工程，他们只有在个人化的创作中，才探索与自己的文化理想相关的艺术。从另一角度看，这也是雕塑界在整体上滞后于其它一些艺术领域的探索的原因之一。

我认为在上世纪八十年代，大概只有为数不多的雕塑家在受主流意识形态控制的写实雕塑和“伪现代主义”的城市雕塑之外，从事真正意义上的现代主义雕塑的探索，如王克平、包泡、吴少湘、傅中望、隋建国等。到了上世纪九十年代，这一状况才有所改善，因为只有到九十年代之后，雕塑界才开始以各种方式参与讨论实验性的雕塑与公共性的艺术之间的关系问题。如在长春、桂林等地数次举办的国际雕塑艺术邀请展，特别是杭州青年雕塑家邀请展，青岛现代雕塑展，以及深圳何香凝美术馆现代雕塑年度展等活动中，我们发现雕塑界才有了借助雕塑多方面讨论公共艺术的理论和实践问题的意识，才开始探讨公共空间中的雕塑与中国社会中的公共领域之间的关系问题。而一些从事公共艺术创作的雕塑家，也开始在允许的条件下，尽可能探讨公共艺术与环境，与当代中国社会问题的联系，如笔者参与过的“步履”雕塑家群体的几次艺术活动，艺术家们就把关注的重点放在了雕塑与环境，人与自然的互动关系上，雕塑家们不仅在形象上体现环境保护的观念，而且也将其置入雕塑材料中，由此而向人们提出当代社会所面临的自然环境与人的生存之间的紧张关系的问题。孙振华主持的《深圳人的一天》公共雕塑艺术，则从社会学的立场出发，表现普通人的生活经历和感受。

从中国当代艺术史的角度看，上世纪九十年代以来人们对雕塑艺术公共性的关注，与整个艺术界从八十年代的现代主义那种关注形式语言,个人情感表现和风格创造的立场，转向九十年代对中国社会、文化和政治的关注有关。事实上，九十年代以后艺术向社会学,文化学和政治学的转向,同时也体现在对公共雕塑艺术领域的讨论之中。从社会学的意义上说，这种转向也反映了中国自上世纪92年以来市场经济改革出现的一系列变化有关,如大众文化的兴起,全球资本的流动，消费观念,价值观念的巨变，以及后殖民时代中西方意识形态的差异和对抗等。事实上，上世纪九十年代以来的艺术转向，直到今天还在发挥着影响，如这次展览展出的作品，在很大程度上也可视为是这一转向的延续和发展，它们集中体现在如下几个方面：

一、在写实雕塑领域，我们会发现今天已完全从主流意识形态的宏大叙事与宣传的单一方式中解放出来，向关注中国个体存在的生存状态、生存体验，特别是普通大众的日常生活转向，这种转向，最早体现在九十年代早期的新生代雕塑家们的作品中，如展望就是这一倾向最早的代表性艺术家之一。这次展览中王少军的《口红》，无疑是这一方向的延续，而陈文令的《侏儒》，则把被社会视为低人一等的人的自尊和自信，无所顾及的骄傲和豪迈，强化到了无以复加的地步，令人震撼和激动。长于讲述城乡结合普通大众日常生活故事的李占洋，这次描绘的虽然是一个只会在饭桌上谈论的偷情或强奸的故事，但它凝固和放大的则是社会底层的行动者、讲述者和倾听者们不可缺少的共同欲望。王钟的《无题》，尽管含义暧昧，但表达了艺术家对人的生命存在意义的思考。丘婧彤、柳青、谢长敏是刚踏出校门的三位新人。柳青的《T61次》，丘婧彤的《2005年×月×日广州江南西路》，谢长敏的《迎宾》，《人与狗》，作为对中国当代社会各阶层的分析，具有极强的社会针对性，体现了年轻一代艺术家独立的社会批判立场。这里特别值得一提的是写实雕塑向中国古代彩塑传统回归的问题。上述的一些雕塑家，如陈文令、李占洋、柳青、谢长敏、丘婧彤，以及上面没提到的徐光福、刘君和蔡东、张弦，他们从二十世纪以来接受的西方写实雕塑传统中解放出来，一方面吸收了中国古代彩塑的造型方法，另一方面也把它那集当下性、故事性、情节性为一体的叙事方式引入到对当代社会事件的表现中，从而为中国当代雕塑的创作带来了新的气息，具有重要的艺术意义。

二、上世纪九十年代以来，把中国作为一个总体概念来表达，成为这一期间最重要的文化现象，也渗透在不同的雕塑家的作品中，如这次展出的隋建国的《衣钵》、王中的《平衡道》、陈志光的《古戏台》、刘君的《仕女》、蔡东、张弦的作品《偶》、闵一鸣的作品《来自都市的报告》、李亮的《冥器》等。艺术家们利用中国历史中的图像、文化符号等资源，突显它们的政治和文化上的含义，表达的却是他们对当代中国社会的立场。

三、对当代大众文化和消费文化的艺术表达，既是上世纪九十年代以来中国美术中的重要方面，也是本次展览中一些雕塑作品关注的主题。孙振华和戴耘创作的《超女纪念碑》，既对传媒帝国创造青春偶像文化的力量给予警惕，也极大地肯定了超女这一文化现象所包含的平民主义的价值观。景育民的作品《电影频道》、许正龙的《重整河山待后生》，对虚拟影像的意识形态功能给予了深刻表达。马军的作品《车》，则暗示了中国当代消费社会新的价值观和身份观：气派。

四、上世纪九十年代的艺术转向还表现在观念艺术的兴起上。这次参展的艺术家中，如傅中望、隋建国、展望、景育民、朱尚熹、陈志光、卢昊等人的作品，都已把手工技巧降低到了无足轻重的地步，突出了艺术作品作为艺术家的思想和观念表达的重要性。事实上，这次所有参加展览的艺术家，几乎都是经过学院严格训练，具有很深厚的艺术造型能力的艺术家，但是他们更关注思想和观念的表达。对于他们的观念性作品来说，形象、材料、题材、制作方式等都只有与表达的观念有关才是有意义的。

这次参展的朱尚熹、杨金环、赵磊、乔迁、宫长军五位雕塑家，均来自“步履”雕塑家群体，从他们的作品中，我们可以发现他们仍然延续了过去一贯的艺术思路：关注人与自然的互动关系，并对这种关系给予深入反思。当然，在这次展览中，也有一些个人化比较强的作品，如萧立、王兴刚的作品。

当我们从本展作品的述评回到“在开放的社会情境中，中国公共雕塑艺术何为？”这一问题时，我们就会发现，最重要的，也是最初级的问题是怎样使那些具有艺术创造力，能真正反映一个时代及其社会变迁的著名艺术家的作品，如本展中的一些作品，能永久置于公共空间之中，以取代那些只有形式，没有灵魂和精神的作品。只有在此前提下，我们才能进一步探讨公共空间中的艺术作品本身，怎样在开放的社会情境中发挥作用的问题。

从另一个角度看，中国当代公共空间中的艺术状况，恰恰说明当代中国的开放只是表面的，而不是全面和深层次的，认识到这一点，我想也就能真正认识到在这所谓开放的社会情境中，从事公共艺术创作的艺术家们的真正社会责任和使命是什么。

艺术节招贴

歌颂我们美好的生活——当代艺术展

策展人：柳淳风

参展艺术家：曹敬平 崔岫闻 关小 尉洪磊 共彦 刘俐蕴 李戈晔 彭斯 “他们” 陶娜 威慑V01. 2 王丽娜 肖戈 张小涛 张震宇

时间：2006年10月6日－11月6日

地点：宋庄镇小堡商业广场A座——宋庄艺术家群落接待中心

内容：“歌颂”就像我们卡拉OK中的狂欢一般，时而兴奋，时而伤感，时而情调，时而摇滚，我们的喜怒哀乐可以在几个小时中彻底释放——我们在歌颂一个简单而狂欢的生活。生活在GDP上涨达到10.9%的中国人民被这种像跑车一样的加速度改变了对世界的看法，路边的房子和树都在飞快的倒退，这不仅仅是一种令人眩晕的视觉感受，更多的是心理的澎湃。

歌颂我们美好的生活

文/柳又枫（柳淳风）

今天，我们的生活是如此美好！北京已经超越了许多欧美城市，成为生活成本排名第14位的城市，与纽约有着相同程度的时尚和奢华，并且势头高涨，渴望与追求美好的生活成为我们生存的普遍意义，我们甚至希望生活得像好莱坞电影一样美好，哪怕它是浮华、肤浅与简单的。许多人都追求拥有一辆跑车，可能是为了适应这个节奏太快的都市生活，似乎不能提高加速度就等于在缩短生命，大家都如此急切地想与世界的另一端，也许是纽约的人们有共同的世界观。

今天的艺术家能否敏锐地把他们的感受转化为艺术表达，这是我所感兴趣的。年轻的艺术家们不像他们的前辈那样形成群体、潮流，他们三五成群，零零散散，固执己见，似乎印证着这个后现代的商品社会。我们可以看到“70后”、“80后”甚至“90后”共同存在，也可以看到无数个被商业口号宣传的某某一代此起彼伏，但就是没有一个振臂一挥，应者云集的领袖人物出现，好像个性的力量远远没有从前的理想主义和英雄情结更有号召力，因为个性本身就是意味着独立和排他，也许今天的艺术已经走到了它本身的轨迹，那就是宣扬真正的个性而非仅仅强调作品的社会性和群体性。个性只在它独立存在时才散发光芒，因此今天的好艺术也能在这种各自为营的境地获得肯定和追随。它们的不同性恰恰就是这一代艺术的共性，也许有很多矫情和肤浅的个性存在，但我们可以肯定这个时代一定能产生有光芒的个性，这就需要我们的艺术家前赴后继的来歌颂我们今天的美好生活。

“歌颂”就像我们在夜店或卡拉OK中的狂欢一般，时而兴奋，时而伤感，时而情调，时而摇滚，我们的喜怒哀乐可以在几个小时中彻底释放——我们在歌颂一个简单而狂欢的生活。我策划这次展览希望可以呈现这种艺术上的多元而又年轻景象。这批年轻的艺术家不是对所谓的“政治”不敏感，而是更加敏感于今天的世界和他们的生活——一个正在发生巨大变化的令西方人瞠目结舌的中国。生活在GDP几乎每天持续上涨达到10.9%的中国人民肯定被这种像跑车一样的加速度而改变了对世界的看法，他们眼中看到的路边的房子和树都在飞快的倒退，这不仅仅是一种令人眩晕的视觉感受，更多的是心理的澎湃，我相信从这样的角度来理解我们今天的艺术家可以相对容易得多。

在今天的艺术界,组合式似乎比以往多了许多。这不像以前个性压抑的时代，人们刻意的去追求个人化，今天的年轻人似乎更看得开了，他们更在乎创作出的作品是否更有个性和艺术价值，而并不刻意的标榜自我和个人化标记。这也就是一种个性的自觉，也是个性发展的必然阶段。组合即是在预先自我设定个人的缺陷或局限的前提下，通过合作来达到最佳的团队与其最无限的创造力量，其本质上也是艺术史的一种发展，此时个人的名字已经不能够成为艺术创作的标志或签名。取名为“他们”的艺术组合典型的反映了这种抛却个人表象的愿望，他们通过一个比较虚无的第三人称来宣扬的他们的艺术理念，本身也是一种大胆的艺术创造与尝试。我们还可以看到这次展览的关小+尉洪磊、何龙+李黛云+ＭＥ：ＭＯ（翟瑞欣）+高一涵+盛洁这几组艺术组合，也是本着这样一种艺术理念出发来创作作品的。他们所使用的材料和创作的手法都已经非常的大众化，风格已经成了他们的鸡肋。他们想要表达的更多的是对某一事物的个人看法，而非标榜某种艺术语言。实验性的艺术在很大程度上丧失了风格和艺术语言，甚至是艺术感觉，艺术家们总是用一种令人意想不到的冷静和理性来进行创作和表达，我觉得这也是一种新的艺术感觉，这种感觉恰恰符合了现在这个已经极度平面化的社会和全球化了“个性”时代。如果从这样的角度出发，我们可以更容易的进入到艺术家的创作思维中，或者说得俗一点——更容易看得懂他们的作品。我想艺术家的作品和疯子的行为是有决然区别的。那就是艺术家的作品再疯狂，它也能被解读，它是艺术家主动的或者说刻意的创作出来的，是一种理性的疯狂。这也就是我们判断一件东西是否艺术的重要标准。这样，我们就可以反驳那些说街头上裸奔的疯子是在做行为艺术的浅薄观点。

曹敬平、崔岫闻、彭斯、诗迪、张小涛、张震宇、“他们”这几位艺术家的作品是当代视觉图像的新景象。他们所关注的艺术主体以及绘画、摄影的方式都已经不是传统的艺术语言了。带有观念性的绘画和摄影势必成为将来的主流。艺术家关注的并不是描绘的事物本身和画面的艺术语言，而是事物背后和画面背后是社会学和政治经济学。哪怕是描绘一棵树，一个学生妹，一枝花，一粒草莓，一张报纸，一间空房子，他们都想传达出世界和天下的宏大主题，只不过这种宏大叙事不是现代主义的宏大叙事而是如詹明信所说的后现代主义的后叙事。这种叙事往往不是史诗般的壮丽，而像一花一世界那样能够包容更多思想。曹敬平用画工笔国画方式来画油画；彭斯却在画他的“新古典”；诗迪作为近年来极具代表性的传统水彩画的当代艺术家，一直在探索和研究着如何将传统的水彩语言完美的放置到当代的艺术语言坐标系中去，正如我们可以看到的，在这次展览中，作为其作品一部分的立体图像机俨然成为了开启人们进入诗迪绘画的一把把钥匙；张小涛一直固执的将腐败的普通图像做诗意化个人表达；张震宇则在神经质的破坏一切图像；“他们”还是把“他们”的这间空房子当作了千年不变的山水画，试要在里面找到无穷的变化和意义……正是这么多种风格和方式的并存形成了后现代的现实景象，我们的时代没有什么时候比今天更接近后现代和丰富多元了，虽然后现代这个词语已在多年前就被口水淹没，但是后现代状况还是不可避免地到来了，这也许就是全球化所带来的反应。我无意于总结他们作品的语境和学术共性，因为它们在今天艺术环境中仅仅只是表象，任何被谈论出来的深刻也许都将成为表象。我想，作为学术的策展和策展的学术不光光是解释作品，或呈现作品，而是要建设艺术生态，为艺术市场提供必要的土壤。

黄彦、刘俐蕴、陶娜、王丽娜、肖戈的作品从直观感受上观念性、视觉冲击力非常强，同时也与展览的空间十分契合。值得关注的是，这几位艺术家的作品中都多少包含中国元素：黄彦的山海经式人物形象；刘俐蕴的“飞天”造型；陶娜则是干脆直接把宋庄土生的玉米搬到了展览现场；王丽娜的装置作品整体上具有强烈的当代感，但从细节上我们又可以发现其中的中国古典传统的符号运用；而长期在欧洲活动的肖戈，其行为艺术也一直延续着从外往里看的状态来进行创作……这些要素正是我时常关心的，正如最近艺术界经常讨论的中国当代艺术再过十年哪些作品还能留得下来；中国当代艺术是要“本土化”，还是其本身就是西方殖民主义的产物等等问题……中国当代艺术势必要找到自己的方式和方法，不是简单的挪用传统和借用西方所熟悉的中国符号，而是要从根出发，由内而外的找到自己的语言和语境，从这几个年轻艺术家的作品中，我看到了他们坦诚的实验，也许这对于现在的当代艺术来说非常重要。

喇嘛庄、艺术家大院、女艺术家空间及镇内画廊工作室开放展

策展人：洪峰 李学来

时间：2006年10月6日－11月6日

地点：喇嘛庄画家大院、宋庄艺术家基地、女艺术家空间、镇内画廊及部分艺术家工作室

内容：喇嘛庄画家大院、宋庄艺术家基地、女艺术家空间、镇内画廊及部分艺术家一百五十户工作室，向公众开放。观众可以按照“宋庄地图”参观访问，与知名的当代艺术家零

距离接触，亲自体验艺术品原创之地的激情。

艺术节招贴

宋庄美术馆开馆展——“人之道，影之道”中国独立电影展

策展人：栗宪庭

参展艺术家：李晓斌、王征、唐浩武、赵铁林、王福春、张新民、付羽、路泞、魏来、余全兴

时间：2006年10月6日－11月6日

地点：宋庄美术馆

内容：人之道，乃人文关怀；影之道，乃影像语言的表达方式。艺术语言首先是艺术家作为一个敏感和有良知的语言，不是工具意义上的“形式”，更不是好莱坞式商业娱乐大片式的“好看的镜头语言”，包括摄影，每一种镜头语言，都是那个曾经创造它的艺术家个人的语言，他的独特性就是它的创造性，你没有对今天人的生存感觉到切肤之痛，任何意义上的借鉴，都是一种拙劣的模仿。本展览有两个组成部分：（1）独立电影节，对中国的独立电影包括纪录片十多年的发展的回顾梳理和展望，并推出新的独立电影。（2）选择直接关注社会和人的命运的纪实摄影作品。

未来宋庄——建筑艺术实践展

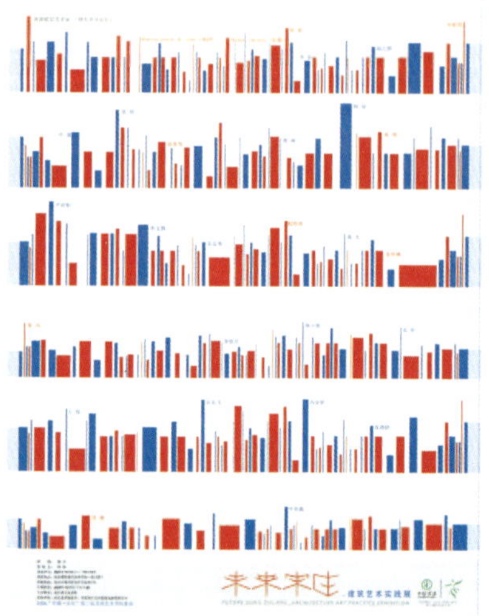

未来宋庄——建筑艺术实践展招贴

策展人：阿福

参展艺术家：Monica ponce de leon(美国) Nader tehrani(美国) 张健 李强 赵之枫 徐甜甜 阿福 黄翊 尹培如 李文腾 蒋廷大 刘世岳 程玲玲 王伟 邓华 姜志勇 李铁军 金祥嶙 秦风 岳宏飞 林小雁 冯金铭 张德静 胡娜 许强 苏伟 申佳鑫 孙秀伟 蒋琳

时间：2006年10月6日—10月16日

地点：宋庄百富苑1号——优库现代艺术空间

内容：展览尝试通过把“宋庄的规划、建筑与景观”置于当代艺术的展览语境中进行呈现，以造景的方式进行展览。让宋庄的前世、今生与未来从片段式的印象转变为一种物化的完整的“图像”。在这里，宋庄规划的提出与所有相关的“建设”行为本身就是一件作品。通过展览让人们更加清晰且直观

地认识宋庄，甚至直接或间接参与宋庄文化创意产业园的建设。

未来宋庄——建筑艺术实践展

文/阿福

展览缘由

当今，宋庄镇政府因势利导，在文化部及北京市政府有关部门的支持下提出创建“宋庄文化创意产业园”的战略构想。与此同时政府积极筹备、策划第二届宋庄艺术节。在此基础上，我们提出“未来宋庄——建筑艺术实践展”的设想。展览通过征集相关的规划与建筑设计方案组成一个让世人能够直观地看到 “中国•宋庄”的未来发展格局。

展览意义

展览尝试通过把“宋庄的规划、建筑与景观”置于当代艺术的展览语境中进行呈现，以造景的方式进行展览。让宋庄的前世、今生与未来从片段式的印象转变为一种物化的完整的“图像”。在这里，宋庄规划的提出与所有相关的“建设”行为本身就是一件艺术作品。通过展览让人们更加清晰且直观地认识宋庄，甚至直接或间接参与宋庄文化创意产业园的建设。

展览序言

宋庄是村落，是一个由北京东边郊外一个个村落组成的文化艺术重镇；宋庄是画家村，是一个由数百位艺术家居住创作的村落；宋庄是艺术家的天地，是一个不断演绎艺术家传奇故事的天地；宋庄是文化创意产业园，是一个未来的国家级文化创意产业示范基地；宋庄是一个建筑实验场，许多建筑艺术家在这里实践着建筑理想。

建筑实验场，体现宋庄的包容性，也彰显出宋庄的个性。身处于此，可以体验到无处不在的活力；在宋庄，这些建筑都以不同的形态，不同的概念来阐释建筑与场所之间的关系。

建筑艺术家是这个特殊场所的空间营造者。在这里我用“建筑艺术家”这个词汇，是因为建筑家是艺术家，他们像雕塑家一样不断雕琢建筑的形体，建筑就像创造空间装置艺术一样，它的空间形态与人形成一种互动关系。同时，建筑艺术家就像一个导演，不断导演着各式各样的关于人与空间的故事。

当今，中国正处在一个爆炸式的建设时代里，建筑艺术家天生敏感，善于思考，勇于试验，总是不断地参与建筑实践。所有的建筑实践正是不同建筑艺术家对于特定问题的解答。

展览尝试着通过征集当前建筑艺术家实践于宋庄的作品来营造在特定的场所里面营造这种实践的现场，同时将“未来宋庄”呈现在展览之中。

乡村重建文献展

策展人：邱志杰 叶楠 刘钿

时间：20006年10月6日－10月16日

地点：宋庄佰富苑1号——优库现代艺术空间

内容：当政府和文人艺术家们大声呼喊“保护”和“抢救”民间文化生活时，一种新的民间生活已经在个人经验的独特性之上悄然滋长，在流行文化和以高雅文化自居的文人艺术中游弋。这里是其中最为杰出的案例：李非雪“浙江嵊泗渔村壁画计划”，云南丽江艺术工作室“江湖计划”，罗旭“土著巢”，陈少锋“天宫村计划”，汤国“安徽查济村计划”，邬建安“皮影调查”，香港“九龙皇帝”，广西全州“语录山”。

天下兴亡，匹夫有责；惟其仁至，所以义尽

——关于“乡村重建文献展”

文/邱志杰 叶楠 刘畑

让我们来分析乡村重建文献展各个主题的关键词，云南的罗旭的“土著巢”是个人和环境、不循规范发明、土法，南京的汤国的“安徽查记古宅”是现代化、都市中的文人理想、中国古建筑乃至传统文化的出路，陕西的陈少峰“河北天公寺村民画像”是艺术和大众和社会的关系、艺术和画画的澄清、艺术和社会学的结合，云南的丽江工作室“江湖”计划、“拉

市海进驻项目”是艺术圈子和老百姓和农村的关系、艺术的游戏精神，香港“九龙皇帝”街头书法是传统宗族制度、帝王思想和现代化的关系，广西的蒋济渭“语录山”是革命记忆、文革记忆、口号和现代化的关系，浙江的里非雪的“嵊泗壁画”是艺术与生活的关系、艺术品的定义，上海的邬建安“皮影调查”是民间艺术历史的钩沉、传统艺术在现代中的遭遇，我们还可以包括进四川炉霍的“新民俗唐卡”，它的议题也是传统艺术和农村和外部文明、现代化进程的关系。

农村，农民，人民群众；传统，历史，现代化。这是我中华民族之命，我炎黄子孙之命，其命维新，时势逼人，注定我们必须解开这几道难题，中华文明的经脉才能重新贯通。环境，自己，生活；理想，艺术，游戏精神。这事关个人的日常生活和自由发展。

中国从近代以来就陷入和工业革命后的世界之间的对抗之中，我们的传统价值观在军事败绩中被我们所抛弃，新中国建立后，对于传统观念所持的激进态度依然延续，对当时的我们而言，工业化是最迫切的追求。几经风雨，从前一套完整价值的体系已经破碎不堪，如今重新关心农村和民间，我们需要探求多个可行的方案，在拆解总结中摸索借鉴。

邱志杰在达汀特恩美术学院期间，所发现的诸多联系成为了这个展览的楔子：黑山学院、达汀特恩学院和包豪斯，泰戈尔、泰戈尔秘书达汀特恩创始人恩厚之、宋美龄、农业、农村建立学院、追求生活艺术手艺统一、博物馆制度、园林制度、帝国主义、殖民主义、中国的现代化道路、以黑白作为象征在进化中成功作为保护色（斑马）、失败（熊猫-中国国宝）、人工干预（奶牛），很多本身看似不相干的东西显出在时空中交织成一张网的真相，而这又和中国如今面对的问题，中国民间如今所发生的事情遥相呼应，可能我们还必须回过头去仔细考察前辈所做的工作，我们还有诸如晏阳初和梁漱溟的先行人，要从他们的先例中发现成败的法门。

所有这些形形色色的人，不管他们如何被各种势力捧为新闻人物或者文化明星，他们的价值恰恰在于他们都只是一介匹夫，他们以个人的名义做了一些事情。这些有意义或者有意思的事，证明了生活的可以如此，而其他的个人也可以通过自己的努力拥有，同时，有些更重要的事情和我们有关，需要我们来完成。他们有意无意的所作所为之后，投射出了我们老祖宗一个伟大的观念：天下兴亡，匹夫有责。

社会系统具有自我的固化稳定作用，它会让我们尽量一样，以降低风险，我们常常误以为属于自我的很多行为其实都来自社会的惯性，当我们把自己放到更大的范围中去对比，我们才能确认自己是否真的与众不同，而当我们真是那么独一无二时，我们才是真正超出了世界强加的角色，同时也对这个世界有了属于自己的贡献。

马克思在《共产党宣言》里说：每个人的自由发展是所有人的自由发展的条件。人生而有限，双胞胎恐怕也会不平等，显然，每个人的全体=所有人，但是个人总以所有人的名义被剿灭，煽情鼓吹无条件平等、自由不过是在理论上站不住脚的金枝玉叶，现实中无地自容的海市蜃楼，我们的平等不在于现实，而在于我们的可能性是平等的。我们特立独行的追求会带来更深远的影响——构成所有人自由发展的条件。来自民间质朴的原生力量在取消了好大喜功的企图，用事实证明自己的可行的时候，显得格外和蔼可亲，正是在于它的目的就是为了完成属于自我的一件事情。所以文天祥绝命诗云：惟其仁至，所以义尽。

生有涯，天行健，当某些事的机遇出现在我们这一代人的短暂生命之中时，就落在我们的肩上成为了责任，天降大任于斯人也，机遇就像流星，错过一次可能要等很多年，才是下一个轮回。我们努力的效果会有多大是没法事先预测的，或许真的存在一个不能为我们所动的极限，就像总有人在重复跳高跳远的纪录将不会被再打破的论调，但这并不足以成为我们放弃的理由，正如落后解释了为什么挨打，但我们不能因此坦然接受挨打。

不论如何，个人的努力会改变或多或少的东西，只要看透做跟没做肯定是不一样的，承认界限再想办法超越界限，不能在我身上成就的或许在别人身上成就，不能在这代人完成的可能会在将来实现，结果并不重要，君子自强不息即立于不败之地。要建立对自我的信心，因为这是对可能性的信心，开创出新生的超迈前人的文明，这样也才能有民族的信心。历史对所有的急功近利还以报应，但也等待着被人书写。

新民间运动
公共生活的重建
当代艺术展
New Folk Movement
THE RECONSTRUCT OF THE
COMMONALITY LIVING
CONTEMPORARY ART
EXHIBITION
展期：2006年10月6日——10月16日
展地：北京优库现代艺术空间
地址：北京市通州区宋庄佰富苑1号
开幕酒会：2006年10月6日下午3：00
主办单位：宋庄镇人民政府
承办单位：宋庄艺术促进会
北京宋庄文化创意发展有限公司
Oct 6 - Oct 16, 2006
Beijing Ucool Modern Art Space
(BaiFu Yuan 1,Song Zhuang,Tong State District, Beijing)
Opening Reception: Oct 6, 2006, 15:00
Curatorial team: Qiu Zhijie, Ye Nan, Liu Tian
Organizer:
People's Government of Song Zhuang,
Song Zhuang Art Accelerate Association
中国·宋庄

艺术节招贴

新民间运动——“公共生活的重建 ”当代艺术大展

策展人：邱志杰 叶楠 刘畑

参展艺术家：陈文令 邓猗夫 冯琳 胡柳 胡昀 蒋鹏奕 蒋志 李非雪 李曦 廖文峰 林红 林天苗 毛头 邱志杰 沈晓闽 汤国 汤艺 王功新 王卫 王雪君 翁维 乌尔善 邬建安 吴俊勇 薛珺 杨洮 余极 张慧 行动摄影社 中国美术学院总体艺术工作室

时间：2006年10月6日—10月16日

地点：宋庄百富苑1号——北京优库艺术空间

内容：现代化进程和社会主义生活已经深刻地改变了我们的民间生活。民间文化被扯离了原来的人文语境沦为旅游纪念品，传统工艺制作者那种享受手工劳动过程的愉悦已被光鲜、粗糙的制作工艺和无限复制的形式所遮蔽。我们需要把生命欲求和创作欲望重新编制在生活形态中的作品，在充满游戏精神的创作生活过程中接通传统艺术的端口，以独特的个人经验去打磨历史记忆、集体记忆。

关于新民间运动——“公共生活的重建 ”当代艺术展

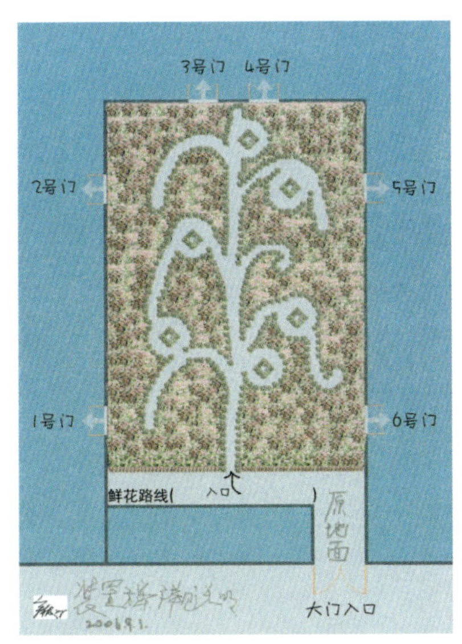

《鲜花路线——摇钱树》余极装置作品

文/邱志杰 叶楠 刘畑

（一）展览背景：

在宋庄——这个艺术家聚居的新兴创意产业村，由宋庄镇政府顺势引导，在文化部及北京市政府有关部门的支持下提出创建“宋庄文化创意产业园”的战略构想的机缘和局面之下，政府积极筹备、策划第二届宋庄艺术节，现已得到有关部门和人士的大力支持与积极响应。在此基础上，我们提出“新民间运动——“公共生活的重建”的展览概念。通过召集艺术家对宋庄文化创意产业的兴起乃至当代社会公共生活中的民间力量进行田野考察、互动实验以及理性反思，以期望通过艺术家敏锐的观察力和视觉文化的实践工作来提出一些非主流的思考和建议，这些建议的价值和可能性也恰恰是来自于民间生活与艺术家个人生活的真实互动和渗透，是以文化研究不是凭空想象、天马行空；是来自于我辈在无人反思处反思，无需质疑处

《印》李非雪装置作品

《旧世界的废墟》蒋鹏奕摄影作品

质疑，在我们习以为常的忘乎所以中，用取之不尽的游戏精神在有限的生存资源中讨价还价，此在，我亦可以说惟有文化研究才能更大可能的天马行空、去建构超出想象力的可能世界，整理曾经破碎的河山，通达于成败之间。这些关于未来的责任感提供了对民间生活的、公共生活的重建和实验性改造的动力。

（二）前言：新民间运动——“公共生活的重建”主体阐释

五十多年来的社会主义生活和现代化进程中带来社会经济结构转变，已经在你我的预谋和无意识的斡旋中深刻的改变了我们的民间生活。公共空间和公共生活更多的维系在表面的繁荣和功利的目的之中。而我们的民间文化生活也早已不同于农业文明时期，或者宗法社会中的传统样式。当政府和文人艺术家们大声呼喊“保护”和“抢救”民间文化生活，与现代化进程推进者的身份发生悖论时，无数种新的民间生活已经蔓延在日常生活中每个毛孔中。

《海啸》翁维作品

由于民间艺术的传统样式和功能——在自然神崇拜基础上的巫祝活动内容（如驱邪厌胜，祈福祛病），或者祖宗祭祀和婚庆、生子、丧葬活动，已经在民间生活的实际运行中慢慢被现代化力量所瓦解，被娱乐和消费生活所替代时，同样也导致了我们宗法社会情感维系和赖其礼仪来传递的伦常观念的弱化。

与此同时，旅游业和电视电影等相关娱乐产业似乎为一些

《脚手架廊亭》王卫装置作品

民间工艺或者民间绝技找到了文化传承和经济可持续发展的双赢道路，在表面繁荣和过渡开发之后，沦为旅游纪念品的民间文化被扯离了原来的人文语境，在功利性的驱使之下，如同围着石磨打转的驴子盲目的模式化、表面化、产业化运作，已失去原有的生命活力，传统工艺制作者那种享受手工劳动过程的愉悦已被光鲜，粗糙的制作工艺和无限复制的形式所遮蔽。各类戏剧、歌舞、音乐在脱离原来的祈福驱邪的仪式性之后，变成了关于远方的表演，原来的参与者变成了旁观者、消费者，其仪式感和神圣性变成了你可欲不可求的消费品。一切都演化成简明的识别特征和符号，以满足旅游者的猎奇心理与记忆功能。一切都成了此岸生活之外一种彼岸的生活模型，博物馆化的对象机械的残留着文化生活的表征，其精神内核被一张张门票，一幕幕精心设计的电视画面抽离和移植。

传统样式的民间文化生活在现代化的皮鞭下遍体鳞伤的同时，一些新民间文化却在历史和生活的厚重的记忆库注入一针非典型性的病毒。在消费态度导致文化断裂的现实主义之中，我们发现了一些把生命欲求和创作欲望重新编制在生活形态中的作品，它们在民间文化和以高雅文化自居文人艺术的对立中游弋，不断地以“此种”生活来反问、叩问“那种”生活，这样的策略无形中已经超出了艺术家关于天才、个人际遇、道德表述的题材决定论或灵感论话语，来到了对现实的社会意识形态、生活形式本身进行社会学、人类学的考察和关怀的高度。并且在创作生活过程中直接接通了传统艺术的端口，以独特的

《瞬间的考古学》乌尔善作品

《玩具娃娃装置》冯琳装置作品

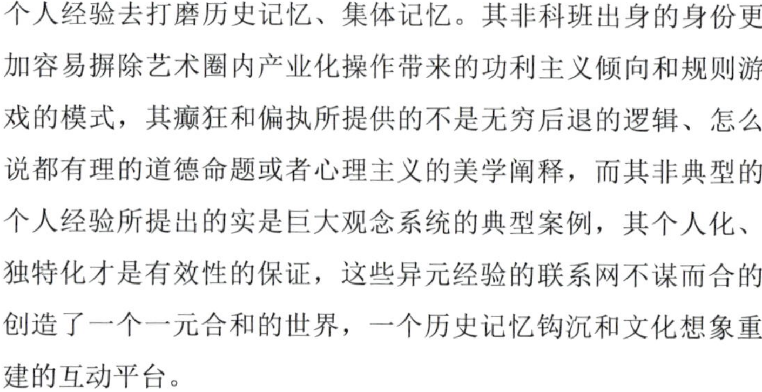

个人经验去打磨历史记忆、集体记忆。其非科班出身的身份更加容易摒除艺术圈内产业化操作带来的功利主义倾向和规则游戏的模式，其癫狂和偏执所提供的不是无穷后退的逻辑、怎么说都有理的道德命题或者心理主义的美学阐释，而其非典型的个人经验所提出的实是巨大观念系统的典型案例，其个人化、独特化才是有效性的保证，这些异元经验的联系网不谋而合的创造了一个一元合和的世界，一个历史记忆钩沉和文化想象重建的互动平台。

在这样的情境下，我们提出新民间运动——“公共生活的重建”的概念，希望借此来发起职业艺术家和民间艺术家之间的渗透，让学术的精神渗透生猛的民间实验建立起真正严肃和有建设性的对话和反思。而其实民族的、历史的重量才真正是关于大同的、关于自由的砝码。这个宏大文化想象源头汇集的是所有个人的生命体验，要平衡这个天平的两端，需要文化产业的整体战略，也需要每个原子对于文化想象和可能生活的个人建构。

新民间运动的宗旨也就是建立在这些人文地理语境中的个

《原昶》王雪君作品

人经验的独特性之上，而公共生活的功能也在对当下的批判和历史话语的澄清中不断刷新，民间生活携带游戏精神对于超意识形态的生活形式的整合，将成为文化认同的最大赞助商，也是对于现代化话语中暗含着的阴谋论以及被时尚统治的消费生活最有效的牛黄解毒丸。

新民间运动致力于推进这些民间实验的生长，一个运动总有他诞生，发展，高潮和终结，当今天的实验品消化成明天的日常用品时，运动的最终企图已经在第三天有所呈现，而这一运动的升级版又将在第四天诞生。

本次展览尝试通过把宋庄个案与中国民间的公共生活置于当代艺术的语境中进行对话，以开放自我、重建生活的文化关怀去直面文化产业乃至当代艺术对宋庄文化生活的冲击与磨合。让宋庄的前世、今生与未来从片段式的印象转变为一种可分享、亦可共谋的敞开的“场”。艺术家在这里的作品、宋庄个案的经营与所有相关的文化建设，这个行为本身就是我们对于民间生活重建的实验与探索。通过展览让人们从旁观到投身宋庄的文化现场，甚至直接或间接参与宋庄文化创意产业园的

《样板运动》杨洮作品

建设，能尽此人事，是为我们的取之于民，用之于民，亦可使我辈达于成败于未来的视力，而不近视于一朝一夕之得失。

一个实验品&一个实验者——从黑山学院到达汀顿资料文献展

策展人：邱志杰 叶楠 刘钿 李小倩

时间：2006年10月6日—10月16日

地点：宋庄百富苑1号——北京优库艺术空间

内容：展示总体艺术的发源地黑山学院和达汀顿学院的历史，其主要创办人恩厚之（泰戈尔的秘书）早年跟随泰戈尔在孟加拉设立学校，后在英国和美国建立、支持这两所著名的实验艺术基地的经历，推介其将艺术、手艺和农村生活融为一体的思想，跨时空对话当下的新农村、文化创意产业建设，以宋庄为个案来探索中国的黑山和达汀顿。

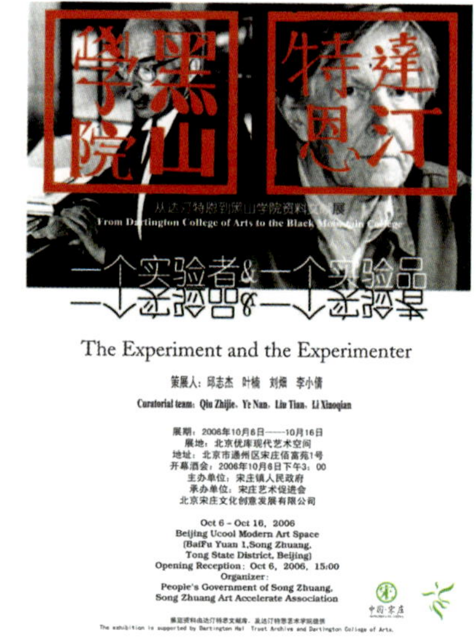

艺术节招贴

一个试验品和一个试验者——从达汀特恩到黑山学院文献展

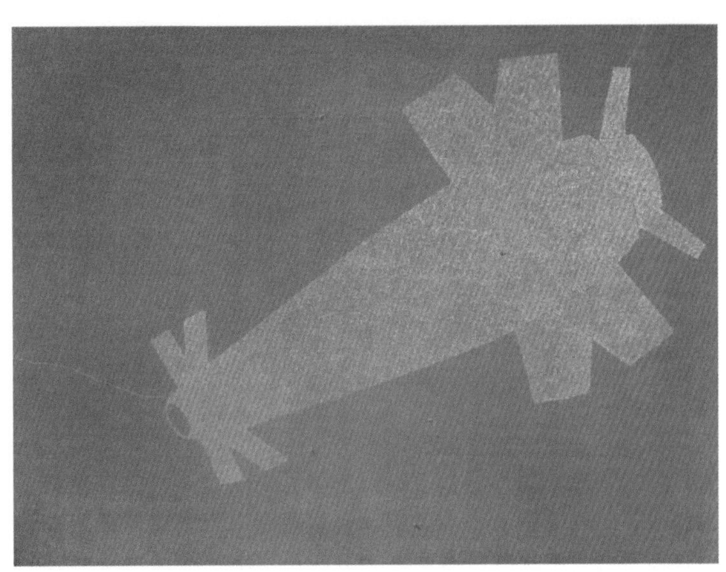

《 无题 》林红作品

文/李小倩

概况

回顾历史，世界各地大大小小的关于农村建设和教育实验的例子并不罕见，然而能延续将近一个世纪，并至今仍在继续发展的例子却并不多。达汀特恩是其中的一个。从一个颓败的中世纪乡村庄园到如今由十多个相对独立而又互相关联的机构组成的庞杂组织，她的独特的世界观所导致的跨学科，跨领域的社会研究，艺术创作，创业理念，生态研究等一直吸引着世界各地人士的关注。达汀特恩一直将自己视为一个实验室。在这个实验室中无论是成功或失败的例子都围绕着一个宗旨，那就是为开创丰富的社会生活提供实际的参考价值。

此部分展览的目的是试图通过介绍达汀特恩的创建理念及其发展历程，提出一个关于艺术如何协助营造稳定的农村社区的问题。也希望这个展览因此与其所在的宋庄创业园区建立起某种程度的跨文化对话。在上世纪二十年代，达汀特恩的创始人恩厚之先生曾经写信建议宋美龄在中国也创立类似的农村建设试验地。宋美龄婉言拒绝了，她的理由是按照当时国情，中国的首要任务是搞城市建设。大半个世纪过去后的今天，中国面临的却是由于城市与农村发展极度不平衡所带来的一系列社会问题。这使得我们将眼光又转到“乡村建设”，“创意园

达汀特恩庄园主楼修缮之前景象 1925年

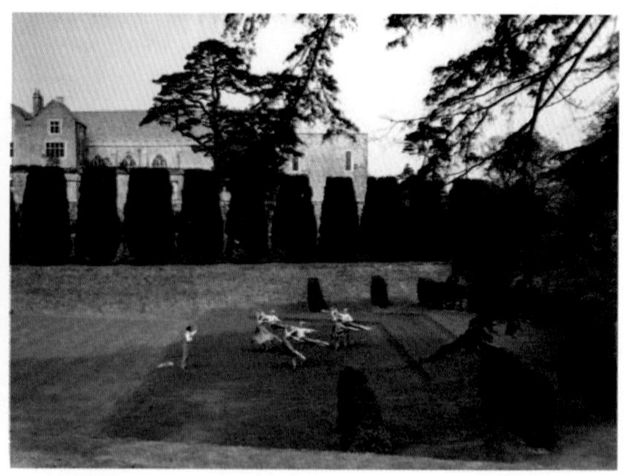

尤斯芭蕾舞团在达汀特恩花园排练

区”等词上，试图从中寻找解决的方案。于是，那场曾经发生在达汀特恩与中国之间的关于城市化和农村建设的讨论或许可以被继续发展下去了。

第一部分:达汀特恩的创建理念——艺术创造丰富生活

“当代人正在忙于给自己建造一个笼子……他总是在把自己逼向一个死角，给自己设定各种限制，并且让自己成为那其中的一部分。”

——泰戈尔

达汀特恩的创建与其创办人恩厚之（Leonard Elmhirst）和印度诗人泰戈尔之间的交往有着不可分割的联系。达汀特恩创办人恩厚之于1919年毕业于美国康耐尔大学现代农业技术专业。在此期间，他认识了诗人，社会变革家泰戈尔。两人很快发现彼此在思想观念上有很多共通之处。随后恩厚之成为了泰戈尔的秘书，与泰戈尔周游各国，并协助他在其家乡桑提尼克坦（“和平之乡”）创办的国际大学附近创立了乡村建设研究所。在此期间，他建立了一个农业学校，和一个专门对儿童进行实用知识教育的学校。而恩厚之的达汀特恩乡村建设蓝图，也就是在这四年的乡村建设与教育实践以及对泰戈尔教育哲学的理解过程中逐渐形成的。1925年，恩厚之与美国富翁惠特尼家族的女继承人Dorothy Straight结婚，同时用 Dorothy继承的部分遗产买下达汀特恩庄园，开始了他们一系列的大胆试验。

迈克·切克夫的学生在校园里进行轻度练习

迈克·切克夫的学生在工作室作画

第二部分：达汀特恩艺术学院 —— 艺术的实验室

艺术一直是恩厚之达汀特恩乡村建设试验中的重要部分。就如他在管理报告中写的："如果我们想在达汀特恩创建一个丰富而平衡的社区生活，发展艺术是最基本的条件……艺术具有凝聚力，是个综合体。在社会分工日趋细化的今天……我们越来越迫切地需要艺术家，更需要我们自己有象艺术家一样的想像力，将不同事物联系起来，从混乱中找出一种秩序，以某种方式感受和表达我们的统一与和谐……达汀特恩必须要提供一个让人充分发挥这一想像力的空间，并提供以艺术的形式表现这种想像力的机会。"

自创办以来，达汀特恩吸引了一大批世界各地的先锋派艺术家来此创作和教授。一开始这些艺术家是受恩厚之夫妇的邀请来作为顾问或设立课程等，随后有艺术家不断地从前辈中吸取精华，同时也为此注入新鲜的血液。最终达汀特恩的历史中聚集了一大批互相关联的人物。在这些有影响的人中，包括作曲家斯特拉夫斯基，约翰•凯基，戏剧教育家迈克•切柯夫，舞蹈家鲁道夫•拉班，科特•尤斯等（被称为"新中国舞蹈之母"的戴爱莲先生当时就接受过这两位舞蹈大师的传艺，戴爱莲女士在30年代曾就读于达汀特恩艺术学院）。另外还有建筑师威廉•威尔，沃尔特•格卢皮斯等。

达汀特恩艺术学院就是在此基础上建立和发展而来的，如今他已成为了享有国际知名度的先锋派实验艺术学院。一度被称为是美国"黑山学院"的姐妹学校。其原因不仅是因为很多重要的艺术家与这两所学院都有联系，比如约翰•凯基，沃尔

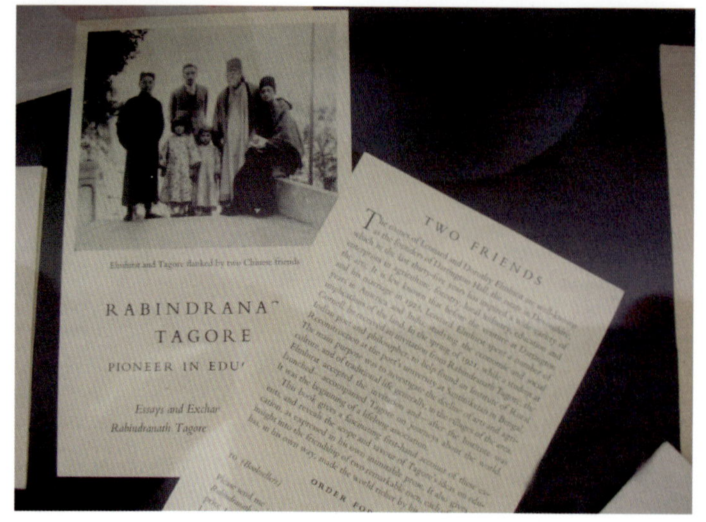

教育先驱书页

恩厚之和泰戈尔在意大利 1925年

特•格卢皮斯，莫斯•卡明翰（舞蹈家）等。更重要的是两所学院的办学宗旨和教学理念中都特别强调跨领域之间的合作和实验创新。本次展览中除了包括一些历史资料外，同时也展示了个别达汀特恩当代年轻艺术家的实验性创作，其中包括艺术家组合TWIG, Dan Farberoff等的作品介绍。

第三部分：达汀特恩与中国

1924年，恩厚之随泰戈尔访问中国，结识了徐志摩，胡适等一批中国学者。从而开始了与中国之间的交往。此部分展览呈现了恩厚之与中国方面的通信来往，其中包括徐志摩，宋美龄，阎锡山的秘书Bulsom Chang等。还有当时工作于四川华西协合大学校的外籍教师F. Dickninson，旅英画家林淑华等。这些书信展示了恩厚之与中国之间不同层面的交流，其中有讨论严肃社会问题的，也有仅限于个人感情交流的信件。

当然，这种跨文化交流的传统并不只是历史。自从2005年以来，艺术家邱志杰，刘鼎，陆春生等先后在达汀特恩进行了驻地艺术创作。邱志杰甚至对于达汀特恩的历史做了调查研究，并促成了今天的这个展览。除此以外，策展人卢杰，张魏，舞蹈家金星，作家胡坊，中央戏剧学院，中国美术学院等都以不同的方式，在不同的领域与达汀特恩保持着一种对话。例如，达汀特恩诗人布华顿（现任学院院长）与中国作家

徐志摩 泰戈尔 恩厚之在中国合影

胡坊正在尝试一种以写作为形式的跨文化交流活动“此处与彼处”（Here & There）。展览中展出了他们的其中一次创作交流。另外，邱志杰在达汀特恩时的日记和创作的部分作品也被收录在此次展览中。

艺术节招贴

一画一世界——香格里拉的绘画 新民俗唐卡展

策展人：邱志杰 叶楠 刘钿 杨宏 李长有

时间：2006年10月6日—10月16日

地点：宋庄百富苑1号——北京优库艺术空间

内容：从藏区邀请唐卡画师绘制关于现代生活的新唐卡，并到现场演示唐卡的制作流程，让一种古老的民间的原生态艺术在现代化的背景下被人们重新认读，和新时期农村面临的文化生活发生碰撞，而新现实主义的唐卡现身说法，为我们提供出一条关于当下民间文化生活重建的出路，它不仅投入到现实主义的深处，也是站在未来主义的高度。

香格里拉的遭遇战

文/刘 畑

用于描绘神话的唐卡，如同香格里拉的神话，是藏文化地区的高原特产，但唐卡的历史远比香格里拉悠久，近代的殖民主义在它的早期扩张阶段，制造了到东方、到世界的每一个角落去探险的时代，激动的西方人对财富和奇遇满怀渴望。

而到晚期资本主义陷入危机后，他们能量充沛的探险变成了逃离不堪重负的现实社会，去神秘的东方寻找角落躲藏，尽管还是探险性质的，也依然期待奇遇，但对自己原来的生活不像当初那么有信心了，探险是为了去寻找那条“消失的地平线”下的香格里拉，他们想象那里是一个有黄金又环保还能长生不老，没有“社会达尔文主义”而信奉“适度哲学”的最后净土。两种冒险的背后都是对于别处生活以及异文化的想象，暗暗都包含着根据自我要求所做的幻想，并以此为模板强加，这，就叫帝国主义。

在探险时代的香格里拉后，又出现了新的消费时代的香格里拉，依然延续逃离和追梦的主题，香格里拉成了旅游的圣地，是任何都市人离开这个复杂、庞大、利欲熏心、不停追逐却又盲目的社会的机会，去接触纯净的、纯朴的、简单的、原始的、虔诚的文明，当地的相对落后使旅游的费用相当低廉。然而因为这种需要，香格里拉的任何变化都是破坏，香格里拉必须永远保持原样，剥夺发展的自由，这，又是一种霸道。

一个地区的人民生活遭遇外来文明后，他们的文明、宗教将如何应对、转变和发展？

一种民间的原生态艺术，如何与它身后的文化，尤其是生活在当地的人民的信仰，一起面对全新的外来文明冲击，它又如何反作用于自己的生活，甚至，它有没有力量作用与外部世界的生活？

一个以前没出现过的东西能不能画？新现实主义的唐卡，反射出原有的宗教体系、绘画体系中什么能画什么不能画的成见，民间文化和民间生活重建的出路，变通需要在什么程度上进行？

现代化、农村建设，两者兼难，是我们中华民族绕不开的

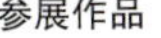
参展作品

参展作品

必有之题，作为中国广大山区农村中的一个，炉霍人他们渴望了解外面精彩的世界，也希望外面的世界进来了解他们，如何使他们能够获得发展，同时原有的文化生活不会面临被摧毁、无所适从、陷入自卑或者只想要快点模仿、被经济打败的境地？中国现代化的经验，需要一次整理、传承。

离世觅菩提，恰如求兔角。在生活之外没有生活，不论城里人或者乡下人，都是一样的。只有投入到现实的深处，才能通往未来，未来不等于远方，未来就在眼前。

历史

唐卡（藏文Thang-ka），又译“汤卡”，是指装裱成卷轴式的佛画，是藏传佛教特有的修行和学习的工具之一，也是西藏文化特有的艺术形式。

唐卡，它的原意（本意）是“卷起来”，后来 “卷轴画”被称为“唐卡”，强调向上卷。相传它源自印度说书人为了讲故事方便所悬挂的一种挂图。唐卡收藏存放有一定的规矩，须由下向上卷成一束，若方向相反，则被视为不敬，或者亵渎神圣（灵）——佛、菩萨、护法神等。

参展作品

唐卡的绘制始于七八世纪，盛行于十二世纪。其中所表达的内容与题材主要有：画传，如诸佛传记、祖师传、大法师传；肖像画，如释迦牟尼像、藏王——赞普像、历代的法王像等；本尊画，如金刚萨埵像、白度母像、大威德金刚像等；历史记载画，如文成公主入藏、达赖五世觐见顺治皇帝等；民俗画，如百戏图、乐舞图、祭祀图等；建筑画，如大昭寺全貌图、修建筑迦寺图等；宗教活动，如法会、说法等；器物类，如法器、佛具、乐器等；还有动物、医药画等。

唐卡一般是那些修学藏传佛教，体证其中义理的藏传佛教徒们用作为观想和礼拜用的，也有些唐卡是作为庄严用的，一般是由在家信徒自行绘制，或请画师描绘，然后献给寺院庄严佛堂。

唐卡的主要用途，是通过简单的图形语言，将复杂而深奥的佛教哲理和修证方法表达出来，以便修学和体证；不过，也有一部分是关于艺术、文化、祭祀 、风俗或者是历史的记载和人物的写真，起到记载、保存和流传的作用。

唐卡，大部分是被修学藏密的佛教徒用来修学和体证佛法的一种图文解说教科书，也是引导修学者体证密宗究竟教义的工具，因为唐卡中的人物，颜色都有它特殊的内涵，即佛教所谓的“表法”作用——通过抽象的、可解的图像语言，将佛教的教义以及修正的次第和方法，转换成为含有特定内涵、具体可解的表意语言，从而引导和帮助修学者体证佛教所说的终极境界——成佛；它包含许多历史、文化、科学等方面的信息，耐人探讨和研究。

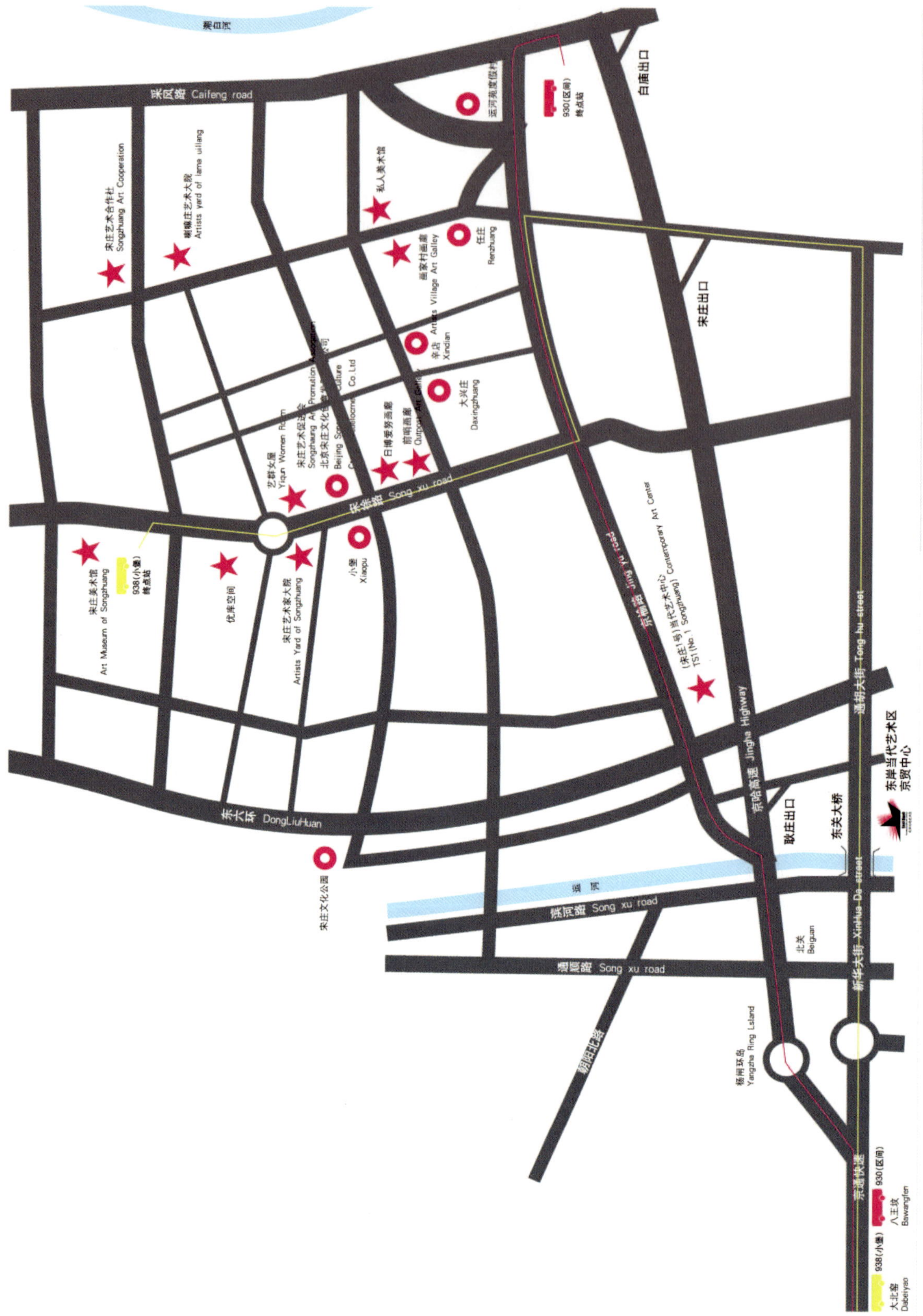

展览地图

首届艺术与产业论坛

主办：北京大学社会学人类学研究所 宋庄艺术促进会

主持：杨卫 于长江

时间：2006年10月7日－10月8日

地点：运河苑度假村

内容：鉴于宋庄艺术群落的影响及其在当代艺术中的地位，利用自身优势在宋庄组织一次全国性的“艺术与产业”大型学术研讨会，一方面以配合第二届宋庄艺术节的成功举办，扩大其知名度；另一方面也可为真正打造一个文化名镇奠定一些学术资本，吸引社会的更多关注。安排三天时间行当代艺术与文化产业发展论坛，探讨宋庄乃至全国艺术群落现象与文化产业发展的趋势。此次论坛分为三个主题：

1） 中国当代艺术回顾和展望

2） 关于当代艺术家群落现象

3） 文化创意产业发展前景

首届“艺术与产业论坛”摘要

与会专家：

田　青（中国艺术研究院研究员、国家非物质遗产保护中心主任）

王　林（四川美术学院美术史系教授）

高　岭（美术批评家）

彭　峰（北京大学哲学系副教授）

杨　卫（美术批评家）

鲁　虹（深圳美术馆研究部主任）

李　军（中央美术学院副教授、文化遗产系主任）

徐　虹（中国美术馆研究部副主任）

高名潞（四川美术学院教授、美术史系主任）

王南溟（美术批评家）

王小箭（四川美术学院美术史系副教授）

刘骁纯 （中国艺术研究院研究员）

汪民安 （北京语言大学教授）

王家新 （中国人民大学教授）

顾丞峰 （南京艺术学院教授）

孙振华 （深圳雕塑院院长）

贾磊磊 （中国艺术研究院研究员、文化产业战略发展中心主任）

刘世定 （北京大学社会学人类学研究所教授、学术委员会主任）

张晓明 （中国社会科学院研究员、文化研究中心副主任）

陈孝信 （美术批评家）

于长江 （北京大学社会学人类学研究所副教授）

冀少峰 （河北美术出版社主任编辑）

郭雅希 （天津美术学院教授、美术史系主任）

邹建平 （湖南美术出版社副社长）

邹跃进 （中央美术学院副教授、美术史系主任）

邓平祥 （湖南美术家协会副主席）

朱晓阳 （北京大学社会学人类学研究所副教授）

雷达明 （北京大学客座教授）

胡介报书记(左)和裴志刚镇长(右)在大会上

大会一角

于长江在发言

于长江：

今天我们举办这次活动的主旨和基本思路具有创新性，它是从文化艺术这个角度进行新的创新，它是一个新的发展观念，一种更人文，更文化的发展观。中国的城市化建设在全球化背景下如何丰富或提高自己的软实力是一个问题。软实力是个什么概念呢？从我们中国的几千年的传统来看，它的软实力就是它的文化魅力。这种软实力是不可抗拒的，中国历史上之所以那么强盛，很大原因是因为这种软实力。这种软实力很大程度在于文化艺术的创新能力，包容能力，它能够不断地生成新的概念、新的观念、新的创意。

田青：

我在主编《艺术评论》的时候，发过有关宋庄艺术聚集区的一些文章，这些文章写的都有道理，与其说这是宋庄现象，我更想把它叫宋庄奇观。宋庄会聚集一千多名艺术家，这里面

田青在发言

贾磊磊在发言(右二为杨卫、右三为于长江、右四为刘世定)

是有因缘的。我是讲两个意思，一是宋庄形成目前的这种规模和这样的影响，这是个奇迹，我们应该珍惜。宋庄在中国数以万计的乡镇里，能够有一千多个艺术家自觉自愿的聚集到这来，是一件非常难得的事情；二是我觉得艺术和产业的关系复杂，生动又有各种变化，艺术与产业如果结合好的话是双赢。我们的艺术家愿意上这来，他有着特殊的条件，所以我说艺术产业恐怕也是这样，有一种内在的东西，我们顺势而为，作为宋庄能够尽量地为艺术家服务，让艺术家安心愿意在这呆下来我觉得就是最大的产业。

贾磊磊：

宋庄除了在它的美术理念发展之外，某种意义上来讲也是一个文化景观，它对北京区域的文化发展，将来是个非常重要的增长点。就是说宋庄不仅仅是美术的，也可以延展成文化艺术的，所以说宋庄文化艺术节，在这方面起了个非常重要的推进作用。再一个我觉得我们不仅要把宋庄看作是个艺术家的聚集之地，同时也是把它打造成一个重要的文化产业基地，我觉得现在宋庄的发展理念非常明确，但从整个文化产业的格局上来讲，宋庄未来的前景取决于艺术家的艺术品销售和他们在宋庄居住的可能。

刘世定：

我要谈的感受有六个。第一个，艺术品有个质量问题，我们过去遇到的所谓质量不确定性的问题，在传统的经济学分析里面主要指的是信息不对称。宋庄这个地方，大量的是这种原创性的作品，这个不对称不属于消费者购买者之间的不对称问题，而属于评价标准，不是假冒伪劣问题，是标准本身的问题，是对我们在学术问题上非常有挑战性的问题。第二个感受就是标准的问题。无论是有过还是没有过艺术训练的人都有一个他自己的质量评价标准，我们个人对艺术品的评价有他自己的一个排序。第三个就是我们要从社会学的角度来探讨，这个社会现实对一个艺术品来讲，社会建构的基本机制究竟是什么？第四个，就是在关于艺术标准的博弈过程中，他形成的规范实际上不是一个层面，而是多个层面。第五个，在标准的建构当中可能有不同的关于艺术品质量高低的评价标准体系。第六个，这里的产品质量可能是偏低的，但原创性是很强的，高低是按一定标准排序的。那么有很多原创性，我们可能开始并不知道他的质量高低，质量的高低在某种程度上与其说是当今的人物做出来的，不如说是为后人建构的。宋庄的问题也是一样的，要建立长期的信念，没有这个最后就不行。艺术品可能是多种的，不是每个都能发展成为大气候。我觉得宋庄有这么大的地方，来了这么多原创性的艺术家，对于各种原创性的种子，无论将来能否成为主流都要把他保护好，因为这个地方可能成为未来的亮点，未来发展到一定程度原创性灵感会不断回溯到这里。

朱晓阳在发言(右边为刘世定)

王南溟在发言(左边为高岭)

朱晓阳：

首先，宋庄是个转折点，原来像圆明园一直都是不稳定的流动的，宋庄现在就以后的发展来说会在一个了不起的台阶上，宋庄的运气能够提供这样一个平台应该说是风水比较好。第二个更多的是我看宋庄的发展建设，抓住了某一种机遇，把它自然的自发的变成了一种人为生态，所以说很具有意义。第三个是对于住在这个地方的人，有的时候我们把世界看得复杂一点，我们都无法认识这个世界，我们只好承认它先存在了再说，在这样一个情况下，宋庄怎样对待这个自然形成，自发的社区？我觉得用什么标准都不好去说，只要他们之间互通生存就行了。除了很多在市场上能卖画的人，除了那些人，他只要能在这里生存，他有保持沉默的权利，沉浸在画中的权利。这就需要有一个良好社区。我就说这三点，总的来说这个地方对我的印象很深吧！

冀少峰：

我讲的第一个问题是，我其实是反对艺术产业化的。但是要参加杨卫组织的这个论坛，还是做了一些准备。我想的问题是怎么把宋庄形成一个文本性的东西，你比如说圆明园画家村，现在没有了，但我听说杨卫他们在整理那段历史的文献，这就是一个证据，没有这个证据我们不知道圆明园曾经发生了什么。其实，没有圆明园的被拆就没有宋庄的兴起，所以宋庄要感谢圆明园。第二点，我把宋庄定义为内容产业和创意产业，实际上当代艺术它也是一个创意产业，我想这个也是宋庄

张晓明在发言

的一个发展方向。第三点，我从出版的角度谈一下，我觉得宋庄需要有很多文献性的东西，可以弄一些出版基金，像批评家们，你让他做事，要给他相应的鼓励，你不能让他白做，这样的话就是对以后的研究做一些储备。在人才上、精神物质上都是要做一个储备，另一个就是给艺术家做一个基金库，给艺术家做一个档案的储备。

孙振华：

我觉得宋庄的当代艺术是生物学上的一个标本，是将中国当代艺术很长时间的一段历史浓缩在了这里。当代艺术从边缘到中心了，宋庄这十几年也经历了从边缘到中心的这样一个变化。这是空间上的，还有一个是精神上的，就是心里上的从边缘到中心的这样一个变化。有一个是我很想说的，没有圆明园就没有宋庄。这就是圆明园到宋庄的一个过程，也是宋庄火起来的一个过程，我觉得非常艺术。当代艺术现在相当了不起，现在得到了国家的肯定，宋庄当代艺术的发展也在见证这个过程。

张晓明：

今天我是第一次来参加宋庄艺术节，但对宋庄还是一直很关注的，像写《黑白宋庄》一书的作者我们也很熟悉。当时我们对宋庄很关注，但是现在已经是不同的话题了，以前还是讲画家居住在这个地方，发展前景到底怎么样还不知道。这两年形势已经发生了根本性的改变，这个跟我们改革开放，和我们各种文化的转行有很大的关系，反映出了我们国家越来越开放的形势。现在谈宋庄已经不一样了，我们怎么看宋庄文化产业的未来，一个是从当代社会的发展趋势看，二就是从北京市的文化创意产业发展看宋庄的机遇。从文化产业的发展趋势看宋庄的未来，有几点可以借鉴世界文化产业的发展趋势，就是文化与科技的融合，文化与经济的融合，文化与全球化的融合。我们曾经受北京市发改委的委托，对北京市的文化发展规划进行了前期研究，我们的结论是北京市文化的发展既要有发展的目标，也要有升级的目标，要发展六个行业的优势，把北京市定为最具有发展实力的市。如果从长远的角度看，北京的六个产业需要升级，要对这六个产业进行提升，这个报告最后评审通过就是在咱们宋庄举行的，很有标志性的意义，发展文化产业宋庄也是很有标志性的，所以我们把规划和评审放在宋庄来做。今年北京又做了一个北京市文化创意产业研究，我们北京的布局是这样的，大致是以朝阳区为轴心，周围散布着一些小的区，主要是以四个或八个为中心主体，在朝阳区的东端就是以通州为中心，北京的两条发展带非常关键，以东部为重点，最为看好，以宋庄为龙头。这样以通州宋庄为园区会带动一个非常大的群体。所以我觉得北京市的发展会在宋庄这里起到非常大的作用。宋庄聚集的艺术家人数已经达到了很高的水平，在全球是最多的，宋庄甚至比新加坡还大，区域比较大。宋庄现在以创意产业园区来说它，下一步最终在体制上形成定位，要利用宋庄的背景去形成这样的机遇。

高岭在发言

汪民安：

尽管我对艺术产业化持怀疑态度，但我还是想为它辩护一下，艺术就该产业化。产业化是社会的一个趋势，半个世纪前现代主义艺术的特点是反产业化，是批判的叛逆的。到了后现代，就是我们今天这个社会，后现代主义的最大特点就是文化就是经济，经济就是文化，所有的经济产业如果没有文化在其中的话，他的经济运作不可能很成功。同时我们现在所有的文化行为，一定被经济化，如果没有经济参与和支持的话，艺术就不能长久。知识分子有些怀乡病，有些乡愁，艺术的产业化让人觉得一个很好的时代逝去了，但是这个历史趋势是不可阻挡的，经济必须和文化结合在一起，文化必须和经济结合在一起。比如房地产推广文化，充满了艺术想象力的广告，要是没有广告的话，房地产业不可能发展得这么快。我们喝水的杯子，他的设计也充满了艺术想象力，充满了文化底蕴。所以经济文化化，文化经济化，这就是一个后现代智慧，是最突出的特点。

邹跃进：

创意文化产业是个新概念，是我们在进入新世纪以后特别是这两年，随着798、宋庄、望京地区，当代艺术迅猛发展，然后国家又采取新的政策的前提下面出现的一个新概念。我觉得创意文化产业本身这个概念就是个创意，这个创意从某种意义

邹建平在发言(右边为邓平祥)

上讲是很成功的，他抹平了原来前卫艺术的那种尖锐性，使他柔化了，他的第一个柔化就是把当代的前卫艺术在创意的产业里面柔化，变成政府的一个可操作的对象。第二重柔化是意识形态，实际上这是把双刃剑，从政府的角度说是把双刃剑，他在柔化前卫艺术那种锐利性的同时，另一个方面对意识形态自身来讲，也是一种柔化，这就是我所说的双重柔化的含义。

王家新：

我觉得乡居现象还是值得研究的，艺术产业，宋庄现象，都可以深入研究。乡居更有利于艺术家保持独立性，在乡村和城市拉开距离，对个人的思考、关照、创作提供了好多条件。这种乡居并不是隐居，和中国古代的隐居概念还是不一样的。这种乡居很奇妙，他使一个艺术家和时代保持距离，是一种既切开来又有联系的关系，艺术家们在村里创作也经常进城，保持着独立性不受干扰，同时又保持联系。有个音乐家我比较喜欢，他说录音棚就像母亲黑暗而温暖的子宫一样，他很愿意呆在那儿，联想到艺术家为什么要在乡村，他是要进入一种状态，能够和绘画建立一种更个人的更亲密的更深入的关系。

邓平祥：

改革开放以后的现实，就是以艺术家为主体的文化人下乡，以农民工为主体的农民进城。当然两者的规模不可同日而语，农民工的规模太大了，艺术家的规模很小，但是从本质上讲他的意义是一样的。都是追求自由，没有自由不可能有这种选择。这是个文化现象还是这个国家的道德现象呢，我认为两者都有。艺术家下乡的文化意义大于他的艺术意义。我们这些人为什么到乡下去呢？有多种原因，一方面有审美和诗性本身的原因，另外还有生存空间的原因，自由经济的原因。我当时到北京后，曾经考虑在望京买房子，但到了农村后，发现那里有山有水，感觉回到了自己的童年，所以后来还是选择了农村。艺术家下乡是非常好的事情，可以用小的代价活在比较大的生存空间里，他的文化意义远远大于艺术。

鲁虹在发言

鲁虹：

每个人的动机出发点都不一样，90年代末以来当代艺术从台下转入台上，从边缘进入了中心，这个过程也是中国经济发展的过程，21世纪的当代艺术在拍卖行在市场，行情都不错。宋庄作为产业首先应该注重品牌，如果没有品牌的主导，很可能像深圳的大芬村那样。大芬村有三千多产业画家，没有品质，没有受过训练，他们就是打工仔。大芬村和这不一样，这里如果也是大量的产出，如果不坚持自己的品牌原则，那么未来的发展会受到很大制约。宋庄是高中低三类艺术家都有，但选择比较有名望的画家居住，是宋庄的基本导向。

雷达理(美国)在发言(左边为彭峰在翻译)

刘骁纯：

大家对文化产业创意这个概念是欢迎的，提到文化创意产业，我们首先就想到了798和宋庄，因为这两个地方一个是大山子创意产业文化园区，一个是宋庄创意产业园区。现在最突出的一个现象就是宋庄现象，美术馆是政府投资的，馆长是栗宪庭。栗宪庭、方力钧他们原来是宋庄前卫艺术的代表人物，现在他们和体制合作了。对政府来说，他并没有让你改变创作方式，因为他看到这种创作方式是有经济利益的，他允许你保持原来的方式，从文化策略文化战略上说他需要这么个东西。创意文化产业中心抓的是经济问题，他肯定不会把前卫艺术作为重点。但是由于前卫艺术在世界上已经成为了一种产业力量，所以他必须正视。他让艺术家自由创作，你可以批判社会，你可以坚持你的知识分子立场，但是你的知识分子立场是可以被我购买的。从操作层面来说双方是互利的，对真正有文化价值的艺术也留有了生存空间，至少他是个转化，这个对我们来说都是好事。另一个层面就是思辨层面，因为他主要是经济策略而不是个文化策略，所以他对文化必然有抑制，抑制并不表现在已经有地位的艺术家，最危机的是那些目前还在摸索的，还在底下试验的，还没有被市场和社会认可的，这样的艺术家们他没有经济效益，就不会被关注，他们将处在更艰难的情况下。强权和强权的联合使中小力量更没有权利了，但这部分也不会消失毁灭，从人类历史发展来看知识分子总有那么一个情结，你对我好与不好，他都一定要干他想干的事情。

刘骁纯在发言(左边为顾丞峰、右边为孙振华)

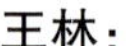

王林：

想重建中国的乡村文化，这种乌托邦的理想非常可贵。乌

王林在发言

托邦本身没有意义，但乌托邦对照的历史很有意义。中国的乡村文化有两次破坏，一次是消灭乡村，第二次就是破坏建筑。这两个破坏都是实体，乡村文化的实体没有了，乡村文化就丧失殆尽了。对历史的追溯是重要的，社会空间不仅是由社会生产的，他也在生产社会。80年代以来通过前卫的方式得到利益的这一批既得利益者，已经和体制达成一种共犯的关系，这也是我们今天能够坐在这里开研讨会的一个前提。

水墨在当代学术论坛

“水墨·当代”——中国宋庄水墨同盟会首届邀请展

策展人：刘骁纯

参展艺术家：边红（宋庄）晁海（西安）胡又笨（保定）兰正辉（多伦多）李津（天津）李孝萱（天津）李志宏（宋庄）梁建平（宋庄）梁铨（深圳）刘子建（深圳）鹿林（宋庄）罗氏兄弟（通州）南溪（北京）邵戈（北京）田小赤（宋庄）童振刚（北京）魏立刚（通州）魏青吉（广州）武艺（北京）徐冰（纽约）阎秉会（天津）杨诘苍（巴黎）张建民（宋庄）朱青生（北京）朱新建（南京）

时间：2006年10月6日至11月6日

地点：宋庄镇小堡•东区艺术中心

《一纸空文·识》张建民作品

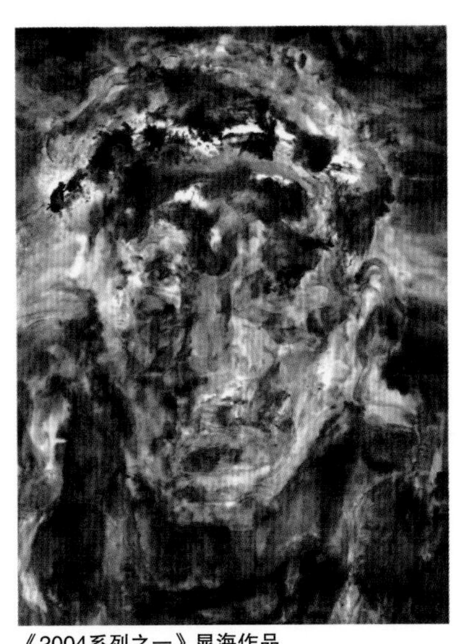
《2004系列之一》晁海作品

内容："水墨为上"是中国特有的文化现象，它有深远的中国哲学、宗教、书画渊源。"水墨•当代"展立足世界水墨的最前沿，秉承传统、开拓进取、放眼未来。宋庄水墨同盟精心策划、海纳百川，为中国水墨画的发展写上浓重一笔。本届艺术节开幕的"水墨•当代"展汇聚世界各地的当代水墨艺术家30人，展线600余米。

展览学术策划：刘骁纯

展览组委会主任：刘昕

时间：2006年10月6日

地点：运河苑度假村

内容：探讨水墨艺术在世界当代文化语境中的可能性。

处在边缘的当代水墨艺术

文/刘骁纯

"当代——中国宋庄水墨同盟首届邀请展"以"当代"为主题词，我在这里所说的"当代"，并不单纯是时间概念，而是与时间有关，更与艺术观念有关的概念；是与欧美艺术批评语境中的"当代"概念有关，又具有本土独立性的概念。他代指现、当代水墨艺术，其所指类似常说的"试验水墨"、"边缘水墨"。

所谓观念性，最主要的是指它对中国传统(包括20世纪的新传统)水墨画的反叛性，或曰批判性、解构性、颠覆性。由于20世纪观念变化的一切"颠覆"其结果都是拓宽而非取代，因此我不喜欢用"颠覆"二字。

当代水墨艺术是受西方现当代艺术影响而产生的艺术现象，是徐悲鸿、林风眠之后又一轮的西化思潮。它逆反传统主要表现在"器"的层面上，在"道"的层面上每个艺术家都在自觉不自觉地寻求与传统的关联，因此西化的本质是引西润中、中西融合。当代水墨艺术老一代的前导人物可以吕寿琨、刘国松、赵无极、吴冠中为代表。

在我的脑海中，当代水墨艺术比较突出的现象有以下一些：

新文人画。我这里不是指被商业运作泛化了的新文人画，而是指一种特定的思潮，它是反文人画的文人画，如朱新建、李津。他们烹制出了一种很强的文人画味，借此将“墨戏”推向玩世不恭，将私底下的“性”问题拉向前台，从而对世俗的流行文化和高雅的文人文化进行了双向戏谑。

大众流行图式的挪用。如“卡通一代”的代表人物黄一瀚，融红色波普、月份牌年画艳俗趣味、宣纸的洇染意味为一体的罗氏三兄弟。前者隐专家身份于流行，后者以流行调坎流行。

从写意到涂鸦。文人写意画中的“逸笔草草”本身就有涂鸦因素，朱新建、魏青吉、武艺则以各不相同的反讽方式将涂鸦推向了极端。

表现性。李孝萱、邵戈关注都市，晁海、张立柱眷恋乡土，梁建平同情众生；他们或对人类的都市化现状深表忧虑，或对人类精神家园的失落深感不安。面对人类生存问题，他们不取反讽和调侃而直取揭示和批判。

鹿林作品

抽象性。李华生偏于冷抽象，兰正辉偏于热抽象，刘子建的抽象绘画则倾向结构性；李华生以极多重新解释极少主义，兰正辉以巨笔重新解释抽象表现主义。

书象。泛指与书法有上下文关系的水墨艺术现象。魏立刚的艺术可以称为书法派抽象绘画，陈光武将书写的过程引向修行并将结果引向虚无，王天德让书法的传统遗韵垂帘幕后而让材料的物质性得以彰显。

水墨作为媒材。梁铨清静淡泊，胡又笨激情澎湃，他们的艺术虽然保留绘画的平面性，却越出了绘画的边界，属于以水墨作为媒材的综合材料艺术。

借水墨名义。徐冰、谷文达、邱志杰、杨诘苍既不能称为水墨画家，也不能称为水墨艺术家，他们都是观念艺术家，但由于他们都有很浓重的水墨情结、书法情结、汉字情结，因此也可以从当代水墨艺术的角度观照他们的创造。他们舞文弄墨时，往往是借水墨而言其它。

《作品》之一 朱新建

……

当代水墨艺术既不被西方主流艺术看好，也不受中国主流艺术欢迎。一方面，中国的政治波普、玩世现实主义、观念艺术在西方主流艺术中走红，另一方面，礼品水墨画和延伸传统的水墨画在中国主流艺术中走红；一方面，在西方主流艺术看来，中国的当代水墨艺术并不当代，不具有当代意义，另一方面，在中国主流艺术看来，当代水墨艺术跟随西方，缺少文化自主性。当代水墨艺术遭双重放逐，在两面都处在边缘。但我相信当代水墨艺术的生命力。

“水墨为上”(王维)是中国特有的古老文化现象，它与中国特有的老庄哲学、玄学、禅学有很深的渊源关系，在这种背景中，文人书画才绵延不绝、入继大统,成为中国视觉文化的最高代表。这种基本文脉在西方是没有的。因此，水墨艺术能否进入当代，如何进入当代，以及它在中国当代艺术中处于怎样的地位，又具有怎样的意义，这一切，西方艺术界如何看并不重要，因为它是中国当代艺术发展中的特殊问题。

《纸上江山之一》童振刚作品

水墨艺术没有过时，它在国际文化交流中焕发出了新的生命活力和创造活力，并已经成为中国当代艺术重要组成部分。

重要的问题是中国人自己如何看待当代水墨艺术。在中国主流画坛，水墨画可以说是占据了半壁江山，甚至许多学西画的人到老年也要以书画名世。这说明中国艺坛普遍认同水墨画的重要地位。问题的关键在于，什么样的水墨画和水墨艺术在历史上最能代表我们正处的时代。我认为，在主流艺术中占很大比重的礼品画、应酬画、大众水墨画，其大规模、高规格的宣传，以及快速攀升的市场价格是一种泡沫，它经不起时间的考验，因为他们不具备学术地位。代表一个时代的艺术一定是那个时代最具创造性和学术影响力的艺术现象，在这一点上，当代水墨艺术是很有前途的。

艺术节访谈

崛起的宋庄——从画家村到创意产业

——第二届中国·宋庄文化艺术节总策划人、批评家杨卫访谈

来源/千龙网

位于北京通州北部的宋庄镇，在上世纪90年代中后期圆明园画家村迁移后逐渐形成了大型艺术家群落，目前在镇域内12个村庄散居着艺术家家近千名。为积极参与打造北京国际文化形象，切实推进区域文化创意产业发展，营造新北京人文奥运氛围，宋庄镇政府于2006年10月6日至10月16日隆重举办了为期11天的第二届中国•宋庄文化艺术节。

10月23日，千龙网记者采访到此次艺术节的总策划人杨卫先生，他向网友介绍了第二届中国•宋庄文化艺术节的举办情况及多数当代艺术家的创作现状。

主持人：各位网友大家好，宋庄成为越来越多的人向往的地方，很多想成为艺术家的人都来到这里，在10月6日宋庄举行第二届当代艺术文化节之际，我们今天请了这届艺术文化节的总策划杨卫先生。杨先生，你好。我们想了解一下，前不久超女纪念碑是人们比较关注的作品，超女纪念碑可以算是比较成功的作品吗？除了这个以外还有没有别的作品是不被大家所关注，但是在圈内被业界认可的。

杨卫：超女纪念碑是我们没有预料到的，刚开始我们并没有认为能够火起来。这也证明现在的大众文化对艺术的影响，实际上这次展出的作品，包括展出的规模，应该说还是比较大的，包括雕塑上，就有40多位艺术家，超女纪念碑只是一件作品而已。只是超女纪念碑涉及大众都很关心的话题，所以引起了一场争论，造成了影响。

主持人：你给我们介绍一下今年第二届艺术文化节的概况好吗？

杨卫：90年代末期我在宋庄住过，过去的宋庄虽然集中了很多当代艺术家，但是还是比较沉寂的，相对于798等等区域来说。所以这次做艺术节，我首先的理念就是“打开宋庄”。这有两层含义，一个是把我们自己打开，呈现给世人。再一个把宋庄打开，引进外面的资源，进行互动交流，这是学术上的

北京市人民政府副市长孙安民在展览现场

国家发展和改革委员会主任马凯（左）在镇党委书记胡介报（右）的陪同下观看宋庄艺术节

理念。事实上是一种开放的状态，包括雕塑展我们起名开放之路，这不仅仅是宋庄艺术家的艺术节，这是所有艺术家的展览。所以在这样的前提下，在展览布置上也做了调整。这次宋庄的艺术家参加展览的很少，宋庄有1000多名艺术家，但是参加这次艺术节的很少，大部分都是全国各地的，这是不同于去年的明显特点。

主持人：有国外的艺术家参加吗？

杨卫：国外的艺术家这次没有。考虑到主要是费用上的因素，但是基本上集中了国内某些领域的代表人物，他们都参加了。

主持人：宋庄正在从“画家村”向“创意产业村”发展，创意产业村涵盖面更广，具体的有哪些表现形式？

杨卫：创意产业这是新兴的名词，欧美，包括韩国、台湾在80年代很盛行。创意产业不是艺术家，也不是艺术批评家所能探讨的，这应该是政府来讨论的问题。这次我组织了一个论坛，邀请了很多社会学家、哲学家、美术批评家一起，论坛的名字就是“文化与产业”。当代艺术发展到今天，必须要面对一个问题，或者一个话题，如何在市场的前提下，又要保证当代艺术的探索性，同时又要借助市场把当代艺术变得更加活力，这好象值得我们搞理论，搞策划的人去关注，去思考这个问题。因为市场有时候是一把双刃剑，有时候可以把人从困境当中解放出来，同时又可以把娱乐放在市场竞争机制中去。所以对创意产业我没有很深的思考，但是我想作为宋庄来说，作为一个模式，创意产业可能是围绕着宋庄原生态的艺术家的聚

栗宪庭（左一） 洪峰（左二）胡介报（右二） 方力钧（右一）在宋庄美术馆

杨卫(右)与易英(左)在展览现场

集地，宋庄有这么多艺术家，就把一些画廊、博物馆或者很多收藏家吸引到宋庄来，它带动了当地的消费，比如说饭馆、旅店、酒店等等慢慢就会营建起来。过去的宋庄，在10年前，整个宋庄我记得就一两家饭馆，没有什么消费的地方。十年后的今天，现在宋庄那条街上有上百家饭馆，这就是产业，这个产业是艺术家带动起来的，因为艺术家的增多，这些人招来的影响，就有很多人知道宋庄，也去走访宋庄，于是带来了很多副业，包括当地农民开个蹦蹦车可以接人。当然还有一些更大的产业，比如进入一个大的文化企业，那是政府这方面的宏观调控。我希望是在发展产业的同时，如何合理地把无形当中形成的宋庄原始的状态纳入到整体的思考当中去。就是你把宋庄开发出来的同时，不要把过去宋庄的精神层面抹煞掉。

主持人：你刚才说宋庄有1000多名艺术家，本地艺术家有多少？

杨卫：宋庄实际上没有本地艺术家，都是从全国各地来的。宋庄只是一个地域，是因为过去90年代初期圆明园有一个画家村，也是全国各地的艺术家聚集到这里，后来因为特殊情况就解散了。从94、95年以后，一些画家陆陆续续迁移到宋庄，由此形成了一个艺术的迁徙，从西边到东边，逐渐随着时间的推移，慢慢增多。刚开始也就十几、二十多个人。慢慢发展到今天，尤其是市场形成以后，就把宋庄的形象呈现出来了。在过去这样的景象是没有的，艺术家完全都是自发的，而且艺术家基本上没有市场。

主持人：出现这种文化迁徙，到底是什么方面吸引艺术家全部来到这个地方呢？

杨卫：这就是命运，是偶然的，但是也是必然的。刚开始可能艺术家认识当地的人，看到当地的房子很多，宋庄跟别的村落不一样的就是房子普遍偏大，很多房子是空着，也没有什么用。刚开始很多艺术家以很便宜的价格买下来，就这样留在宋庄。后来随着艺术家的增多，当地的领导就有意识保护这些艺术家，因为刚开始这些艺术家去的时候还是很受排斥的，当地农民也不太理解这些长头发或者光头的人，再加上过去社会开放程度不像今天这样，包括政府也是压制的状态。所以过去艺术家比较边缘，比较困难的状态。当地的领导开始有意识的保护艺术家，这就成为必然，本来是偶然。当地的领导逐渐保护这些人，就有一种安全的感觉。加上这些艺术家还认同精神的支持，因为有这种关系，就陆陆续续聚集，到现在将近1000个艺术家，我们没有做过具体的统计，这只是粗略的统计。

主持人：在第二届当代艺术文化节上，很多作品都卖出高价，总的成交量大概有多少？

杨卫：这个没有做具体统计，我看到的，就是我经历的有几百万，有几个大型的雕塑是被收藏了。还有一个很有意思的现象就是，我们过去的宋庄在国内已经非常知名的艺术家，他们开始买一些年轻艺术家的作品，这届艺术家因为我们专门辟出一个展览给年轻艺术家的，他们二三十岁。过去已经成名的艺术家，在这个展览上买了不少作品，这是让我很感动的一件事情。

主持人：这些年轻的艺术家们，他们的创作特点是什么样的？

杨卫：创作特点各有不同，各有千秋，相对来说比过去的艺术作品轻松一点，过去的可能更沉重一些，历史感更强。从另外一个角度，想象力又更丰富一些，更怪一些。

主持人：是不是现在市场就欣赏这种怪异、另类的艺术，可以这样理解吗？

杨卫：这个不一定，过去在90年代是政治性的东西受到人们的关注，它有一个特定的背景。过去我们的当代艺术作品都是卖给西方，西方对中国的认识只认识中国的古代是有文化的，中国的现代是没有文化，因为现代是跟着他们跑的。他们认为中国当代应该说是没有文化的，但是中国的政治是很特殊的，所以他们更热衷于中国的政治，而不是中国的文化。由于这一层关系，形成中国90年代政治化的艺术受到市场的簇拥。随着中国社会的开放程度加大，包括中国自身当代艺术历史的形成，因为中国当代历史从1979年算已经差不多有30多年的历史，应该说已经有历史积淀的艺术形式。还有一点自身国内的艺术市场开始形成，现在大批有钱人是购买艺术品作为一种投资也好，作为欣赏也好，它带来了市场的重新规划。在这个前提下，可能某些政治性的作品自然就削弱了。具体是什么样的作品受到关注，可能也无法做准确的定义。但是有一点是肯定的，就是能给我们这个社会，这个时代带来真挚的感受，是受关注，还有带来多大的想象力，是受到关注的。

主持人：市场与艺术的关系很微妙，在本届或者上届艺术节里，市场的需求会不会影响艺术家们的创作？

杨卫：这只能因人而异，很难用一个普遍的角度看问题，市场对创作的影响肯定会有。但是我开始说了，市场是双刃剑，一方面可以解放人，同时一方面又会重新站在市场的角度扼杀人。这种市场有，过去的宋庄也有，我们称为跟风，比如一个代表性的东西出来受到市场的肯定，很多人就开始跟风。不光是宋庄，整个中国当代艺术都存在这个问题。但是在跟风的状态中，在竞争当中永远会有新兴的艺术家会在这么一种竞争当中重新创造他的艺术高峰。当他创造艺术高峰的时候，可能又会有人跟着他跑，这可能是历史或者艺术史形成的新陈代谢的过程。艺术家人人都可以当，很著名的艺术家说“人人都可以当艺术家”，但是能把艺术本质穿透的人是不多的。就是玩艺术的人很多，但是能理解透艺术的人并不多。也就是艺术家很多，但是真正优秀的艺术家并不多。艺术品从艺术的角度来看，是靠优秀的艺术家支撑起来的，并不是靠艺术支撑起来的。但有一个前提，就像盖房子，像金字塔，有一个基座。宋庄就是一个基座，是一个舞台，谁能够在这个舞台里，在这个基座里搭建起多高的顶尖，那是个人的能力，这也是本届艺术节的一个理念，我就想搭建这样一个舞台的概念，宋庄是一个舞台，谁都能来唱戏，唱得好坏那是你的能力，我不做评价。

主持人：那你觉得今年的舞台搭得怎么样，和预想的一样吗？

杨卫：差不多吧。首先是今年类型很多，这次艺术节里包

中国美术馆馆长范迪安（右）和陈志光（左）在艺术节雕塑展现场

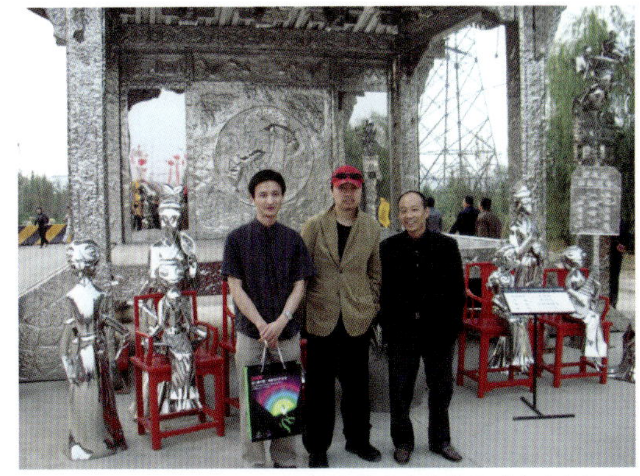

杨卫(左)、崔健(中)、洪峰(右)在陈志光的作品《古戏台》前

揽了现在当代艺术的所有类型，然后也包揽了几代当代艺术家的成果，有雕塑家的，有专门的当代水墨彩，还有一些新型的建筑，也就是涉及到所有当代艺术的门类，而且都是一些很好的东西。在这种前提下，又分成很多板块，比方说雕塑展，超女纪念碑的雕塑，就是中央美院专门研究美术史的教授，他策划的。每一个展览都有一个专门的艺术家或者批评家，由他们来设定单独展览的项目。作为我们来说，或者作为我们组委会仅仅只是搭建一个平台，提供一个更大的理念，就是打开、开放的理念。

主持人：今年这届艺术节已经结束了，如果再办第三届，还需要在哪些方面改进呢？

杨卫：如果我还能参与第三届，我还能策划，我希望它变成一个常规性的，每年到这个时候大家知道宋庄艺术节又开始办，也大概知道宋庄艺术节是什么样的类型，也就是说一定要做出一个品牌。第一届艺术节我没有参与，我看了一下，第一届没有什么特点，首先是展览理念没有，第二没有市场构架，这就没有展览物质的构架，所以显得比较散乱，把画家的画随便一挂，搞了一个原生态民歌节。像这样的艺术节全国各地都有，哪都可以办。为什么宋庄应该办出特点来，为什么要找到跟所有艺术节不一样的角度，因为他聚集了这么多当代的艺术家，这是哪个地域都不具备的一个前提，一定要围绕着这个。这届来说是建构一个舞台，我希望第三届不仅仅是构建舞台，第三届就是成为一个标杆，中国当代艺术家参加宋庄艺术节应该是他们的荣耀，应该得到某种意义上的肯定，第三届应该往这方面延伸，这样就逐渐走上了常规化，就变成一种所谓年展的概念。西方有双年展，它既是一个舞台，也是一个标准，我参加双年展，好象就有一种成就感，像拿到硕士学位，博士学位等等，证明我是一个好的艺术家。我想第三届以后应该朝这个方面去努力。

主持人：我突然想到一个很有意思的事情，你是艺术批评家，今天这个演播室墙上有一些画，以您专业人士的角度，可以跟我们的网友讲一讲你的看法。

杨卫：就说这两张画，这画的是记忆，这个记忆是过去的记忆，可能你们都没有经历过，这个艺术家年龄大一些，经历过，实际上是文革前后的记忆。过去在80年代包括90年代，我们都是在反思文革，因为我们知道文革带来很多的艺术灾难，但是在灾难的背后还是有一些有意思的东西，比如理想主义，激情等等，这些东西实际上是很有价值的，尤其是在今天商业化时代，商品物化的时代里，就陪衬出来过去很稚嫩，很单纯的东西，实际上这个艺术家是在追溯过去被屏蔽掉的东西。过去一谈文革，好象就是灾难，其实在这里面还是有很可爱的东西，他实际上想挖掘这些东西。为什么他要挖掘这些东西，挖掘这些东西本身是没有意义，为什么他要站在今天的角度把历史呈现出来，实际上他是拿那个东西补上今天失去的东西。比如很单纯的傻笑，理想主义的劳动人民，歌颂劳动类似这样的东西，今天见得越来越少了，越来越物化了。实际上在追溯过去，希望能弥补今天所失落的，这是一种类型的作品，目前来说还比较普遍，就是回忆过去的当代艺术类型。像这个作品图色上跟当代比较相近，就更托普一些，就是流行元素，视觉很多。这里的图片可以把它说成是物欲横流，就是体现了时代的某些特征，这就是艺术家感觉到零乱，杂乱，同时又很艺术。可能每个艺术家都有一个切中点，也有一个进入时代的不同角度。

主持人：据我了解，宋庄有的画家，昨天还身无分文，今天卖出一幅作品，就赚到很有钱，好象他们的生活也是大起大落的？

杨卫：基本上都是厚积薄发，包括我们去发现一个艺术家，也是看这个艺术家的历史，如果这个艺术家仅仅画过一张画，我不知道出处，就没有价值的评判。如果我要看到历史，就说明这个人一定要积累很长时间。所以艺术家在没有被社会接受以前，或者没有被某些机构或者艺术体认同以前，是很艰难的过程，是很苦闷的一个过程。但是一旦获得了这种承认，马上就有柳暗花明又一村的感觉。但有些艺术家一直是在摸索当中，从这个意义上说，幸运并不是对每个人都敞开胸怀的，我想每一个艺术家都是带着一种可能性在工作。

主持人：咱们今年艺术节上卖出去的作品，都流向何处了？

杨卫：有收藏机构的，也有个人，包括宋庄政府也收入了一两件，收藏的对象也是多元化，有的人觉得好玩，有的是投资，等着升值卖了，有的是收藏机构，各种元素都有。

主持人：我一直认为搞当代艺术是个挺时髦的东西，可以这么理解吗？

杨卫：表面化理解是这样的。当代艺术首先是关注当代问题的艺术，任何时代都存在问题，就像批评家一样，为什么现在有批评家，任何一个时代，都存在问题，需要人去揭示这些问题，社会才能新陈代谢地运动，及时调整也好，及时修复也好。所以当代艺术在某种意义上也有这种功能。当代艺术就西方历史来说，我认同的是工业革命以后，尤其是现代主义之后的跟人性解放有直接的关系，在某种意义上是自由之身，是每个人对人生的看法，对社会的看法，有自己的理解。同时里面有一些时代的元素，比方说这个作品反映这个时代的物欲横流，欲望等等，这些东西在某种意义上是具有批判意义的。严格意义上当代艺术是这么一个角度。但是成为市场追逐的形式以后，也会相应地有一些变化，也会有一些时髦的艺术，流行的艺术出来。但是最后优秀的艺术家都会借用时代的元素，而不会被时代所塑造，这是评价一个优秀艺术家的不同的一个角度。

主持人：咱们国家有没有第一个从事当代艺术的人？

杨卫：当代艺术的语境也是很含糊的，我们无法把它规定当代艺术就是什么，从哪一年算起，都无法规定，这是很抽象的东西，所指的类型也不是很具体。在80年代就有很多种说法，一个叫前卫艺术，一个叫现代艺术，一个叫当代艺术，还有一个叫先锋艺术。当代艺术逐渐被大家认同，大家都知道当代艺术这个词是90年代以后，别的词就不太使用了。现在大家笼统说是当代艺术。所以几代人都过去了，甚至30年代上海、广州就有一些人在实现这种当代艺术，我们也很难说从哪个阶段，哪个人算起是当代艺术，但是从历史的追溯来看，实际上30年代就有，到70年代末又开始出现一直延续到今天，是有这么一个历史脉络在里面。所以具体到底是谁，哪个潮流是第一波都不好说，可能搞艺术史的人都会有他不同的角度。

主持人：现在宋庄越来越受人们的关注了，好象在国际上也有一些影响。国外的人还把宋庄评价为是体现中国当代艺术最高水平的一个聚集地，你对这种说法怎么理解？

杨卫：山外面的人看山里感觉不一样。但是宋庄的的确确击中了中国当代艺术最具有代表性的几个人物。可能因为这些人的出镜率很高，尤其是在西方，他们就认为这个地方能出这么多艺术家，实际上受个人影响的。一个地域的兴起，有个人的因素，有的时候个人大于经济因素。但是个人成为一个群体的代表，就像过去的经济，像一个堂会，梅兰芳艺术火得不得了，所有的堂会可能都是为了梅兰芳的出现。但是没有后面这些敲锣的，打鼓的，就成不了梅兰芳，最后陪衬的可能就是某几个人。艺术潮流也是这样，当代艺术也是这样。这是文化回避艺术的悲剧也好，规律也好，艺术就是这么过来的。

主持人：有的媒体上说现在宋庄的房价越来越高，这样会不会拉大艺术家们的贫富差距？

杨卫：这也是自然的，就像宋庄是自发形成的，并没有人告诉你一定来宋庄，你一定来宋庄才能成功。当一个地方逐步崛起了，或者各种因素，可能就会出现某些人离开，选择另外一个地方，这种情况也是有的。过去纽约的东村就是一个模式，一个先例，在六七十年代东村也是一片废弃的工厂，某些艺术家都是免费或者相当便宜住进去，逐渐成为一个艺术区，发展到是现在纽约最高档的地区，所有时尚的因素都在那里，所以艺术家不可能再住得起，艺术家又要迁移到更遥远的地区。当然这些是由艺术家弄起来，但是得益的不是艺术家。尤其是商业社会，当大量的资本进入到宋庄以后，也就意味着把竞争的机制带到了宋庄。如果过去的宋庄是理想的家园，那么这种理想家园是带有很多色彩，注定会在市场经济下，只能在精神领域，无法作为实践的存在，实践就是因为没有人介入，完全原生态的情况保留可以做到。一旦资本进入，竞争就引

崔健在宋庄美术馆

入，一旦竞争引入，里面的残酷性就会体现出来，就不再像过去吃大锅饭的概念。现在包括我再去宋庄都要约好，说几点钟去。这就是变化，无形当中，我们也逐渐习惯了这种变化。所以，随着一系列的东西进来以后，你也会逐渐习惯这些东西，这个东西是好是坏，目前来说还不知道。将来我们还是要去面对它。

主持人：你刚才说过宋庄向“创意产业村”发展不取决于艺术家，这是政府的宏观调控决定的，那对于宋庄的未来，您认为政府还能做哪些帮助？

杨卫：我当时有一个设想，大而言之，是整个国家对艺术包括自发性文化艺术的未来发展的宏观调控，小而言之，不妨在宋庄做一个试点。过去的文学艺术都是延续着早期苏联的模式，美术家协会、作家协会，或者戏剧家协会都是这样的模式。而且这些协会组织都要发工资，包括各种画院，各种团体。现在是市场经济时代，协会一点事也不办，过去还为了完成任务，比如党的任务我必须要交什么作品，现在任务也没有了，还拿着工资，自己画画，还是走市场。像这些职业艺术家跟这些艺术家就形成了一种竞争完全不对称的关系，那些人房子也是分的，工资还拿着，还能画画到市场上卖，不像过去还要交任务，现在也没有任务。后来我建议说要取消美协、画院，把协会纯粹变成民间组织。我们国家实际上在这方面的投入很大，每个省甚至每个区都要养一大堆这样的人，大多数这样的人都是不干事的，真正干事的是职业艺术家，他们直接面对市场，直接关系到他们的生存。用宋庄的模式演绎出来，政

杨卫(左)陪同殷双喜(中)等人在展览现场

府应该在大力开发发展的同时，腾出一个空间来，一个廉价区域，这个区域政府可能会提供一些很便宜的住房，你可以收取一定的，哪怕这个人租不起，你可以收他的画，那么这个艺术家能住一年，反正是以各种模式腾出一个廉价区域。还有一种可能，当然这个东西是自发形成的也就是好的。艺术家已经发财的，或者已经成功的，能不能争取到资金，有一点像基金一样，比方说这些人捐一点钱，帮助贫穷的艺术家，甚至是突然得了某种疾病的人，要形成这种机制出来。在竞争的时代里，或者在一个竞争的空间机制里，最好是提供中间地带给这些不愿意或者没有能力的人竞争，充分考虑到弱视群体的存在。这样一整套的东西都要逐渐完善，包括基金会，包括在调控当中腾出廉价区域等等方面做一些调整。西方的文学艺术政府从来不养艺术创作者，而是完全投入到市场里，但是他们是免税的，画廊帮你卖画了，你不用交税。所以很多企业，只要你成立博物馆，跟艺术，跟文化有关的博物馆，都可以免税。因此很多企业很愿意，建立企业形象的同时又可以免税，何乐而不为。这样就形成艺术又繁荣，同时企业通过艺术形成一种互动关系。像可口可乐这样大的集团公司，每一年都有关于当代艺术的展览，完全是拿钱出来，一拿就是几千万做类似这样的项目。这样就形成了一种合理的机制。当然我们现在还没有形成这样的机制，我想在宋庄不妨做一些试点，从小的地方做起，当然这有赖于大的环境，整个中国环境的改善。

主持人：搞艺术的毕竟还是小部分人，这些艺术家希望更多人欣赏他们的作品，还是只要业内人士认同他们的作品就好了，像宋庄是想办成闻名全国的，还是只在业界有知名度？

杨卫：知名度当然是越大越好了，在业界的知名度有的时候也要依赖于影响。当然影响越大也是得到业界的认同才能传播出去，这是相辅相成的。我想每一个艺术家都不拒绝影响，如果全国十多亿人民都知道他，那当然更好。但是从更深层次上，古人有一句话叫知音难求。真正能读懂一个艺术家内心深处的人并不多，我经常使用“幸会”这个词，因为我写文章经常跟艺术家打交道，跟画家打交道，有时候突然有一种特别默契的感觉，这种感觉是幸会，但是这种感觉很少。我想艺术家在意义上普遍得到大众的认同，作为更深层次更愿意得到这样的认同，假如真正有一个很深刻的知音跟他有一种默契，或者心灵上的沟通，肯定更高兴了。也就是双层的东西肯定都需要。

主持人：宋庄将来会出现像现在西方比较著名的毕加索、梵高这样的人物吗？

杨卫：影响力会有，但是我是比较悲观的人，我的悲观是文化上的悲观。前年写过一篇文章叫《中国为什么没有艺术大师》，我就质问过。我认为中国在近一阶段不可能出现艺术大师，出现毕加索这样的人物是有可能的，但是出现有影响力的人物是不可能的，因为有几个无法回避的前提，我们的现代性首先是受西方影响的现代性，现代画都是受别人的影响，就不可能在现代文化上影响别人。包括我们现在整个社会价值系统全部是学习近代以来的西方，至少在近阶段不可能出现影响到西方世界，因为你不可能拿他的东西再影响他，那就是另外一说。像毕加索这些人之所以能影响世界，或者说之所以能称之为大师，是因为他在艺术史上有原创性，所谓的原创性也就是独一无二，是自己创作出来的模式，前无古人的。但是中国当代艺术所有的模式在西方都有过，也就是说不过是我们换了一个药，但是药罐子还是别人的。在这个过程中，是难以出现大师级的人物，但是不排斥出现极具影响力的人物。宋庄肯定会出现一些影响我们自己时代的人，而且已经正在出现。

主持人：第二届艺术节结束后，你收到的反馈信息如何？

杨卫：什么样的反馈都有，也有宋庄艺术家自己的建议，他们大部分都是那些没有参与的。从这里就可以看出一些问题，因为当年我们都是离家出走者，而之所以离家出走，是因为要挣脱那个束缚。走过一趟以后，很多人又回到那个束缚，现在很多艺术家还是束缚在那个以前想挣脱的地方，所以说打开宋庄，希望打开人的心扉，永远保持一种活水状态，一种开放的状态。面对这些牢骚的时候，我也有很多反思。我觉得打开对他们有利，有利于他们新陈代谢。

主持人：参加艺术节的艺术家们有没有资格鉴定？什么样的人能参加艺术节？

杨卫：我刚才说很多展览都有独立策划人，他选择谁，不选择谁，肯定是有判断的。不一定他的判断就是代表价值的高低。但是这是没有办法的，在人类社会肯定有所为的权力跟被剥夺的权力，只要这个展览是他策划的，他肯定是有选择权。这是没有办法绕过去的话题。在这个选择过程中，可能就会有很多艺术家没有被选上去，没有被选上去的艺术家有一些不平衡，就会有一些抱怨，这都难免。

主持人：你的工作和生活也都在宋庄吗？

杨卫：我在通县住，工作单位没有在宋庄。我90年代在宋庄住过，几乎所有的艺术家我都认识。我做过十年艺术家，跟他们一起从圆明园迁徙到宋庄，这段历史我都经历了，到后来又改道批评，这是我的特殊经历，跟大部分人都不同。所有的一切好象就是一种缘分，我跟大家有缘，冥冥之中有一种责任。

主持人：今天的节目即将结束了，感谢你作客千龙，与网友聊今年宋庄当代艺术节的情况，大家再见。

艺术节评介和研究

吉林艺术学院美术学院院长张谧诠（左三）、杨卫（右三）、洪峰（右一）在展览现场

崔健在展览现场拍照

“开放之路”公共雕塑展——对超女纪念碑的争议

一、崔健对超女纪念碑感兴趣

来源/新浪娱乐讯

10月6日，第二届中国宋庄文化艺术节隆重开幕。虽然少了预期中的崔健演唱会，但开幕当天还是有十万人次参观了艺术节。

昨天(12日)下午，崔健先生以一个普通观众的身份来到了宋庄艺术节现场，进行了长达三小时的认真参观。逗留时间最长的是大型公路雕塑展、未来宋庄规划展和宋庄美术馆的摄影大展等地。当看到艺术家孙振华的作品超女纪念碑时，崔健笑了，并拍摄了许多现场照片。而在“未来宋庄规划展”中看到“摇滚广场”的沙盘时，崔健表示了明显的意外。

黄昏时分，崔健去看了看原本要举办中秋露天演出的宋庄文化公园。面对这片环境优美但空无一人的理想摇滚场所，所有追随而来的歌迷都感慨万千。而当地政府官员表示，一定要积极争取、认真策划，重新举办一场崔健露天演唱会，以完成一个主办方、崔健以及歌迷的共同心愿。

二、超女纪念碑现身北京宋庄艺术节惹争议

来源/京华时报

一尊以李宇春和周笔畅为原型的纪念碑10月6日出现在通州宋庄文化艺术节上，有游客将纪念碑的照片传到了网上，引来了不少网友的异议。昨天，宋庄文化艺术节组委会工作人员表示，艺术品表现的是作家对社会的思考和看法，至于这尊作品创作的真实意义，只有画家本人才知道。

昨天，一个题为“居然有人给超女立‘超女纪念碑’？”的帖子出现在猫扑网上的醒目位置。文中称，通州宋庄文化艺术节上有一件艺术作品为“超女纪念碑”。发帖者对给超女立“纪念碑”觉得“不可思议”，同时配发了两张超女纪念碑的照片。网友纷纷猜测艺术家创作该纪念碑的意图。

网友“楚天难民”认为，超女是选秀类节目，为超女立

纪念碑在社会上影响不好，影响下一代人，为其立纪念碑太过了。网友们普遍认为，超女不值得立纪念碑，应该多为“真正的英雄、烈士”立碑。也有的网友认为，艺术家创作的本意是反讽超女，立碑是为了让人们引以为戒。

超女纪念碑

记者昨天来到通州区宋庄文化艺术节公共雕塑展览处。展览园内游客寥寥，一尊高约4米的超女纪念碑被摆放在场地中间，纪念碑的创作者为孙振华和戴耘，创作年代为2006年。石碑下方用大号字体写着“超女纪念碑”，上方则是以李宇春和周笔畅为原型的两座全身人像，“李宇春”头戴耳麦，一手高持玉米棒，“周笔畅”右手拿话筒，左手则作出胜利的“V”形手势。两人均一只脚跨步在前。

宋庄文化艺术节承办方宋庄艺术促进会工作人员李志强表示，艺术本身就是表现时代，艺术家作为社会的一个个体，有权通过作品来表达自己对社会的思考和看法。李志强说，组委会尊重每一位艺术家的艺术表达。至于这件作品的真正意义，就只有问作者本人了。但该纪念碑的作者目前不在北京。他表示，展览会从10月6日持续到10月16日，展览结束后，这些作品将由作者本人运走。

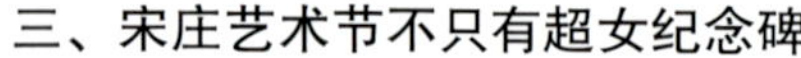

三、宋庄艺术节不只有超女纪念碑

文/王真

在第二届中国•宋庄艺术节“开放之路”的公共雕塑展上，有一件名为“超女纪念碑”的作品，每个经过它的成年人，都会一笑了之。在艺术节接近尾声的时候，它面前的驻足者多了少男少女，多了扛着摄像机的记者；笔者接到的媒体电话也多了起来，话题只围绕“超女纪念碑”。 对于任何一件作品，每个人都有自己的理解，我对超女纪念碑理解的是善意的嘲讽，亦或批判，或什么意思也没有，只提供一种思考。作者说，他的本意并非如此，而是赞美超女的“海选、公众投票” 。那么，作为张靓影的FANS，我也想跳出艺术的圈套。试问：为什么雕塑里没有张靓影，是为了节省材料吗？

以前一直以为“暗指” 、“影射”这类创作技法是中国文人所擅长的，没想到，这技法也被艺术家掌握了。即便是作者把他的话刻在碑上，我仍然觉得作品太过含蓄，比“水墨•当代”里的水墨画还要含蓄，如果想表达民主，不如给孙志刚立碑来得更有震撼力。之所以对作品产生了误读，看来，我也没有逃脱“影射”思维模式的窠臼。

从今年夏天王菲那牵动全国人民的每一阵宫缩，到今年秋天艺术节的超女纪念碑，从少男少女到媒体，其八卦精神一脉相承，追星族被明星牵着鼻子走，媒体被追星族牵着鼻子走。笔者不由得庆幸：幸亏是超女，若换了芙蓉姐姐纪念碑，宋庄的雕塑之路将被唾沫淹没；也不由得感慨：这是个全民娱乐的时代！

娱乐只提供快感，不培养思想。如果说从超女的“海选”产生了“民主”的联想，好比跌进娱乐的陷阱里发现了一片天空。尽管个人理解有误，当记者们质问“给超女立碑，她们配吗”的时候，我反问：“谁配？毛泽东配吗？毛泽东的FANS比超女的FANS更高尚吗？”同样是追星，我更喜欢超女和超女的FANS。这个时候，我欣然接受了作者的创作意图。

但是，喧嚣之中，我最想说的是：宋庄艺术节不仅有超女纪念碑，还有很多重要的作品和人物。请看客和媒体们记住，宋庄艺术节除了雕塑展，还有“天地间——现实主义的记忆”纪实摄影展等多个项目；请记住宋庄有为中国当代艺术孜孜不倦的栗宪庭，也有一些热情高涨的年轻策展人；请记住那些为艺术和艺术节而忙碌的人们：洪峰、杨卫、鲍昆、朱日坤、邱志杰、邹跃进……没有他们忘我的牺牲精神和对艺术的坚持，就没有艺术节的成功举行；也请记住小堡村的崔大柏书记，没有他多年顶着压力对艺术家的支持，就没有艺术家群落的安居乐业；特别请记住宋庄镇书记胡介报，没有他的开明思想和远见卓识，就没有今天开放的宋庄。

从“画家村”到“创意产业村”

——宋庄文化艺术节展望

文/韩晓波

一、宋庄是什么？

宋庄是什么？是不是和江南的周庄同一类型的那种历史文化遗迹？不是的。宋庄就在北京通州区，现在是一个镇，下辖十二个村庄。十年前，这里和华北平原上千千万万个普通的村落没有任何区别。但现在不同了，这十二个村庄里聚集了近千名各形各色的画家、雕塑家、装置艺术家、行为艺术家以及先锋摇滚音乐人等，当然，他们大都还未成为被社会所普遍认同的主流艺术家，类似于浪迹巴黎塞纳河左岸的那些激进的艺术青年们。也有人称之为“北漂”的一部分——当然，“北漂”是个大概念，包括所有毕业后“漂”在京城的艺术学子们，搞音乐的、搞戏剧的、搞影视的……而这里主要都是造型艺术家。从这个角度来看，学习美术等造型艺术，要比学表演艺术幸运一点，至少还有个“村”可以做为栖身之地，相对稳定一些。如果说学美术的青年艺术家类似早年的农耕部落，那么学表演艺术的就类似游牧部落。

人们会发现，近十几年来，北京的发展重心有东移的倾向。这种倾向不仅体现那些高楼大厦上，也体现在宋庄这种文化艺术群落的分布上。像大山子“798”这样的艺术家村已经发展起来了，而当年在西北郊圆明园遗址上的那些人，后来就陆续地迁移到了通州宋庄。宋庄的镇党委、镇政府发现这是一笔巨大的天赐资源，干脆因势利导，把宋庄打造成一个以接纳当代先锋艺术为特色的文化产业基地。他们称之为“文化造镇”。

类似“文化造镇”的先例在世界上已有不少，其中最出名的，当推法国巴黎的贝桑松区和美国纽约的苏荷区。特别是苏荷区，当年就是一个地处偏僻的废弃工厂区，后来成为极富有、艺术品位极高的现代化卫星城。这些地区的共同特点是：要给艺术家自由自在的、精神上没有压力的创作环境和创作空间。还要让自由艺术家们进行自由的沟通、自由的组合，才能形成有效的相互激励机制。这两点有多么重要？对于艺术家来说，这比有没有钱都重要，因为即使没钱，有了好作品，好作品被人买走了，就有了钱。为此，小小的宋庄镇，利用400亩废弃坑塘，规划了一个艺术家创作园区，建成了5000平方米的宋庄美术馆，成立了宋庄艺术促进会，搭建交流平台，并且为国内外的收藏家和艺术品经纪人打造市场环境。

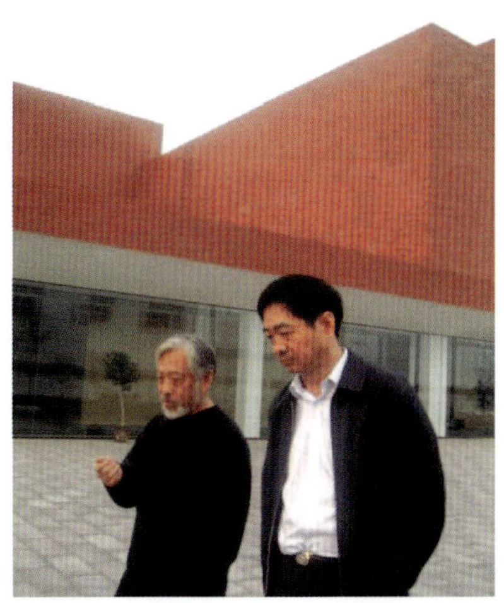

栗宪庭（左）与原通州区委书记梁伟（右）在宋庄美术馆

二、在宋庄能看到什么?

本届宋庄艺术节选在10月6日（这一天正好是中秋节）开幕，为期11天，其间有诸多的艺术展览活动可供欣赏，如：

1、“开放之路”公共雕塑展

2、歌颂我们美好的生活——当代艺术展

3、喇嘛庄、艺术家大院、女艺术家空间及镇内画廊工作室开放展

4、未来宋庄——建筑艺术实践展

5、新民间运动——“公共生活的重建 ”当代艺术大展

6、乡村重建文献展

7、一个实验品&一个实验者——从黑山学院到达汀顿资料文献展

8、一画一世界——香格里拉的绘画 新民俗唐卡展

9、“水墨·当代”——中国·宋庄水墨同盟会首届邀请展

10、宋庄美术馆开馆展——“人之道，影之道”中国独立电影展

殷双喜与中央美院学生在参观

除去这十大展览以外，还将举办两个论坛：一个是艺术与文化产业发展论坛，另一个是“水墨在当代”学术论坛。此外，还有崔健的大型露天摇滚音乐会，主题为“超越那一天”。很显然，以崔健做为这次艺术节在表演艺术方面的代言人，是取摇滚音乐与先锋艺术家的天然血缘关系。还有一个名为“大机器原声时空”的原生态音乐表演。

三、争先恐后建立创意产业园区

时至二十一世纪，国人有一个观念需要转换，那就是一提搞经济、搞产业，脑子里首先蹦出来的就是高楼大厦、公路

铁路、煤矿石油，要么就是汽车电脑……而文化产品、艺术产品，那只不过是吃饱了喝足了以后的消遣和玩耍，即使赚钱，也是小头，当不了左右国计民生的大产业。其实错了！这是典型的前工业时代思维。中国目前正处于工业化进程中，国民有这种思维不奇怪，但这只是一种历史局限性，早晚要变过来，而且早变比晚变好。

在很多发达国家，赚钱已经不是主要靠生产那些摸得到看得见的实物了，而是产出表格、图纸、书本、光盘之类。这是所谓知识经济的特点。总有人攻击我们每单位GDP的能耗是发达国家的多少倍，其实，除了人为浪费以外，根本的原因，是我们的钱主要是靠生产钢铁水泥这样实打实的产品，而发达国家生产的光盘、书本，能有多少能耗？

下边的数字更惊人：文化产业的收入，在国民收入中所占的比重，日本是65%，美国是56%，而我们呢？只占6%。这也就是说，别小看那些好莱坞的“垃圾电影”和日本的“垃圾卡通”，它们养活了一多半的美国人和日本人！包括这些文化产业在内，都称为“创意产业”。

现在，上海浦东、天津的滨海新区等，都在建立以动漫等为支柱的创意产业园区或类似机构，发展前景巨大。相比之下，宋庄这样的由“画家村”发展起来的创意园区，“艺术”的成份要更大一些。

当代艺术社会学转向的实验文本

——2006’第二届中国·宋庄文化艺术节

文/陈荣义

这几年当代艺术已经成为中国美术的主流，这是事实。目前，当代艺术在其生长状态中其主流的态势主要体现在如下三个方面：一、空前的展览；二、强大的媒体支持；三、狂热的市场。首先就展览举办而言，无论是数量和规模都是空前的。近几年全国各大公立私立美术馆如上海美术馆、广东美术馆、深圳美术馆、何香凝美术馆、中华世纪坛美术馆、中国美术馆以及今日美术馆、成都上河美术馆等等都常年举办当代艺术展。除此之外，还有很多方兴未艾的画廊和第三空间也都常年举办当代艺术展览，比如北京的798、索家村、费家村、酒厂，上海的莫干山等艺术园区内举办的当代艺术展。尤其是在北京平均每天都有当代艺术展览开幕。如此之多的展览当中也不乏规模空前、投资巨大的展览。比如上海双年展、广东三年展、成都双年展等（这些展览动辄投入几百万、上千万人民币）。其次就媒体支持而言，全国各地以传播当代艺术为定位的专业刊物占绝大多数。比如，重要的能代表当代艺术前沿、权威的专业有《艺术当代》、《当代美术家》、《艺术世界》、《美术观察》、《世界美术》、《美术研究》、《艺术格局》等等。最后就市场的火热而言，当代艺术品的价格不断飞涨，当代艺术家们遇到了有史以来最好的生存境遇，出现了很多艺术新贵。

以上三个方面可以作为当代艺术之所以成为中国美术的主流的解释。因为在“官方艺术”成为主流的过去当代艺术与以上的三方面是无缘的，相反它们为官方艺术所垄断。但当代艺术成为主流之后，自身也出现了不少问题。比如突出的问题是当代艺术已经变成了一个小圈子（当代艺术界）玩的游戏，而且玩的花招越来越单调乏味：作品的重复、抽袭，低质展览泛滥，拍卖价格成为衡量艺术质量的高低等等。面对这种现实困境，当代艺术界内部还有社会责任感的批评家（也有艺术家）们普遍有一种焦虑，进而寻求一种突破当代艺术困境的途径。

2005年11月深圳美术馆主办主题为“当代艺术的社会学转向”的“中青年批评家论坛暨第二届深圳美术馆论坛”就是这种自觉寻求突破困境的理论表达。而“2006’第二届中国•宋庄文化艺术节”则是当代艺术社会学转向从理论到实践的实验文本。

一、当代艺术范畴

时下“当代艺术”一词特别风行。何为“当代”并没有一套系统的解释。因此，笔者认为眼下前赴后继的“当代艺术展”是需要甄别的。为了说明这次宋庄艺术节是一个当代艺术活动，有必要对“当代艺术”寻找可能的解释。

著名美术史家、艺术批评家、策展人巫鸿对中国的当代艺术做了相当深入的研究。他认为“当代美术”这个概念并不指当下的所有中国美术品，而必须被看成是一种有特殊目的的艺术和理论构成，其目的是为自身构造一种特定的时间性和空间性。同时，他认为这种时间是上个世纪90年代开始至今。空间上是指中国国内的美术空间（本土）、跨国当代美术的全球空间、独立艺术家和策展人在以上两个空间中创造的个人化渠道。“当代美术”这个词在国内具有强烈的前卫意味，常指对传统或正统美术机构、系统和形式进行挑战的各种美术实验。在过去的10到15年中，这些实验绝大部分集中在三个方面：美术媒介、作品内容和展览渠道。美术媒材方面表现为颠覆绘画，内容方面表现为当代题材，展览渠道通常是开辟新的展览场地、使用非正式的公共空间等。巫鸿把当代性的内化看做一种解读的策略，即认为当代艺术的发展无可避免地受到外在因素的影响，其中社会的变化可能是最重要的一项。因此他进一步提议，当代性是艺术家将社会环境因素内化的成果。根据巫鸿以上的研究，此次宋庄文化艺术节的展览作品正是符合以上模式的美术作品。

二、当代艺术社会学转向背景

艺术向社会学、文化学和政治学的转向开始于上世纪九十年代，“从社会学意义上说，这种转向也放映了中国自上世纪92年以来市场经济改革出现的一系列变化有关，如大众文化的兴起，全球资本的流动，消费观念，价值观念的巨变，以及后殖民时代中西意识形态的差异和对抗等。” 但是艺术与社会

艺术家工作室施工现场

艺术家在工作室施工现场

学的关系进入理论层面的正式讨论是在2005年11月深圳美术馆主办了“中青年批评家论坛暨第二届深圳美术馆论坛”上提出的。当时论坛的主题为“当代艺术的社会学转型”，论坛请了美术批评家、社会学家、历史学家、文化学者等不同学科的专家学者参加。从论坛各位专家学者的发言来看，当代艺术的社会学转型是一个方法论的问题，是社会学的方法论（借助社会学的社会学理论，它的视野、问题意识，重新调整艺术家和社会的关系等等），这点是大家肯定的。用美术批评家殷双喜的话说：“就是用艺术的形式来表达社会的意义和信息的存在状

艺术家工作室施工现场

态。” 实际上是强调了当代艺术（包括创作和批评）对当代社会的介入、回应 ，涉及到对当代艺术的功能的认识问题。

一、艺术节的上下文

笔者之所以认为第二届宋庄文化艺术节是当代艺术社会学转向的实验文本可以从它丰富的上下文中得以解释。除了前面提到的当代艺术社会学转向的理论研讨外还包括宋庄的前世今生、艺术节构架、运作的方法、产生的影响等。这些方面都有明显的社会学理论、视野、和意识等的借鉴与应用。

宋庄的当代性与社会学性

在宋庄艺术的前世今生中一直存在着当代性和社会性。宋庄的艺术村的前世是圆明园艺术家村。圆明园作为中国第一个自然聚集的艺术家群落一开始就是以反主流反正统而存在，是上世纪前卫艺术的代表。宋庄是圆明圆艺术家村被迫解散后艺术家们的逃避之处，它延续了圆明圆艺术家村反主流反正统艺术精神，自然属于当代艺术的范畴。而一直属于圆明圆和宋庄艺术家村的画家方力均、岳敏君、杨少斌等则被认为是中国当代艺术的主要代表。这一点也影响了早期人们对艺术家村的评价，认为艺术家村价值在于造就了一些成功艺术家，因而忽略或遮蔽了艺术家村的社会文化价值。

近年来，在社会和当代艺术越来越开放的语境下人们开始反思对艺术家村作发展艺术的单一评价。大量的研究更重视艺术家村生成流变的社会学和文化学研究，以此来解释当代艺术与中国社会在转型时期的内在关系。有意思的是这种觉醒来自于艺术家村内外。在艺术家村外的学界。比如，社会学界的于长江、汪民安等；美术批评界的邓平祥、吴鸿等。艺术家村内包括批评家和艺术家，比如，美术批评家栗宪庭（过去与圆明园关系密切后为宋庄艺术家村成员）、杨卫、金燕等，艺术家包括方力均、岳敏君、杨少斌、祁志龙、王音、杨茂源等在内的几乎所有艺术家。尤其是艺术家不约而同的认识到艺术家村的社会学意义是难得的。2005年笔者参与了由方力均、岳敏君、杨少斌、祁志龙、杨卫、伊林、王强（诗人）、迟耐、摩根、张洪波等圆明圆艺术家自发发起的《圆明园艺术家村历史文献缉》的编辑工作，从中看到了艺术家村内部成员具有了一种历史学和社会学的意识和眼光。

构架

艺术节在“打开宋庄”的主题下，邀请了国内策展人分别策划了七个版块形成了整体构架。这七个版块分别为：宋庄文化产业论坛、独立影像展、开放之路——公共雕塑艺术邀请展、“新民间运动——公共生活的重建”当代艺术展、“水墨-当代”艺术展、“歌颂我们美好的生活”新锐艺术展、“未来宋庄”建筑展。以上除了宋庄文化产业论坛外，其它六项都是单独的展览。笔者发现七个版块中，当代艺术的社会学转向的痕迹非常明显，具体体现在策展人从主题到作品的选择。

在“人之道，影之道”中国独立电影展中，面积达几千平方米的宋庄美术馆充斥着上世纪80年代以来中国纪实摄影。其中包括赵铁林等的瞄准社会角落的摄影……这些摄影作品更多的是瞄准了中国改革开放历程中的社会中人生百态、留下社会变迁的痕迹。策展人栗宪庭这次不是策划他惯熟的当代艺术的绘画展或者是观念艺术展，而选择对历史和社会具有真实性的纪实摄影展。显然他有意呈现给观众一部社会史的视觉记录，从而把展览的目的指向关注社会的层面。

“开放之路——公共雕塑艺术邀请展”中，策展人邹跃进在关于主题的阐释中说：“事实上，九十年代以后艺术向社会学、文化学和政治学的转向，同时也体现在对公共雕塑艺术领域的讨论之中，从社会学意义上说，这种转向也放映了中国自上世纪92年以来市场经济改革出现的一系列变化有关，如大众文化的兴起，全球资本的流动，消费观念，价值观念的巨变，以及后殖民时代中西意识形态的差异和对抗等。事实上，上世纪九十年代以来的艺术转向，直到今天还在发挥着影响，如这次展览展出的作品，在很大程度上也可视为这一转向的延续和发展……”显然，策展人的意图很清楚：那就是公共雕塑艺术如何介入社会。如果说，上世纪九十年代开始了艺术社会学的转向，很多展览也都可以套用了社会学转向的语言阐释，但是作品的选择往往牵强和费解。笔者以为这个展览中相当作品的选择最终放大了策展人的公共雕塑艺术社会学转向的策展意图。比如，孙振华、戴耘的《超女纪念碑》和陈志光的《古戏台》、陈文令的《侏儒》、李占洋的《井》、柳青的《T61次》、丘婧彤的《2005年某月某日广州江南西路》等作品，尤其孙振华、戴耘的《超女纪念碑》和陈志光的《古戏台》为展览的亮点。孙振华、戴耘的《超女纪念碑》高约4米，分两部分：下半部分是一人多高的仿花岗岩的基座，前方用大号字体写着“超女纪念碑”；上半部分以李宇春和周笔畅为原型的两座全身人像，“李宇春”头戴耳麦，一手高持玉米棒，“周笔畅”则右手拿话筒，左手作出胜利的“V”形手势，两人均一只脚跨步在前。采用了前苏联雕塑家薇拉•穆欣娜创作的《工人与集体农庄庄员》原型，作为英雄雕塑的模本的造型，其寓意是深刻的。也就是它打破了人们对英雄雕塑的惯常思维，才会在展后引发争议。其意义在于关注和回应了新文化现象，从而实现了公共雕塑自身的意义。陈志光的《古戏台》严格说是一个建筑作品——福建漳州的地方的古戏台，高7.8米，长宽各7米。如此庞大的“古戏台”并非先人留下的遗产，其材料并非木头而是象征现代文明的材料——不锈钢锻造成的。这件震撼人心的作品的魅力在于它还原和演绎了人类社会活动的痕迹。看到陈志光忠实还原的“古戏台”表面那斑驳凹凸的纹理，仿佛看到先人们在台上走过的脚印。而陈志光以蚂蚁的形象偷换了古戏台原有的图案纹样，并用拟人的手法把蚂蚁作为人类的替身在台上演绎人类社会的历史与现实时，作品的意义得到升华。《古戏台》是用现代手法演绎人类社会中耘耘众生之戏，其中可见小戏台承载大社会的深层寓意。如果说《超女纪念碑》抓住了现在人的心理需求，《古戏台》则让现在人找回曾经遗失的东西。从这点上是策展人切入当代公共雕塑社会学转向主题的独到之处，它抓住了老少两头观众。

关于“新民间运动——公共生活的重建”策展人邱志杰、叶楠、刘畑是这么说的：“通过召集艺术家对宋庄文化创意产业的兴起乃至当代社会公共生活中的民间力量进行田野考察、互动实验以及理性反思，以期望通过艺术家敏锐的观察力和视觉文化的实践工作来提出一些非主流的思考和建议，这些建议的价值和可能性也恰恰是来自于民间生活与艺术家个人生活的真实互动和渗透……这些关于未来的责任感提供了对民间生活的公共生活的重建和实验性改造的动力。”同时，他们还认为展览中很多作品采用的策略是一种超越艺术家关于天才、个人境遇、道德表述的题材决定论或灵感论话语，来到了对现实的社会意识形态、生活形式本身进行社会学、人类学的考察和关怀的高度。事实上，以上的主题阐释在展览中占绝大部分份额的“乡村重建文献展”部分得到最大的支持。“乡村重建文献展”中的作品的实现俨然就是采用了社会学的方法论。比如，在这当中艺术家们普遍采用了社会学惯用的田野考察方法。这些作品中有我比较熟悉的作品是邬建安的《乡村皮影调查计划》。《乡村皮影调查计划》实际上是邬建安为硕士毕业论文所做的田野考察工作。邬建安前后用了一年的时间深入北方的陕西、甘肃、河北三省考察红色皮影，这些工作最后呈现为厚厚的七本线装书籍——《寻影初记》（十几万字和几千张的图片）。邬建安把它当作装置作品在中央美术学院做了一个毕业汇报展。

“未来宋庄”建筑展展出的作品以宋庄镇民众投票的方式来决定方案的去留，这种民主的做法无疑很具社会学意义。除此之外，“水墨•当代”和“歌颂我们美好的生活”在具体做法上其社会学方法不是很明显，但同时策展主题与精神都指向了当代社会现实。

“文化产业论坛”中，笔者在现场听到专家们更多的声音还是从社会学的角度出发，更希望能留给宋庄一个更加自然的艺术村（镇）的生态空间。

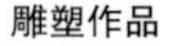
雕塑作品

雕塑作品

运作

此次宋庄文化艺术节与国内相当规模的其他大展相比在运作上有着明显的区别。通常一些规模较大的当代艺术展如上海双年展、广东三年展、成都双年展等。它们的构架是首先有一个主题，其次在主题下可能再有分主题。比如，第六届上海双年展在“超设计”的主题下有三个分主题：“设计与想象”、“日产生活实践”、“未来构建历史”。这种架构下，通常是一个总策展人（或总协调人）和各分主题的策展人组成策展团队，彼此有明确的分工和权限，但不管怎样每个策展人在选择决定参展作品时都不能超出符合大主题的标准，也就是说策展人是在相对具体的主题下工作的。而这次宋庄艺术节也有个“打开宋庄”主题，但这个主题是宽泛的，没有具体的学术指向。在这主题下每位策展人有着自己非常独立的策展思路和表达途径，如对展览采取何种形态，都由策展人自己定。而此次艺术节的总协调人杨卫更多的只是把握各位策展人在展览的大方向上符合宋庄开放的当代艺术的姿态和避免各位策展人选择的展览形态类同。宋庄艺术节的这种运作思路使得各策展人在各自的展览主题和展览实现途径的选择有着更大的独立思考的空间。因而，此次宋庄文化艺术节才有当代艺术的多样化形态的呈现方式。但是，能够让各位策展人的策展立场和意识都不约而同的集中在当代艺术的社会学转向上，这取决于艺术节筹委会或总策划人（总协调人）自身的学术立场和事先对各个策展人的学术立场的判断。笔者发现除了策展人的选择之外，还有策划人杨卫和于长江在“宋庄文化产业论坛”版块中所邀请的近三十位专家当中，相当一部分是前文提到的“当代艺术的社会学转向”为主题的论坛的与会成员（当中有美术批评家、社会学家、历史学家等）。剩下的也是来自北大和其它地方的社会学家、哲学家和个别从事文化研究的学者。这一点充分显现了总协调人杨卫的学术立场，这是决定这次艺术节呈现出当代艺术向其它学科转向的关键所在。基于此，与会美术批评家王南冥评价这次活动的运作上是跨学科的，但他也认为跨的还不够。笔者认为这种跨学科主要的还是跨向了社会学。

影响

艺术要实现自身价值的最重要一环就是通过展览与公众见面，当代艺术亦如此。因此，受众范围的大小是评判一个展览的影响力大小的重要标准之一。当代艺术尽可能不要变成小圈子的游戏，而以一种积极的姿态介入社会这也是当代艺术社会学转向的初衷。

当然，当代艺术展的影响也不指望象一部电影或一场演唱会那样大众化和立竿见影，它更多是引发思考的、隐性的。有意思的事，这次宋庄文化艺术节的社会影响力超出了其它规模巨大的当代艺术展览。其中原因在于作品《超女纪念碑》引发了一场网络大讨论。这当中对于《超女纪念碑》的意义讨论的结果并不重要，重要的是作品引发了对社会问题的讨论这一行为过程，通过讨论最终让人对社会问题的思考、反省。由此，本次艺术节在崔建的不在场和“超女”的在场的情境下构成了一种戏剧性的结果——社会性。

结语—— 一种（精英的）社会责任感

宋庄文化艺术节是在宋庄镇政府提出艺术造镇也就是文化

雕塑作品

艺术产业化的背景下举办的。对于主办方宋庄镇政府来说主观上是推动宋庄的文化艺术产业化，以此造福于人民。但客观上是当代艺术界借用宋庄政府的委托实现了一次当代艺术介入社会、干预社会的机会，也是实现一种社会责任感表达的机会。因为作为知识分子的艺术精英们来说，他们的批判、反思社会的本性是不会改变的，俗话说："江山易改，本性难移"。这些也都充分的体现在上文笔者所分析的当代艺术的社会学转向中。

其实，对于这次艺术节的各方来说。无论是主办方也好，策展人也好，还是艺术家也好、批评家也好，社会责任感都应该是放在第一位的。只有持一种批判的、反思的、理性的眼光看待和做事，当代艺术才有出路，宋庄文化造镇的未来才有出路。也因为这次宋庄文化艺术节的各方是从社会责任感出发来做事的，因此它区别于其它无数的形象工程而成为当代艺术的社会学转向的实验文本。

注释：

[1]"'官方艺术'指从现代化国家形态以来，属于党文化、直接为国家政权服务的这种美术形态，官方文化。中国的

官方艺术由两种力量构成，其一为中国宣传部、文联、美协这样一条党的线，即专门负责管理专业的艺术创作和专业的艺术家的机构，其二为政府的线，由国务院、文化局。”邹跃进在“中青年批评家论坛暨第二届深圳美术馆论坛”上的发言，见《“中青年批评家论坛暨第二届深圳美术馆论坛”会议纪要》（中），http://arts.tom.com ,2005年12月27日。

宋庄路标

[2]“当代艺术”概念的解释参见《“当代”的一个案例——中国当代美术的条件、领域及叙事》和《中国当代艺术的“当代性”》，见巫鸿著：《作品与展场——巫鸿论中国当代艺术》，第23页至66页，岭南美术出版社，2005年，广州。

[3]邹跃进著：《在开放的社会情境中公共雕塑艺术何为？》，见《开放之路——中国·宋庄第二届艺术节公共雕塑艺术邀请展》（画册），第3页。

[4]殷双喜在“中青年批评家论坛暨第二届深圳美术馆论坛”上的发言，见《“中青年批评家论坛暨第二届深圳美术馆论坛”会议纪要》（上），http://arts.tom.com 2005年12月27日。

[5]关于艺术村内外人士对艺术村的研究部分参见《艺术评论》总第18期，2005年5月5日。

[6]同3。

[7]邱志杰、叶楠、刘畑著：《新民间运动：公共生活的重建》，见《新民间运动：公共生活的重建——当代艺术展》（画册），第1页。

纪实摄影展与宋庄

文/刘辉

这个专辑的最初构想，缘于宋庄美术馆的开幕大展“天地间——现实主义的记忆”纪实摄影展。我们希望通过专辑中的访谈和文章，对这次摄影展在中国当代艺术领域的成就和意义作一些探讨。在访谈过程中，宋庄美术馆作为摄影展的承办者，宋庄作为中国最大的当代艺术基地这一重要背景，也都成为与摄影展关系密切的话题。为此，我们相应地增加了一些相关文字，使这个专辑的内容更为全面。

自从1976年“四五摄影”以来，纪实摄影一直是当代艺术中最活跃的一股潮流，摄影家们的镜头无所不在，无所不观，无所不录，中国三十年的巨变都成为历史的影像，也是艺术的影像。纪实摄影不仅是一部中国巨变的影像编年史，而且也是记录自身变化的演化史。从李晓斌“不给历史留空白”的单纯朴素的纪录，到本次展览所突出的对下层百姓真诚的“尊敬”态度，很明显，纪实摄影的观念经历了一次又一次的变化。这每一次的发展和变化，不但是对中国政治经济文化发展和改革深化过程的积极回应，而且渗透着摄影家们不倦的探索和反思。今天，我们站在“天地间”摄影展的作品前，看着顽强自尊的贫困母亲，乐观善良的工地民工，信仰虔诚的少数民族，紧张忙碌的都市人，大概每个人都会感到，这些本来熟悉的形象突然变得有些陌生，与大众传媒中对“弱势群体” 充满歧视的描述迥然不同。这时，我们不免惊叹摄影家的“观看之道”竟然有如此大的分歧，而每一种观看，又都如此鲜明强烈地表达了特定的态度和观念。

值得注意的是，这次摄影展又重新引发了一场如何评价当代纪实摄影的争论。人们说到纪实摄影作品，往往认为它们首先是一种照相，是“照片”，有记录自然、社会和历史的价值，其中一部分成为珍贵的历史文献资料，不仅如此，某些照片由于融入了摄影师的态度和立场，还具有很高的人文价值和干预社会的功能——正如本次摄影展策展人鲍昆所强调，“如何观看”，才是关键，是比光线、角度、构图等“艺术手法”更为重要的选择尺度。那么，我们该怎么看待纪实摄影的艺

参展作品

术性？如何判断纪实摄影的艺术价值？有人认为，《天地间》影展的作品是震撼人心的艺术品，有着毋庸置疑的艺术价值。但也有人认为，把纪实摄影作为一种当代艺术作品，其手法和观念已经过时，是一种落伍的过时的艺术形式，不值一提。这样，对纪实摄影的艺术评判，又引发了一个更大的问题：如何看待现代艺术史对于艺术价值的论述和判断。

如果我们把纪实摄影放到西方现代艺术史所提供的艺术评价系统中考察，纪实摄影的艺术性的确有些“可疑”。从印象派开始，西方艺术家和理论家特别强调艺术形式的独立价值，认为只有纯形式，只有纯粹的各种形式因素才构成艺术的本质，而文学性的表达，道德的诉求这类外在于艺术的东西，从根本上说，都是非艺术因素，是艺术不该承受的负担。其中格林伯格的看法非常具有代表性，他认为列宾的画之所以庸俗，是因为画家是靠内容的表达来打动没有艺术修养的观众；至于对纯粹的艺术，例如对于抽象绘画形式美的欣赏，那是有艺术修养的文化精英才能享受的。总体来说，二十世纪现代艺术发展是一个“减法”的过程：去内容而强调形式，去三维空间而追求平面表现，去具象而追求抽象——一直减到除形式因素外再无可减为止。在中国，情况当然有所不同，无论在过去还是

《云南老妇》于全兴作品

当代，艺术发展中的“减法”或许从来没有达到极致，但是受西方影响，把艺术作品的形式创新作为评判艺术价值的最主要标准，在近些年似乎正逐渐成为共识。在这样的标准下，由于纪实摄影的形式因素相对有限，而内容和态度的表现却更为重要，自然很难成为现代艺术史概念中的代表先进趋向和精英文化传统的前卫艺术。

不过，对于西方艺术史的这类描述和判断，是否可以质疑？我们是否一定要在西方艺术史脉络和视野里，讨论中国本土艺术？回顾近百年的发展，我们看到现代艺术走到今天，已经出现了很大的问题，例如，艺术与社会现实越来越脱离，越来越冷漠，以致陷入一个自言自语的境地；艺术品如若不在某种艺术史的语境中给以诠释，就几乎无法凸现其意义的所在，更不用说与公众交流；而艺术家在颠覆前人、创新形式的巨大压力下，一面被逼得东突西奔，另一面，其创作的空间反而越来越小，日益局促。现代艺术的危机是这样明显，已经有理论家提出，在今天，艺术已经完成在人类社会中的使命，“必将终结”。当然，艺术没有终结，也永远不会终结。在二十世纪五六十年代，波普艺术作为媒体社会和信息时代到来的标志，以具象形式、现成品以及对流行文化的热情，实现了对现代精英艺术的反动，不但使格林伯格的理论成为问题，而且宣告了今日艺术的到来。西方现代艺术这些变化，不能不成为中国今天艺术发展的重要背景，但是，中国的改革和社会转型毕竟与西方社会有很大差异。农业社会、工业社会、媒体社会等诸多社会形态混杂在一起，构成今天中国非常复杂的经济和文化环境，各种社会利益和矛盾的交织缠绕，不能不对当代艺术发生深刻的影响。面对这样的形势，我们怎么才能针对自身状况，建立对于中国当代艺术更加有效的评判体系和价值标准，而不是对于有水土差异的西方理论亦步亦趋？这个摄影展以及引起的讨论，或许给我们带来一些启示。

本次纪实摄影展，不是历史上规模最大的，也不是名家荟萃的盛宴。它之所以引发了关于中国当代艺术的种种话题，是因为特定时间、特定内容、特定参与人和所处的特定环境的组合，使得展览本身成为充满张力的艺术行为——这是第二届宋庄艺术节的开幕展览，也是宋庄美术馆的开幕展览，更是在宋庄这个中国当代艺术最大的聚集地，由当代艺术的推动者栗宪庭主持的现实主义摄影展。熟悉中国当代艺术发展史的人都应该感觉到，宋庄、宋庄美术馆所构成的艺术环境，还有栗宪庭本人的历史，其实与这次《天地间》纪实摄影，在方向上明显有相悖之处。我们认为这种相悖意味深长，值得寻味。

宋庄美术馆作为当代艺术大本营宋庄的标志，当然责无旁贷地以推动、介绍前卫艺术为主要目标；而前卫艺术，在人们的印象中，总离不开观念、颠覆、暴力、性、政治等因素，以及各种创新的艺术语言和样式。有意思的是，偏偏宋庄美术馆的开馆展览，与人们通常印象中的前卫艺术竟然无关，而是从内容到形式都极其传统，这的确是出人意料。 此外，批评家栗宪庭本人的态度更值得注意。从80年代初期，为反对现实主义创作手法的一统天下，栗宪庭在《美术》杂志（1983年第一期）推出“抽象绘画”专辑开始，二十多年来，他一直坚定地支持种种有反抗体制色彩的前卫艺术创作，然而今天，作为宋庄美术馆的馆长，他主动选择并主持了纪实摄影展作为开幕展览。这是为什么？是老栗走回头路？还是二十年间，中国社会和中国当代艺术所发生的巨大变化，促使敏锐的艺术家做出了相应的调整，以探索当代艺术发展的新的可能性？种种新鲜事物在飞速发展的中国层出不穷，看似相悖的事物融合在一起，艺术本身、艺术史、艺术之后的社会环境，都需要梳理和讨论。

在这里全面讨论中国当代艺术的状况是很困难的，我们不妨选择这样一个角度进入：文革结束以后，中国现当代艺术中最受重视的价值，是艺术的前卫性，那么《天地间》的参展作品是否具有前卫性？我们根据西方艺术的评判体系，这个答案几乎是否定的？可是，在中国呢？

回答这样的问题，需要对中国当代的前卫艺术做些回顾——全面回顾在这样一篇短小的前言很难做到，我们可以“政治波普”为例。在80和90年代，当艺术家用政治波普的形式表达对政治和文化专制的讽刺和记忆的时候，政治波普由于其有效的针对性成为前卫艺术的代表；但是今天，中国社会已经日益开放和多元，特别是市场和资本的进入使中国社会的问题和矛盾也变得非常多元和复杂。现在可以看得很清楚，政治波普艺术里的诸多符号，特别是文革中的红色符号，今天已经失去了原来的针对性，成为纯粹的商业商标，其中大部分作品，已经沦为毫无创意的行画，曾经的前卫艺术正如洪水般在市场上泛滥。而反观《天地间》摄影展，我们不能不感动，也不能不振奋，因为我们看到了另外一个维度，另外一个空间。参与展览的摄影家们，不仅敏锐地看到社会的复杂性，而且用他们的镜头纪录同时也分析了这种复杂性。例如，在我们现实生活里，资本和市场已经开始有了和政治同等的影响力，然而在资本和政治的联合控制下，主流话语和主流媒体不但不能向人们揭示真实的社会问题，反而进行严重的遮蔽。正是《天地间》展出的作品，给了我们迥然不同的另一种观看，在这样的观看里，不仅现实中被遮蔽的种种重要的社会现象得到揭示，而且带给我们更多的思考和质疑。这是占据着“前卫”称号的政治波普在今天不可能做到的。那么，我们有权利问一问：当艺术家一定程度上拥有选择创作方式的自由后，在今天的中国，什么才是真正的“前卫”艺术？所谓“前卫”艺术，在中国当代艺术里究竟应该占据一个什么样的位置？扮演什么样的角色？是不是应该根据今天中国的社会和艺术发展状况重新认真思考和定义“前卫”？现在，宋庄美术馆用他们的开幕展，提出并试着从某个角度回答了这个让所有艺术家都应该认真思考的大问题：如何根据中国的情况，定义和评价中国的当代艺术？

最后，作为展览背景的宋庄艺术村落的形成和发展，还带来了另外一个话题。通过对宋庄艺术家最主要的聚集地小堡村村书记的访谈，我发现，小堡村堪称“有中国特色的艺术村”的建设范例。土地的集体所有，集体管理，很大程度上避免了因个人短期利益的需求，可能给艺术产业发展带来的不利；而当地政府的政策支持，还有那里较为开明和远见的领导层，更让我们高兴地看到，在这里有可能不再重演诸多艺术村盛极而衰的结局。这个村庄的未来充满希望。

宋庄艺术节开幕 11个展区放异彩

来源/八通网

画家村、画家群落常常被认为是画家们“自己玩儿”的地方，即便自己的职业、爱好与艺术沾边儿，外人仍然感觉要走近他们的创作和生活不是很容易。10月6日，在久负盛名的艺术家群落通州宋庄，第二届宋庄艺术节开幕，吸引了各行各业、各年龄段的中外宾客。

尽管开幕当天是中秋节，但直到傍晚，宋庄小堡村街头长2公里的雕塑展区内，依然人挨人，人挤人。农民、退休教师、摄影师等各种职业背景的观众，在同一时空里欣赏着相同的艺术作品，这种景象本身就显示着宋庄的变化。来自天津的一位退休教师说:“这些展览很漂亮，看看，觉得生活很丰富。”宋庄艺术促进会主任洪峰说:“艺术家们住在这里，为农民带来的最初好处就是收入提高，然后才是艺术熏陶。”现在，村里有孩子假期时学习美术，还有人最后考上了美院。艺术家的作品在村民眼里已不再是怪怪的，而是可以欣赏的东西了。

十多年前，美院毕业生不走美协路线，辞职当职业画家。创作者聚集在宋庄，是因为需要安静、便利、便宜又足够大的画室，需要离艺术评论家们更近，需要整体的艺术氛围轻松舒适。用著名画家、宋庄最早一批艺术家之一方力钧的话说:“现在我们处的创作环境和状态才是一个正常的状态。”

宋庄下辖47个村，聚集了千余位艺术家，艺术门类涵盖绘画、雕塑、音乐、影视、文学等。和三年前相比，这里人多了，路宽了，商店满大街了，越来越不像农村了。对于住在这里的人来说，宋庄更轻松了，更丰富了，对外人来说，宋庄更亲和了。艺术节期间，150个艺术家的工作室对外开放。信步走在栗宪庭、方力钧等当代画坛名家的工作室兼住宅内，感受到的是种种细节中蕴含着的艺术气质，艺术家的生活片断就在眼前一点点展开。11个展区内，有当代水墨艺术、当代影像展、乡村重建文献展等多个主题和艺术门类的展览。甚至年仅十岁的男孩王上，也展出了自己用三个星期时间画的30幅打仗情景的画。就在同一个展室，他爸爸的作品也在展出。

胡介报（左） 洪峰（中） 栗宪庭（右）

宋庄艺术家在宋庄美术馆

小堡村内，在新改建的一个女艺术家工作室区域，刚刚从云南来到这里的卓玛说：“虽然现在创作氛围更轻松了，但是人们的精力也分散了。很多人在忙着与创作无关的事，找评论家啊，做宣传啊。”是啊，宋庄在展示居住者作品的同时，也在对外展示着自己的变化。至少，这个群落越来越不神秘，越来越成为当代艺术创作者和爱好者开放的交流区域。

2006年展览 | Four

宋庄的重要展览和相关文献摘录

“前哨在艺术在”——前哨画廊代理作品联展

展览时间：2006年2月25日——3月25日

展览地点：前哨画廊

参展艺术家：班学俭、陈光俊、陈雨、房辉、郭利众、龚顺、郭金逸、高栋、戈溢、华继明、李大鹏、刘玉君、栗春、刘海洲、罗氏兄弟、马东民、庞永杰、裴伦、饶松青、郎小杞、任战芳、任戎、孙光华、石立峰、孙涛、索探、唐建英、吴德武、武海龙、王能涛、杨小兵、尹坤、原国镭、钟天兵、张伦、朱久阳、赵德伟、张学海、周燕、张庭群

前哨场景

“江南”——洪磊、汤国、徐累作品展

策展人：吴鸿

开幕时间：2006年4月13日下午3点

展览地点：北京Ts1（宋庄壹号）当代艺术中心

主办方：北京Ts1(宋庄壹号)当代艺术中心

“玄观”——李天元摄影作品个展

展览时间：2006年4月13日

策展人：吴鸿

展览地点：北京TS1(宋庄壹号)当代艺术中心

主办方：北京Ts1(宋庄壹号)当代艺术中心

王飞油画作品展览

策展人：田军

展览时间：2006年4月25日——5月5日

展览地点：北京市通州区宋庄艺术工厂路61号宋庄897画廊

主办方：宋庄897画廊

897场景

“三界”——易鹤达作品展

展览招贴

展览时间：2006年6月17日——7月16日

展览地点：北京TS1(宋庄壹号)当代艺术中心

“岁月·宋庄”——邓华摄影展

展览时间：2006年7月1日

展出地点：宋庄艺术促进会

“印迹”——当代艺术展

展览时间：2006年10月2日——10月22日

展览地点：宋庄上上美术馆

参展艺术家：陈强、程广峰、董久平、何必、贺天、林辉鹏、刘忠华、刘旭东、谭晓勋、佟卫军、藏大宝、张国平

“天光云影”——水墨联展

展览时间：2006年10月2日——11月2日

展览地点：宋庄上上美术馆

参展艺术家:陈震生、程风子、李广明、吕子真、林浩湖、南方、曲璞、任辉、王秋人、汪为新、王非、王西洲、魏立刚、王勇、王石染、王树忠、徐志伟、徐忠平、余峰、叶建新、赵浥、赵丽娜、张健

展览推荐艺术家：徐志伟、王秋人

徐志伟

城市的年轮与表情

文/徐志伟

何谓城市摄影？是关于城市的摄影还是摄影中的城市题材？这两种说法似乎都有不确之处。其实，城市摄影很难被当作一个专门的门类来讨论，对于每个摄影者而言，城市题材的切入点，选择是非常不同的。但我以为大致可以划分为两类：一类以反映城市变迁为主旨；另一类则侧重于表现人类在城市中的活动。我们不妨将反映城市变迁的一类称为刻下城市的年轮，将记录人类城市活动的摄影比作留下城市的表情。

作为生活在城市中的一个摄影人，我对这两类取向的城市题材都有涉及。首先我非常喜欢将人物放在环境中去表现，特别是将特定的人物放在他特有的环境中，画面中所传递出的信息非常多，而且历久弥新，时间越久远，所深沉下来的信息就越多。有时，在拍摄时很不经意' 摄入镜头的一些东西，时过境迁，竟放射出时代的光芒，同时也可能是特定地域、特定城市的特有表情。这种偏好使我在多年的摄影实践中积累了很多

徐志伟作品：鸟笼系列

这类图片。无论是我生活的和走过的城市，那里的人物所能吸引我举起相机的理由一定是有与环境恰到好处的结合点，而这些点往往是我敏感和兴奋的原因。比如我曾拍到过一张一个玩童手执一个万宝路烟盒站在北京白塔寺墙外的胡同里的镜头，正是因为周围的环境衬托使小孩和他手中的那只空烟盒显出了意义。再如，一次在一家时装店里，突然走进来一位小脚老太太，我举起来就拍，得到了一张环境与人物反差强烈的照片。像这样的片子，也许一张两张不能说明什么问题，但如果积累到一个足够多的量，就非常了不起，它将是一个时代的表情，也是一个城市的表情。

另一类城市摄影题材也是我特别钟爱的，因为这类题材的拍摄可以用很多不同的表现手法来完成，特别是许多现代艺术的表现手法都在这里有用武之地。曾有人用拼贴的方法拍北京的胡同，也有人专拍胡同中的老门，形成系列来表现旧京的变迁，更有人以观念意象，模拟或假设出城市的景象。这种直指内心的表达有时更能逼近人们感受的真实。我自己有一个系列已经拍了十多年，至今仍没有最后完成。这个系列缘起于一张城市风景。一个雨后的傍晚，我在我住所15层楼上的走廊里拍到了一张很不错的晚霞风景，这张看似偶得的风景却激发了我此后十余年的拍摄兴趣。因为是我家窗外的景致，所以我有条件经常去观察它，我发现由于城市的不断扩张发展，我所面对的地平线正悄悄地被一幢幢拔地而起的新楼所占据。从前那些突兀而零星地矗立在那儿的高楼今天有的已被新起的楼群所淹没，甚至被近处的高楼所遮掩。我一直想或者说是一直企盼着最近的地方能崛起一座高楼，将我这组以固定机位为手法拍摄的系列城市摄影作品的画面遮住一半甚至更多，那时，我的这个作品就将最终完成。这组作品的趣味点在于随着时间的推移，每一幅相同画面的照片就像一个个刻度一样，记录着北京这个时段中的变迁。

这就是城市的年轮，刻在图片上的年轮，它和那些众多的被图片记录下来的人们在此活动的场景所构成的城市表情组成了城市摄影的整体。这就是我所理解并加以实践的城市摄影。

王秋人

采访者：鲁鹏 宋诗琴 宋涛

个人经历：

生于上海，不到四十岁（在谈话中提及）。曾就读于深圳美术学院的前身（应该是深圳美术大专班），但半年后觉得无所收获便退学。师从于多人，如潘然的学生。

从小喜爱绘画，7—8岁学画花鸟。受八五时期的影响，认为实际生活里缺乏“山水的心态”，开始转向于油画。2002年后，随现代化、高科技、工业化等的进一步发展，他觉得“传统更重要”，现代生活需要山水花鸟，只要“认准方向，还是可以画山水的”，便又回归了传统山水画的创作之中。

王秋人

关于宋庄：

92年来京，至95年一直住在圆明园。95年圆明园被取缔后至今移居宋庄，称“跟通州有缘分”，这里安静便于创作，十几年来发展很快。他认为居住地只是个生存环境，没有什么不方便，一切都在于自己。平和心态很重要，这不是生存环境所决定的。同时这里的政府也和圆明园的不同，没有把艺术家们看作是“威胁”，也许是商机和文化产业的缘故。他对目前的生活环境比较满意。

艺术心理：

他认为，现当代的艺术，如果是山水花鸟，是无法与明清以前的成就相比的，“当代什么都不是”。很欣赏魏晋唐宋的画家，但是觉得明清已经开始走下坡，其间只有少数很有成就的人如八大山人、徐渭等。这些人都是不可能超越的，因为时代决定了生存状态。根深蒂固的苦难，自身的学养、天分造就了八大，特殊的生活经历，不得志的愤世嫉俗造就了徐渭，这不是当代人有些所谓的痛苦能比的。因此说到底还是一个心态问题。现代的山水作者生活安逸，其笔下的张力以及内涵当然无法和古人媲美。同时他认为文人画是“走偏了艺术的道路”的。

对于当代，他怀着比较批判的心态，自称心态比较悲观，“不会越来越好，只会越来越差，包括文化、人性、良知”。他也反对当代有些行为艺术，认为他们确实“做过了”。

欣赏的艺术家：

西方的欣赏毕加索、塞尚，他们是大师级的人物。所谓大师，即是能用他们的作品和人格影响甚至改变一个时代的人，改变人们的思维方式。现代的国内艺术家没有什么值得一提的，傅抱石挺好，但也无法跟古人相比。

职业及生活：

对于职业，认为不是自己能够选择的，很多靠机遇、意外，本身具备了从事某项职业的条件，即能从事好。同时觉得作为艺术家要付出很多，虽然有苦难的时候，但靠爱好来生活自己很满意。目前主要靠卖画为生，生活还过得去。作品有一个经纪公司代理，拍卖和商业活动也参与。如果转行，也会从事和绘画有关的行业。

平时爱好围棋、旅游，在上海时曾参加过电影艺术协会，但现在没有时间做。

“天地间”——纪实摄影展

策展人：栗宪庭、鲍昆、朱日坤

展览时间：2006年10月6日——10月16日

展览地点：宋庄美术馆

参展艺术家：李晓斌、王征、唐浩武、赵铁林、王福春、张新民、付羽、路汿、魏来、余全兴等

“殷牌坊 · 红颜周”—— 双人展

展览时间：2006年10月6日——10月10日

展览地点：中国宋庄艺术工厂路61号

当代权充艺术展III

展览时间：2006年11月4日——11月14日

展览地点：宋庄上上美术馆

参展艺术家:程广、陈功、苍鹰、黄岩、华继明、黄文亚、江铭（王宝明）、姜勃、刘港顺、刘枫华、刘峥、刘瑾、刘勃麟、李娃克、林兵、马嫵泠、唐城、杨青（杨德清）、原国镭、杨文胜、朱雁光、张海涛

展览推荐艺术家：华继明

华继明作品：行为艺术

华继明艺术简历

1964　生于湖北黄石

1977　开始学习绘画

1992　毕业湖北美术学院

2001　定居北京

抽象中德艺术家三人展

展览时间：2006年11月18日——11月28日

展览地点：宋庄上上美术馆

参展艺术家：日出（中国）、皮特•伊格尔（德国）、胡又笨（中国）

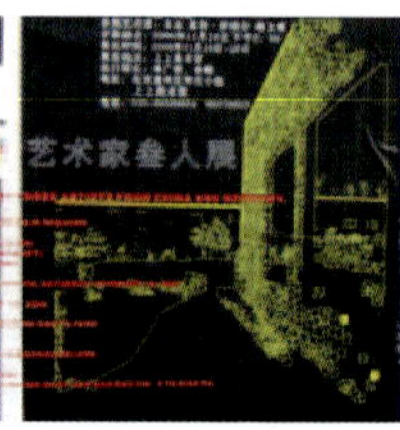

展览招贴

“彩虹之约”——2006首届圣诞油画展

展览时间：2006年12月24日——2007年1月20日

展览地点：宋庄上上美术馆

参展艺术家：杨飞云、成立、李良平、黄矶法、程伟、田广华、阿良、王玉山、冉劲松、白野夫、王晓宏,李光林、冬宁、于国明、荆果、姜永杰、李春光、蔡际鸿、姜进、李广明、孙文刚、孙志义，吴文萍、王赛、朱春林、李刚、吴英德、周亮、吴兵、朱久洋、陶宏、李勇、叶芳芳、张建波、常磊、李志伦、车波田、王思丁、张敬、赵金鹤、刘新歌、林

茂、杨斌、张谷、麦子、亢新路、苏志强、张永萍、渚滢滢、何峥、许峰、张英楠、田悦、卢曦、张聪、关巍、杨路加、李万旭、贾宇然、徐小东

展览推荐艺术家：姜永杰

姜永杰作品

非凡心志非凡艺术——画坛怪才姜永杰印象

文/王无际

认识姜永杰是不期的必然——飘然而至。与其几天上海同行的共处，使我对其有了更多的了解和心灵深处无言的触动。他寡言少语，不善言谈，他质朴实在，毫无油滑。他无心于世俗的装扮，却有心于真诚地实干，实属“坐怀不乱”，且仗义豪情的胶东汉子。

永杰的油画《美女与野兽》系列作品记录的不是艺术语言的霸权，而是人世间强者的霸权，弱者的无奈，讲述着一个汉子柔怀天下的独特心境。讲述着一个汉子神往禅修生命的过程。将现实与幻想、将田园风光与浪漫手法、将情与景、意与韵、现实与命运、艺术与生活的交融一体的“禅悟道白”。禅悟的本身并非常人们通常以为的凭虚之物，它从来就是依附于人的心灵智慧，尤其是在混沌历史中和迷茫心灵的产物。

他的画毕竟不是给人一种无聊情绪的呐喊与喧泄。然而，静默与忧伤也不能掩饰内在的骚动不安。或许激情张扬（马面人身）的语调也是作者表现免遭现实遗忘的抵制。也许这正是他用隐喻象征手法来明晰的讲述传奇的故事，充分有力地表现了他对时代记忆的强烈诉求。

“东游记”——欧洲当代艺术家三人中国首展

展览时间：2006年11月18日——2007年01月15日

展览地点：北京TS1(宋庄壹号)当代艺术中心

参展艺术家：赛尔玛•库尔比斯 Selma Gurbuz (土耳其)、马尔科•德尔•雷 Marco Del Re(意大利)、黑田明 Aki Kuroda(日本)

东区艺术中心场景

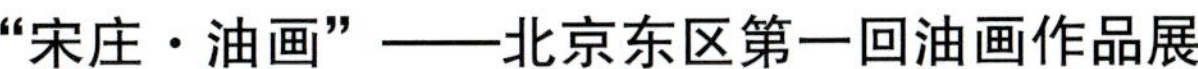

“宋庄·油画”——北京东区第一回油画作品展

策展人：伊灵、天兵

展览时间：2006年12月16日——1月31日

展览地点：东区艺术中心

参展艺术家：康羽、刘辉、寒嘶、伊灵、赵海、余威、王雪林、杨洮、华继明、刘枫桦、纪晓峰、贾　穹、白文中、朱久阳、王霁昕、吴震寰、高　栋、伊林春、刘　浪、饶松青、郎小杞、刘港顺、田小赤、刘国强、武小会、吴得武、陈　鱼、刘　峥、张建军、赵德伟、赵志刚、卓玛、朱岩、徐晖、邓彬、张建俊、哈世友、侯庆、张照会、韩香树、林剑峰、李勇、赵险蜂、郝丽、栗春、关旨越、马嫵泠、张伦、李云、刘毅、刘钢、白　夜、吴晓申、音　达、胡军强、王俊标、覃畲

展览推荐艺术家：吴震寰、伊灵

吴震寰个人简历

吴震寰，1969年12月生于广东，汕头大学中文系毕业，曾在大陆《作品》、《诗刊》、《青年文学》、《南方都市报》、《中西诗歌》、《广州日报》、《珠海》杂志；台湾《笠》、《葡萄园》、《明道文艺》、《新大陆》；美国《维多时报》、《华报》；马来西亚《蕉风》、《马华作家》；德国《当代艺术家》；澳大利亚《澳洲新报》等国内外报刊发表、被转载、连载文学作品三百多篇（首）。

从小学习绘画，在郑州市博物馆、广东省画院等地举办十多次书画展览。作品散发于《收藏家》、《书法报》等报刊和被郑州市博物馆、吴道子纪念馆等处及国内外收藏家收藏。

著作有文集《梦中的鲜花》；诗集《黑暗的吉它》、长诗集《女人与鸟》（与人合著）、画集《吴震寰书画集》、国画集《吴震寰、李志鸿国画》（与人合集）、评论、篆刻《吴震寰艺术》、国画长卷集《神仙人物卷·神仙出游图》，书法教学论文集《书法教学论稿初编》等。

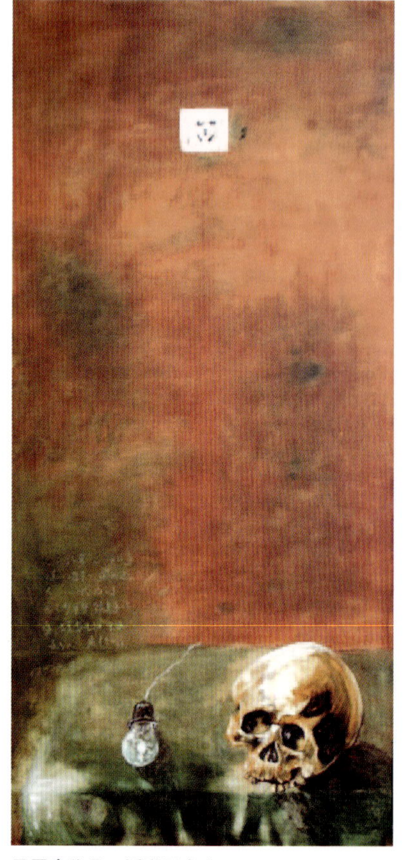

吴震寰作品：浮世思考之

伊灵个人简历

1961年9月7日生于上海，现住北京通州武夷花园，职业画家。

1983—1987年离职自费骑车环国旅行考查民间美术，被关

伊灵作品

山月、廖冰兄誉为“中国美术史上的壮举”。

1990年入住圆明园画家村被称为“大胡子村长”。

1994年应邀赴欧洲，在荷兰、法国、比利时、德国、捷克举办个展，并在荷兰的Maastricht国际机场创作巨幅壁画，时任荷兰大使吴健民先生为此出席剪彩仪式。

1998年同丁乙、刘野等参加了由戴汉志（已故）策划的中国展览交流中心和荷兰驻华使馆共同主办的“蒙德里安在中国”北京—上海—广州巡回展。

1999年应邀赴美国Alabama、Mobile参加国际艺术节。

2000年应汉阿曼达工作室邀请赴新加坡举办个展。

2003年参加栗宪庭策划的“念珠与笔触”展览，北京798工厂东京艺术工程主办。

2004年应邀赴法国里尔参加“中法文化年”。

2005年4月2日–4月29日　《没事找事》伊灵/库雪明油画作品展 北京千年时间画廊

2005年5月18日–6月19日　《伊灵、林春岩油画作品展》广东美术馆笔组艺廊（广东省美术馆收藏一幅作品）

2005年7月2日–7月5日　　《阁》，杨卫策划，宋庄艺术大本营

2005年7月6日–8月6日　《艺术沙龙开幕展》

2005年7月16日–7月30日　《新与旧当代艺术展》

2005年10月16日–11月16日　《味道江湖当代艺术邀请展》

2005年11月19日–12月19日　《大库画廊开幕展》

2005年12月11日–12月29日　《归去来》四人2005圣诞节特别展

展览招贴

“宋庄制造”——上上美术馆2006宋庄艺术家推介展

展览时间：2006年12月31日——2007年3月1日

展览地点：宋庄上上美术馆

参展艺术家:架上艺术类：唐建英、张学海、胡月朋、王霁昕、原国镭、朱久阳、刘港顺、郭利众、房辉、武孟春、刘桐、红树、李伟、陈美、王斌华、戈溢、赵德伟、王强、班学俭、姚俊忠、马越、尹坤,金宇、哈世友、刘玉君、朴光燮、母军、周祁、苏梓寒、马野、李一丙、刘国强

装置艺术类：申云、索探、成力、刘枫华、袁兴刚、赵俊涛、庞永杰、高旋、吕上、单竹兰、窦金军、李秀芳、庞宏伟、马鸣、王洪

行为艺术类：王楚禹、右撇子、刘海、刮子、唐城、邝老五、薛利铭、纹子、崔涛、张义旺、杨青、四毛、麦子

影像艺术类：冯兮、陈波、陈学刚、片山、齐中华、石头、王均、梅子

图片艺术类：徐志伟、师若、蔡卫东、马嫵泠、张巍、伊德尔

宋庄艺术家在外的展览和相关文献摘录

宋庄艺术家联展

策展人：徐勇、王能涛

展览时间：2005年11月13日～2006年4月11日

展览地点：北京朝阳区酒仙桥路4号798艺术区时态空间

参展艺术家：王能涛 、刘海舟、刘玉君、朱久阳、孙涛、房辉、庞永杰、徐若涛

展览推荐艺术家：庞永杰

庞永杰

庞永杰作品：《花NO. 3》

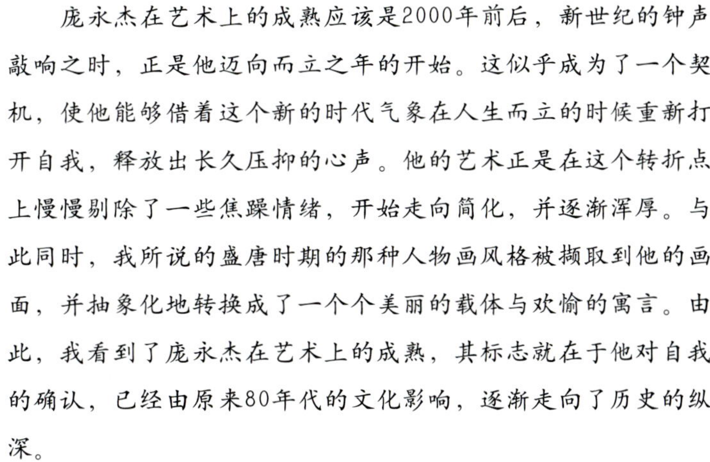

庞永杰在艺术上的成熟应该是2000年前后，新世纪的钟声敲响之时，正是他迈向而立之年的开始。这似乎成为了一个契机，使他能够借着这个新的时代气象在人生而立的时候重新打开自我，释放出长久压抑的心声。他的艺术正是在这个转折点上慢慢剔除了一些焦躁情绪，开始走向简化，并逐渐浑厚。与此同时，我所说的盛唐时期的那种人物画风格被撷取到他的画面，并抽象化地转换成了一个个美丽的载体与欢愉的寓言。由此，我看到了庞永杰在艺术上的成熟，其标志就在于他对自我的确认，已经由原来80年代的文化影响，逐渐走向了历史的纵深。

这无疑是一种柳暗花明的敞开，敞开之后所获得的不仅是一种宽广的心境，更有一种全新的历史发现。这个发现即是我前面所说的那个“汉唐情结”。正是因为在人生最为关键的时刻，庞永杰捕捉到了这样一个激动人心的情绪，才使他的艺术在形式夸张的背后具有了精神愉悦与灵魂激荡的内容。而通过这样一些内容的填充，庞永杰的艺术才由臃肿的形式转换成了精神的线索，使我们能够借着他的艺术样式去重新追忆起久逝的汉唐之风，从而与今天中国走向世界的富强之梦形成某种历史性的连接。

——杨卫《臃肿的填充》

“形式与语言”——当代艺术邀请展

展览时间：2006年1月1日——1月31日

展览地点：仁艺术中心

参展艺术家：刘保民、李继森、张东红、尹坤、萧瑟、管勇、欣一、老道、侯庆、李明铸、王钧、薛利铭、李伟、徐若涛、华继明、刘飞、黄岩、刘海舟

展览推荐艺术家：张东红

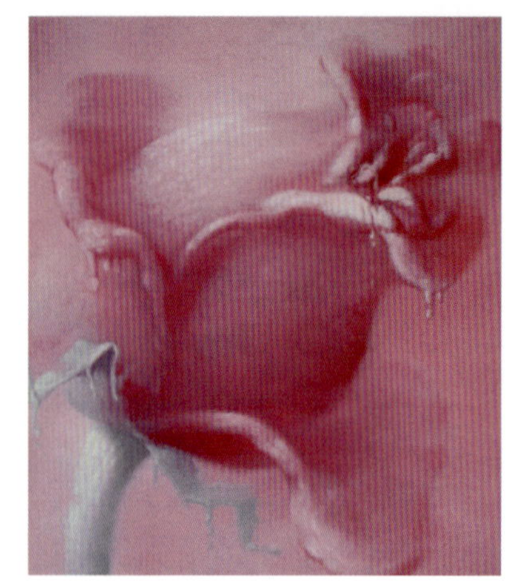

张东红作品：《花NO.3》

在当代激烈变化的社会语境中，这种温情和快适的个人感觉诉求也是存在的，只不过它被那些更加强烈和明显的外部社会的压力和控制所覆盖和遮蔽，只不过它还没有合适的空间和时间能够获得自己合理的存在条件。一旦机会成熟，它就会冒出来，就会使人恢复到快适大于压抑、温情浓于焦虑的自然本真状态。也正是从这种基点出发，张东红绘画中对个人化空间的关注也就不能够被理解成是对社会现实的逃避，而是对一种原本人性能达的本真境界的复归，是对超越于现实的现实的一种可能的现实呈现。

——高岭《可能的现实与现实的现实——谈张东红的绘画》

“无极”——当代艺术展

策展人：老童

展览时间：2006年2月15日——3月5日

展览地点：88艺术文献仓库

参展艺术家：班学俭、沈敬东、董璐、黄引、庞永杰、祁志龙、王强、王媛、姚俊忠、尹坤

北京首届当代职业艺术家绘画联展

策展人：扎扎

展览时间：2006年2月18日——3月8日

展览地点：北京市朝阳区九仙桥路4号大山子798艺术区

参展艺术家：班学检、陈飞、陈光、陈秋池、董璐、高风、郭利众、韩旭成、黑月、胡月朋、金宇、康雨、库雪明、李伟、刘飞、刘枫华、刘国强、刘海舟、刘惠、刘桐、刘毅、

罗珲、马东明、马艳冷、马野、马越、摩根、南超、庞永杰、朴光燮、石头、四毛、孙侃、索探、唐建英、童振刚、王强、吴得五、扬小兵、杨德青、姚俊忠、伊灵、尹俊、尹坤、原国镭、曾浩、扎扎、张方白、张慧、张谧诠、赵德伟、钟天兵、朱昱、邹卫

“兄弟”——当代艺术艺术展

展览时间：2006年3月4日～2006年4月20日

展览地点：798厂艺术区程昕东国际当代艺术空间

参展艺术家：安宏、常徐功、常宗贤、高氏兄弟、郭伟、刘力国、罗氏兄弟、马晗、任思鸿、王迈、王能涛、钟飙

“戏妆”——母军油画作品个展

策展人：江铭

展览时间：2006年3月4日——年3月19日

展览地点：北京朝阳区酒仙桥大山子798艺术区图策工作室

“中国童话”——尹坤个展

展览时间:2006年3月5日——3月28日

展览地点:kerseboom gallery 荷兰

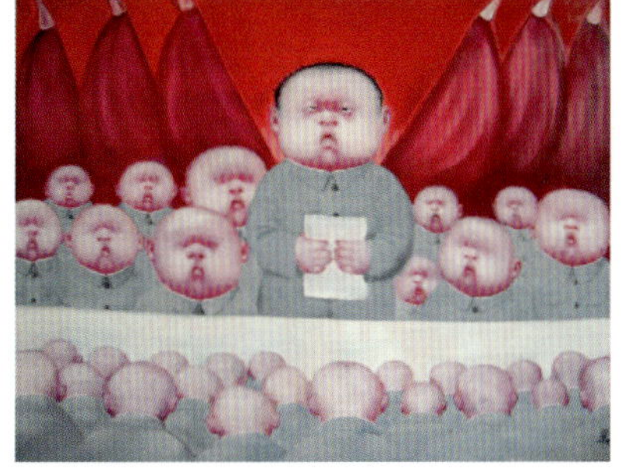

尹坤作品：chinese baby

重温记忆的“小人书”——关于尹坤的艺术

文/杨卫

摘要：尹坤的《英雄》系列作品正是在这样一种心理暗示下孕育而出的。作为六十年代末出生的尹坤，童年正好赶上了阶级斗争最为火热的年代，尽管那时候他还只是个孩子，对阶级斗争没有善恶的评判，但耳濡目染，受成人世界的感染，尤其是“小人书”的启发，尹坤也不由自主地卷入到了那场阶级斗争的旋涡之中，沉淀下了一种特定时代的文化记忆。这是直接形成他后来这批《英雄》系列作品的前提。中国人喜欢把这叫着因果，而后现代则换成了一个更加隐晦的词汇，叫着“隐

喻”。但无论是中国人说的因果还是后现代的“隐喻”，都是想阐述一种结果中或多或少包含了过去的成因。事实上，艺术创作有着各种各样的“隐喻”，往往相关的是自己的亲身体验与感知。对于尹坤，通过他现在的这批作品我们不难猜测：他小时候一定没少看过“小人书”，也一定没少模拟过书中“斗地主”、“抓特务”、“打仗冲锋”的游戏。不然，那些镜头不会被他铭记，也就不会构成多年以后再次浮现在他画面中的机缘了。

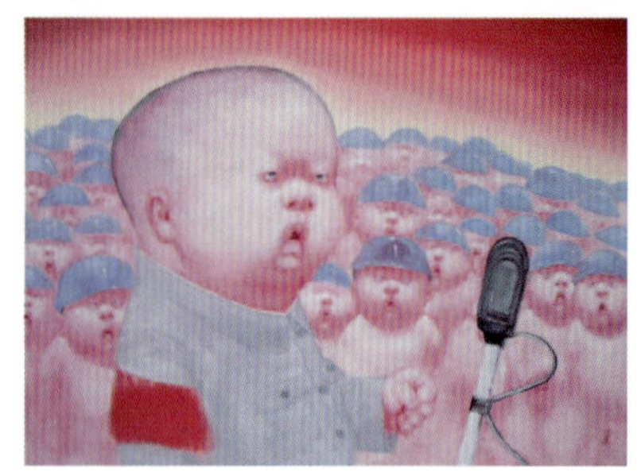
尹坤作品：chinese baby

在某种程度上，尹坤的艺术观念受了一些“政治波普”思潮的影响，比如作品语言的诙谐与幽默。但这只是影响，从根本上尹坤的艺术还是跟“政治波普”有所区别。区别之一就在于“政治波普”具有社会化的调侃和政治意识的解构，而尹坤的作品却没有这些内容，有的只是童趣，也就是跟时间赛跑的过程中渐渐丢失的那种“小人书精神”。事实上，在《英雄》系列作品之前，尹坤已经尝试过许许多多的艺术风格，比如少男少女们游戏的场景，比如肥皂泡沫掀起的镜头等等。这些风格所涉及的青春主题早就反映出了尹坤的艺术追求——不是要社会性的批判，而是要青春热血的激荡、童年趣味的复苏。这其实也是他《英雄》系列作品的创作初衷。之所以他会借以“小人书”的视角来重新组织自己的画面，将过去那些严眉肃目的英雄形象从革命斗争的背景中抽离出来，重新赋予“好玩”的游戏状态，原因就在于尹坤并不是想表达对过往英雄的追慕，而是在缅怀那样的一个时代气息，实际上是对自己童年记忆的一次重温。

在尹坤的《英雄》系列作品中，我们过去所熟知的一些英雄形象，比如李铁梅、江姐、邱少云、黄继光、杨子荣、草原英雄小姐妹等等，均被消除了斗争的情绪，而成了童话世界的人物。这种转换构成尹坤艺术作品的语言核心，也使他的作品既关联着现在年轻人的价值趣味，同时又具有了历史的深度。历史常常会被人表述成三十年河东、三十年河西，这是价值断代造成的泾渭分离。但如果我们想象历史是一条更大的文明长河，那么，河东也好，河西也罢，都不过是时间的一个暂时段落。人生只当连贯起这些暂时的段落，才有可能获得完整的生命意义，也才有可能避免在不断的背叛中走向轻率与虚无。我想，尹坤在艺术上所要做的可能正是这样一个价值衔接的工作，某种意义上他的作品是自觉充当了一个承上启下的逻辑纽扣。历史的分离只有当维系上这样的一个逻辑纽扣，才不至于陷入认识的绝境，产生精神的失落。年轻人通过这个纽扣可以解开历史的谜团，了解过去的时代，而过来人也可以通过这个纽扣解放出历史的枷锁，再创“柳暗花明又一村”的新生段落。

NEWS | 新闻

策划人：冷林

展览时间：2006年3月5日——4月15日

展览地点：草场地艺术区北京公社

参展艺术家：杨少斌、李尤松、张大力、赵半狄、王庆松、 尹秀珍、吴小军、宋冬

展览推荐艺术家：杨少斌

关于杨少斌

摘录一：杨少斌从身体的暴力转向了对于社会暴力的关注。暴力的原型是身体对身体的攻击。对于暴力的偏好即跟青春期的心理有关，也跟童年的经历有关。现在，艺术家发现暴力不仅体现为对于身体的攻击，也体现为国际政治、社会交往，除了对于身体的消灭以外，它也体现为对意识、自我、思想的垄断和剥夺。而实现这样的垄断和剥夺的就是政治。因此，杨少斌新的绘画不是为自己的语言找到一个现成图像的出口，而是对于暴力本身进行思考的结果。它们是艺术家观念演进的结果。也正是因此，艺术家对于暴力的思考由自身转向了社会。

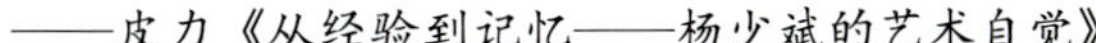

——皮力《从经验到记忆——杨少斌的艺术自觉》

摘录二：杨少斌觉得一个单独的暴力现象没有那么多的能量可以诠释世界的问题，美国纽约的“9·11事件”是他创作的转折点，他开始关注伊拉克战争等世界问题。

——北京青年报

摘录三：“震撼都是暴力，只是这次的表现题材和方式不同罢了。如果说“纵深800米”真有什么改变的话，那就是这一

杨少斌作品

杨少斌作品

次我是真诚质朴的、艺术的去展现真实——而非调侃——纵深800米只会令你震动和感动，不允许你‘玩世’。”

——中国青年报《杨少斌：纵深800米的真实生存不容许你“玩世”》

“隐·像”——赵德伟油画作品展

展览时间：2006年3月11日——3月30日

展览地点：3+3艺术空间

“红T”——当代油画三人展

展览时间：2006年4月2日

展览地点：798红T艺术空间

参展艺术家：陈秋池、纪晓峰、张慧

“刘立国、胡向东、张濒”——当代艺术作品联展

展览时间：2006年4月8日——5月10日

展览地点：北京3818库画廊

Nitsch和杨少斌联展

展览时间：2006年4月11日——6月11日

展览地点：北京798空白空间

“回到纸上”——艺术三人展

展览时间：2006年4月12日——4月16日

展览地点：北京朝阳区酒仙桥路4号798厂内时态空间

参展艺术家：陈光武、罗氏兄弟、王能涛

“抽象的变奏曲”——白新城现代油画艺术作品展

展览时间：2006年4月22日——4月30日

展览地点：北京秦昊画廊

“来自宋庄”——当代艺术展

展览时间：2006年5月1日——5月30日

展览地点：Kerseboom gallery、荷兰

参展艺术家：张庭群、周燕、纪晓峰、杨小兵、尹俊、刘惠、庞永杰、马越、尹坤、姚俊中、刘国强、李大朋、班学俭、唐建英

“纸上的力量”——当代艺术展

策展人：楠楠

展览时间：2006年5月6日——6月6日

展览地点：北京季节画廊

参展艺术家：徐冰、方力钧、任小林、王广义、宋永红、张晓刚、赵能智、杨少斌、岳敏君、谢东明

“新现象”——艺术展

展览时间：2006年5月12日

展览地点：北京东城区东华门大街76号紫禁清一阁画廊

2006当代油画联展

展览时间：2006年5月26日——6年16日

展览地点：北京八大画廊

参展艺术家：赵俊涛、班学俭、朴光燮、索 探、郎小杞

“2006江湖”——当代艺术展

策展人：黄专

展览时间：2006年6月

展览地点：提尔顿画廊、纽约、美国

参展艺术家：王广义、张晓刚、隋建国、谷文达、曾力、徐坦、曾梵志、卢昊、汪建伟、王友身、吴山专、顾德新、马六明、王鲁炎、孙原、彭禹、曾浩、岳敏君、杨少斌、林一林、刘炜、朱加、向京、石头、崔岫闻、关伟、倪海峰、赵刚、MeWe设计联盟、王波、Unmask小组、何森、张小涛、俸正杰、王音

中国当代名家版画展

展览时间：2006年6月3日——6月30日

展览地点：上海圣菱画廊

参展艺术家：方力均、张晓刚、王广义、岳敏君、曾梵志

“复制的偶像”——岳敏君个展

策划人：冷林

展览时间：2006年6月9日——7月29日

展览地点：何香凝美术馆

岳敏君作品的内涵

文/江铭

岳敏君的“傻笑人”无疑是最让人喜爱的作品，无论是收藏家还是普通的艺术爱好者都会对他的作品青睐，难怪他的作品卖的非常好。因为他的作品挂在什么地方都不会让人讨厌。看到那些类似商业广告的简单、艳俗、单调、明快的色彩，肤浅、幽默、百无聊赖、嘻嘻哈哈的傻笑人，无论你有怎样的不愉快，只要看到他们你就会忍不住内心的喜悦。他把玩世“泼皮”们滑稽、无聊、调侃、幽默的笑发挥到了一个新的高度。他的作品兼有波普和招贴艺术的强烈符号性和简洁的视觉力量。

岳敏君是玩世写实主义最重要的代表人物之一。从1992年在圆明园时他开始更换艺术路子，画面上骤然涌现出一大批龇牙咧嘴，没一点正经的小人物，搬到宋庄的小堡村之后他又开始尝试延续以自己为原型的画面人物做一些有立体感同样嬉皮笑脸的人像雕塑，泼皮玩世关于“笑”这一主题被他发挥到了登峰造极的地步，几乎是断了后者的绝路。

岳敏君的聪明和成功都得力于他将泼皮们的笑单独拿出来无限地发挥其各种可能性。这使得其他的艺术家已很难在人类的这个重要标志的特征“笑”上再有所建树。无论是以后什么人再画笑的主题，都会让人想起他的影响。关于笑，岳敏君有着自己的见解，他说人在笑的时候最空洞最无情。所以，他重复的画笑，也是想表现丧失信仰，没有任何价值支撑的这一代人其精神世界的无聊空虚。

在我们人类关于笑的主题上，究竟都有着怎样的理解呢？

岳敏君作品：功夫

岳敏君作品：英雄主义

岳敏君作品：寻找所谓的恐怖主义者

微笑、大笑、傻笑、痴笑、诡笑、苦笑、笑面虎、笑里藏刀、皮笑肉不笑、哭笑不得……他所表达的是哪一种呢？我们只能猜测！

方力钧的作品里有一种忧郁的哲学内涵，而岳敏君的作品则向我们揭示了肤浅的现实背后所隐藏的疾病和问题。“在笑容的后面，有时隐藏着病情，是一种不由自主的，不能自控的强迫性笑脸”（岳敏君自述）。这些强迫性的笑脸几乎是无处不在，从我们的日常生活到国际的政治舞台，强迫性的笑脸在强迫我们的生活，使我们失去真实的自我，从而也失去真实的生活、真实的世界。在一个普遍虚假的世界上，生活中，我们又应该做出什么样的选择呢？老岳似乎给了我们一种聪明的答案：面对一个无奈的社会，放弃一切，一笑了之，满不在乎，超然肚外。这也是中国历史上许多文人隐士的人生哲学和精神选择。

回顾中国和西方艺术的发展道路，还没有人这么大胆地触及笑的主题，因为笑总是伴随着声音的出现，而绘画中由于笑声的缺失使得笑的人物就显得很滑稽，于是荒诞就产生了。更有意思的是老岳还夸大了人物的嘴的轮廓，使得那种表情极度的夸张，太过份了，中国人民什么时候有过这么欢乐的时代？这真是一个极大的讽刺！要知道欢乐的顶峰有悲哀！

“麻将”——希克中国当代艺术收藏展

展览时间：2006年6月13日——10月16日

展览地点：汉堡美术馆、汉堡、德国

参展艺术家：徐震、杨福东、杨勇、杨振忠、赵半狄、郑国谷、张培力、王音等

刘玉君、张学海双人展

展览时间：2006年6月15日～2006年7月9日

展览地点：北京八大画廊

参展艺术家：刘玉君、张学海

“赶哪算哪”——当代艺术展

展览时间：2006年6月17日——7月17日

展览地点：3818库画廊、北京朝阳区酒仙桥路2号大798艺术区3818库

参展艺术家：张谧诠、刘大明、刘君、张天一、张冬红、孙侃、邹操、南超

展览推荐艺术家：张谧诠

取舍之间——关于张谧诠和他的艺术

文/杨卫

摘要：张谧诠是一位具有理论素养的艺术家，大量的阅读使他区别于一些只注重感觉形式的艺术家，具有了知识分子的色彩；而长期从事教育工作，尤其是担当着吉林艺术学院美术学院的领导职务，又使他具有了某种高瞻远瞩的文化战略眼光。所以，对于当代艺术，他进入的角度与许多艺术家有所不同。如果说许多艺术家从事当代艺术主要是靠的感觉冲动，那么，对于张谧诠则是经过了深思熟虑之后所做出的一种理性选择。

理性固然是感性的一种升华，其中不仅包含了感觉意识的认同，更带有一种归纳性的整体思考。事实上，张谧诠对于当代艺术并非只是一种片面地介入，而是带着传统与当代的诸多价值思考。这就使得他对当代艺术的介入具有了某种历史主义

张谧诠作品：日行千里

张谧诠作品：《仕女（9号）》

的视野，不仅使他从中获得了个体的解放，也使他由此而拥有了某种文化的深度。

《唐仕女》系列作品的问世便是张谧诠进行文化思考的结果。从他作品的图式上看，很显然，他是在从事着某种文化嫁接的工作。即把传统文化的视觉资源与当代社会的视觉经验相重叠，由此而营造出一个超现实的画面，提醒人们去思考整个文化史的形象脉络。事实上，张谧诠在画面上的这种努力，跟刘骁纯当年提出的“峡谷文化”理论有着直接关系。正是这样一个“峡谷文化”的处境，使张谧诠在思考中国当代艺术的时候，遭遇到了许多前辈艺术家所遭遇的同样一个命题，那就是如何来超越这个文化困境。张谧诠没有像有些当代艺术家那样选择走极端，而是采取了一种综合的手段，将传统与当代的两个视觉原素在画面上并置起来，直接揭示出了一种当代人的文化尴尬。

张谧诠的这种艺术手法，理论上可以归为后现代主义。但此刻我不想涉及太多有关后现代的话题，因为就我所感兴趣的还是张谧诠的这种图像选择，即他为什么要偏偏取唐仕女的形象与当代裸女形象相并置呢？其实，这里涉及到张谧诠文化观念的更深一层，也就是说这里集中了张谧诠一个思考的焦点。众所周知，唐朝是中国历史上最为鼎盛的时期，其开放的程度远远高过了封建中国的其它朝代，这一点从其服饰便可以看出，比如唐仕女的穿着比其它朝代的仕女穿着就要暴露得多。但尽管如此，相对于今天的开放社会，唐朝仍然有着太多的束缚。张谧诠挪用这些唐仕女形象与当代的裸女形象相并置，应该说立意已经非常明确。通过他的这种立意，我们再去感受他的思考，便会发现这样一个潜在背后的台词，那就是他对当代艺术的理解包含了许多开放社会人性解放的内容。事实上，这也正是张谧诠走进当代艺术所获得的一片新境，也是他如此强烈地意味到今天中国当代文化所面临之困境的由来。

理论思考和艺术探索不是对现实的认同，而是一种提升。我在想，刘骁纯当年之所以提出“峡谷文化”理论，大概是希望后来者有一种更加清醒的理性准备，从而最终通过理性的思索打破这个僵局，于峡谷之间创见一个当代文化的制高点。显而易见，张谧诠正在朝往这个方向努力，我注意到他后来的作品中所逐渐出现的一个婴儿形象，婴儿在他画面角落的哭泣是不是意味着起死回生，意味着一个全新的文化生命会由此诞生呢？还是让我们拭目以待吧。

“声声慢”——当代艺术联展

展览时间：2006年6月18日——7月18日

展出地点：先声画廊（北京市朝阳区酒仙桥2号798艺术区）

参展艺术家：刘君、河上•高惠君、马东民、姚俊忠、张东红、张戈

展览推荐艺术家：高惠君

高惠君作品：《风雨之前宜养身》

远山的呼唤——高惠君和他的艺术

文/杨卫

摘录：从对社会话语的关注转移到对传统文化图像的挖掘，高惠君跨越了一个极为关键的阶段，那就是他从二十世纪后期一直持续到二十一世纪最初几年所不断尝试的《脆弱》系列。我认为研究高慧君的艺术，这是不容忽略的一个环节。在此之前的高惠君仍还带着某种“愤青”的色彩，尽管他一直试图摆脱那种愤怒的意识，且在1990年代初便确立了缓和自己心境的蓝色画风，但先前的愤怒仍然难以平息地渗透进他的画面。正如他那个阶段确立的蓝色水下世界时不时总会出现一些诸如天安门等象征意识形态的建筑物一样。虽然这不是他作品中的常见符号，更多的时候他是把自己幻想成稻草人或别的什么沉没于水下，虽然高惠君自己对此的表述更多还是一种自伤自艾的情绪，但作为观众，我却能隐约感觉到他那批作品的社

高惠君作品：《瑞雪记忆图》

会批判意识。自伤自艾的情绪不可能是无缘无故中来，而一定是遭遇到了某种挫折之后的心理反映。

我总觉得，高惠君从对社会话语的关注转移到对传统文化图像的挖掘，最终创作出《山水》系列作品，是他艺术发展的一个必然。艺术虽然拯救不了社会，但却能够从中解脱出自己。事实上，高惠君的性格中本身就具有中国传统文人的气质。他不仅喜欢研习古时候的圣贤书，而且还钟情于传统书法与水墨。这是他性格的矛盾，一方面他接受过较为扎实的传统文化训练；另一方面他又感受过启蒙时代的文化信息。正是这种沉着与激烈、保守与先锋的矛盾构成了他的艺术视野，使他对现实的观看总是能够多出一块传统文化的层面，而对传统文化的关照又总是能够联系到当下的文化现实。《山水》系列作品的出现，作为高惠君自我打开的一种尝试，就是将今天的现实带进历史纵深思考的一个典型事例。

这批作品的主要原素是山水，尽管在图像上高惠君借鉴了中国传统山水画的表现手法，但实际上跟过去的山水画已经是貌合神离、迥然不同。这不仅因为表现材料发生了变化，即传统的中国山水画是以墨色来表现，而高惠君则是采用的油彩与炳稀；更重要的是观念的落差，即高惠君并没有像过去的文人墨客们表现山水那样将自己跻身于其中，而是将其作为某种文化象征来表现今天的现实困境。

山水画作为中国传统文化的一种象征，原本包含着一个完整的宇宙世界与精神世界。所谓“山水有清音”(左思《招隐》)，何以有清音？就是因为山水中寄托了这样一个完整的价值世界。这个世界以“天下观”规范起来，往往能带给人一种“山中无甲子，寒尽不知年”(吴承恩《西游记》)的自在感与归宿感。事实上，这也正是中国传统的山水画与西方风景画的不同之处。如果说风景画表现的只是人的目光所能看到的景色，那么山水画表现的则更多是一种心理认同的价值。之所以中国古时候的文人墨客遭遇到现实的挫折之后还可以退居于山水，就是因为山水的具体形象承载了那个抽象的“天下”观念，故而这种退也就不再是真正的退隐，而是相反更具有了价值捍卫的色彩。实际上，这也就是过去中国虽然历经了无数次的改朝换代，但“修身、齐家、平天下”的价值却始终如一得以完整保留的原因。

“渴望·不可及”——吴德武个展

展览时间：2006年6月18日——7月30日

展出地点：798 红T空间

“王音2006”——个人作品展

展览时间：2006年6月20日——7月30日

展览地点：北京空白空间

关于王音

摘录一：王音对绘画的本体和主体的问题一直保持敏锐的洞察和思考。在绘画的过程中，他曾邀请一位民间画师一起创作，彼此干预或破坏对方的画法和笔触，从而消解和颠覆了绘画的经典样式和个性笔迹以及作者属性。王音以这种观念试图建构一种新的生成方式。在最近的作品《肖像》（36幅小画组成）、《家》和《工作室》中，王音的肖像是根据苏联著名作家索尔仁尼琴（Alexandr Solzhenitsyn，苏联作家，1918年生。1970年获得诺贝尔文学奖）的传记中挑选的照片画成的，这些索尔仁尼琴的朋友代表了苏联20世纪60年代的知识分子的群像图。王音的这组肖像画实际上是对这些消失的知识分子形象的再形象化，这种形象化的方式是以一种逐渐被淡忘的苏派画法再记忆的复原完成的。同时，王音又发明了一种把油画颜料画上画布后颜色逐渐脱落的方法，也就是说，他以苏派方法复原当时知识分子形象，而伴随着时间和条件的变化，整个肖像也以颜色脱落而消失，也正吻合了索尔仁尼琴的文化语境。这是一种以反绘画突破绘画的表现方法一种从描绘形象到形象消失过程绘画。他与夏小万、陈文波一样反映了中国当代新绘画的变革。

——黄笃

摘录二：

陈荣义：你在圆明园时期的创作有没有分几个阶段？

王音：没有。基本上就是完成了“少年系列”。

陈荣义：后来我发现你的创作还是有发生一些变化，1999

王音作品

年以后，作品中少年的脸不是那么明晰了。那是什么原因？

王音：我后来的作品都是那些作品里面分解出来的，它是我后来工作的一个基础性的东西，我把早期作品对我的影响用一种达达化的方式直接处理出来，又比如我直接临摹一张徐悲鸿的作品，我会把那个时代的情感记忆分解出来，比如画一些苏派的素描，提供了一种技术上可能给人的一种情感上的反应。

陈荣义：批评界说你的创作是绘画的一种经验，或者是现代化进程的一种完善，是这种东西么？

王音：也不是一种完善，应该是转换。

陈荣义：不管是有意还是无意的，我觉得你这种处理方法和巴塞利兹很像，他最近是在画他以前的作品，总的来说就是跟和你这个不谋而合，你后来的东西还是建立在你原来的作品之上。

王音：我2003年的时候做过这样的事情，把十年前的画又画了一遍，有一幅作品叫《野火烧不尽，春风吹又生》，实际上就是我临摹了我10年前的一幅作品，这意味着那种情感一点火就会着，说的就是我们这个时代对绘画的态度。

——陈荣义访谈《分解记忆》

2006文献收藏展

展览时间：2006月6月24日——7月23日

展览地点：武汉美术文献艺术中心

参展艺术家：马六明、方力钧、王　度、王　尊、王心耀、王衍如、付中望、刘小东、任小林、孙　良、朱雅梅、张晓刚、张　旻、张　聃、肖　丰、冷　军、陈　波、陈　飞、李继开、杨福东、季大纯、武　艺、周春芽、徐文涛、徐　坦、徐　累、徐震、袁晓舫、龚　剑、曾梵志、雷子人、魏光庆

马越作品展

展览时间：2006年7月1日——7月31日

展览地点：北京丽都花园孔画廊

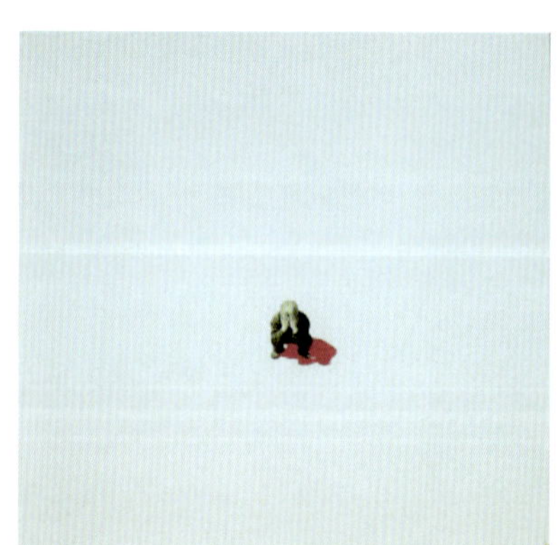

马越作品

马越

低调做人的前提恰恰是高标处世的胸怀，所谓弱，不过是韬光养晦和保全自我的一种修身哲学。马越在艺术上发挥了这样一种哲学，他刻意表现自己的那种卑微，与其说是反映了边缘小人物的生存处境，不如说是表现了一种明哲保身的哲学。正如我们在他所画的那个小人物身上既看不到生命的凄惨，也看不到意识的苦楚，相反却总能读出一些“没事偷着乐”的气息一样。

——杨卫《低调做人——谈马越的艺术》

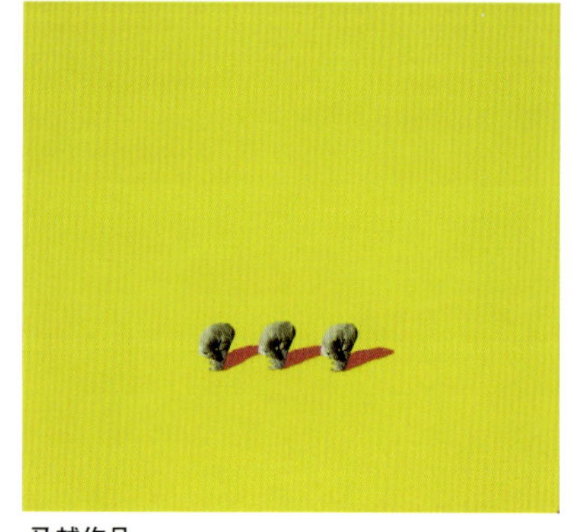

马越作品

“我的这道红”——房辉作品展

展出时间：2006年7月1日——7月14日

展出地点：大山子798艺术区南门三号库，青藤子艺术空间

“选择、复制、篡改”——中国权冲(充)艺术展

策展人：张海涛

展览时间：2006年7月2日

展览地点：北京锦都艺术中心

参展艺术家：北水、程广、蔡卫东、冯兮、黄岩、黑月(季胜利)、华继明、黄文亚、江铭、刘瑾、刘港顺、林兵、苏非舒、杨青(杨得清) 、张义旺、张海涛、张小云

“艺术夏至”——当代艺术作品展

展览时间：2006年7月11日——9月1日

展览地点：aye gallery

展览艺术家：蔡锦、朝戈、丁方、段建伟、段正渠、方力钧、季大纯、毛焰、施本铭、尚扬、夏小万、戴士和、谢东明

“我的青春，我做主”——刘纯海个展

展览时间：2006年8月4日——8月24日

展览地点：八大画廊（北京）

“黑白・新趋向”——刘毅、片山、唐建英、张学海作品展

策展人：王宝明(江铭)

展览时间：2006年8月12日——8月18日

展览地点：北京东城区菖蒲河沿9号皇城艺术馆

“目光所及”——当代艺术七人展

策展人：皮力

展出时间：2006年8月23日——9月15日

展出地点：泰国曼谷诗洛卡琳威洛大学美术馆

参展艺术家：陈劭雄、卢昊、林天苗、翁奋、喻红、曾梵

志、曾浩

“回到关内”——当代艺术展

展览时间：2006年8月30日——9月28日

展览地点：北京空间画廊

参展艺术家：刘君、刘叔辉、刘兆武、张谧诠、张景则、王硕、李康、赵坤、孙侃

“天使的又一天”当代摄影作品联展

策展人： 张朝晖

展览时间：2006年8月31日——9月14日

展览地点： 3818库画廊

参展艺术家：刘谨、马燕泠、沈阳、徐昌昌、马永峰

“轻轻的现实”——十六人版画联展

展览时间：2006年9月1日——10月7日

展览地点：现在画廊

参展艺术家：方力钧、张晓刚、岳敏君、王广义、杨少斌、奈良美智、宋永红、忻海洲、周春芽、刘野、周铁海、薛松、张润世、曹培伦、Tim Noble 、Sue Webster

“天赋少年”——杨春白雪现代油画艺术作品展

展览时间：2006年9月1日——9月25日

展览地点：秦昊画廊

“《纵深800米》地上·地下” ——杨少斌个展

策展人：卢杰

展览时间：2006年9月2日——10月15日

展览地点：长征空间B

第六届上海双年展

展览时间：2006年9月6日——11月5日

展览地点：上海美术馆

参展艺术家：王音、夏小万、陈文令

“新动力·中国”——当代艺术双年展

策展人：原弓

展览时间：2006年9月6日——11月5日

展览地点：上海原弓美术馆

参展艺术家：俸正泉、曹静萍、李昌龙、叶强、舒昊、魏言、李惠东、罗珲、王跖、周晶、陈飞、王霁昕、贾穹、彭伟衡、梁群、张聃、董晓丽、他们、刘耀先、梅新武、谭军、廉学洺、刘芯涛、郭燕、罗杰、杨春临、刘石、周斌、钟伟、邱光平、陈文、肖克刚、吴奇志、黄明进、陈强、万露、阿嘉娜、王莉娜、杨方伟、杨家勇、郑守宗、陈硕、程翔、胡志鹏、李胤、幸鑫、杨欧、罗玉其、缪远洋、薛博文、王雨欣、吴江涛、肖喆洛、胡兴、许永康、罗应龙、曾朴、张培、刁毅、刘敏、何建忠、朱海、魏捍红、沈娜、庹光焰、王朝刚、夏晓红、张真、刘岩、杨墨音、牛柯、彭建忠、陈薇薇、曾途、黄凌、徐梓峻、和丽斌、胡俊、陈长伟、姜静、兰庆伦、林善文、罗菲、王爱英、吴以强、杨文萍、张华、龚红林、兰庆星、郭鹏、尹雁华、陈波、徐文涛、高虹、徐波、王朝斌、王尊、罗实、蒋之龙、郎雪波、黄海蓉、董重、葛贵勇、熊鹤、谷旭、夏炎、周欣、张伟、曾毅、冯中起、黄庆、蔡明、肖博、李院立、陈欣、余旭鸿、李由、罗瑶、王衍如、戴碧筠（澳门）、唐重（澳门）

“在画里”——夏小万个展

策展人：箫岭

展览时间：2006年9月9日——10月14日

展览地点：北京麦勒画廊

“在画里”夏小万个展展览前言

文/箫岭

本次展览名为《在画里》，而“画”这个字既可以理解为绘画的行为，也可以理解为艺术家创作出的画作。在这个背景下，夏小万的作品一直在努力探查并质疑绘画的本质，创作的过程，以及我们对于现实的感知和观察。

夏小万作品

自从他开始绘画以来，技巧精湛的画家一直在坚持不懈的尝试挑战西方传统现实主义绘画的边界。他的目的是通过拓展不同的视角，探寻一种全新的，超越物理原则的 “真实视界”。在夏小万上个世纪80年代末和90年代初的素描作品中，画面的主题通过不寻常的视角表现了出来，有时候这些形象看起来甚至是扭曲的。此外，它们看起来就像是浮在空中。随着时间的推移，这些作品已经逐渐的偏离客观性、现实主义和严格的二维平面。2003年起，夏小万的作品进入了“真正的空间”，具有了三维的特质，变成了空中的“空间绘画”。

夏小万的近作是在14到21块玻璃平板上用玻璃漆和特种铅笔绘制的，这是一种与众不同的绘画过程——一种分析、构建和重组图像的过程：这种图像不仅显示了一个多层次的图景，也代表了一种全新的心理方式。与雕塑不同，夏小万的悬浮绘画没有从任何材料中注模制成，正如艺术家所说："虽然这些作品有着巨大的质量感，但是这个质量感却没有丢失掉绘画原本的'虚'的性质。这些玻璃作品还是一种心理投射的结果。

人类身体是艺术家作品的起点和焦点，它也被当作承载知识的基本途径——这一点和素描相同。夏小万作品中的人物形状扭曲，混杂在一起，看起来像是处在一种躁动不安的不断的蜕变状态。这些人物显示了各种看似相悖的主题，如生命和死亡，身体的腐朽和完全回归胚胎状态。如果从物体的质感或是大众接受的美学标准来看，夏小万作品中轻盈如空气般的主题是没有形态的，它们代表了一种不断的转换，这种转化不仅是物质的，也是精神的。这些主题对于中国传统哲学进行了隐喻性的借用，也是对于世界和万物存在中各种同时发生、互相冲突的力量和其循环往复的性质的表达。

"第三空间：从意象到抽象"——当代艺术展

策展人：邓平祥

展览时间：2006年9月9日——10月13日

展览地点：锦都艺术中心

参展艺术家： 北水、刘辉 、张国龙 、李向明、毛岱宗、李磊、祁海平、党朝阳、贾新光、高增礼、徐福厚

"画幅决定态度"首届5×7——（平遥）照相双年展

策展人：吴鸿

展览时间：平遥：2006年9月16日——9月23日

北京：2006年10月1日——10月15日

展览城市：平遥、北京

展览地点：平遥国际摄影大展（山西省平遥古城）、TS1当代艺术中心（北京市通州宋庄）

参展艺术家：白宜洛、班学俭、蔡卿、苍鑫、曹静萍、陈侗、陈光、孔令楠、陈默、陈小文、崔波、崔岫闻等

“中式意识”——审美营造的当代复兴艺术展

策展人：高岭

展览时间：2006年9月18日——10月7日

展览地点：今日美术馆

参展艺术家：展望、邵帆、陈淑霞、张东红、顾黎明、卢昊、陈庆庆、庞永杰、高惠君、冯峰

展览推荐艺术家：冯峰

冯峰的作品

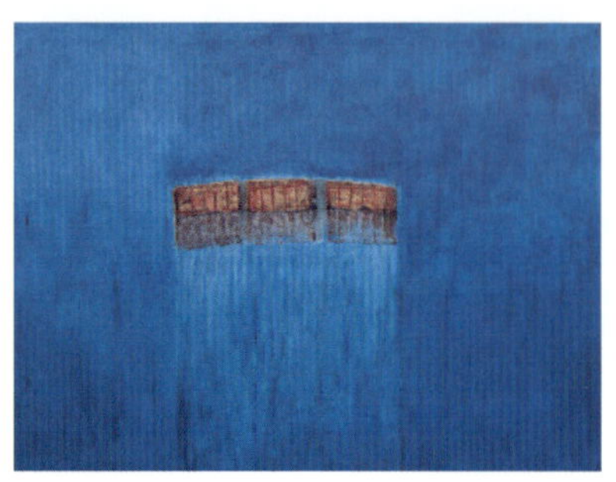

冯峰的作品

摘要：有人说冯峰的画作很现代，他在处处彰显着工业文明中用高科技制成的一流画材创作出前所未有的视觉效果。有人说冯峰的画很古风古韵，看着他的画，你就会感受到那悠远的典雅、闲淡之气清晰地在血液中流动。（何漫缘，中国艺评人）

活跃在国内外画坛的艺术家冯峰，是一个用画笔来表达个人对社会现状见解的诗人和浪漫主义者，他的作品巧妙地将传统的中国历史片断和现代抽象绘画揉合在一起，缔结了过去、现在和未来的密切联系。他用传统的中国理念和西方的现代介质进行创作，画中融合了他对当今世界的理解和感悟。作为一个对中国古代的木版和钱币求之若渴的收藏家，冯峰的现代抽象作品也蕴含了浓重的中国古典美学气息。

【文/美光（美国艺术评论家】

“天安门”——马燕泠、黄文摄影展

策划人：黄文

展览时间：2006年9月21日——10月25日

展览地点：798记忆空间

“灵境系列”——马东民当代油画个展

展览时间：2006年9月23日——10月28日

展览地点：北京先声画廊

“再（在）画风景”——张谧诠油画风景展

展览时间：2006年9月23日——10月9日

展出地点：798艺术区独角画廊

“剧场”——当代艺术展

策展人：谷泉

展览时间：2006年9月23日——10月6日

展览地点：北京酒厂艺术区不同艺术空间

参展艺术家：郭利众、张锰、张利语、马轲、黎旭、付桐、滕霄、陈恒、许惠、王延海、伊慧

“宿命与超越”——当代图片展

展览时间：2006年9月27日——11月12日

展览地点：北京季节画廊

参展艺术家：Francis Ng 、周俊辉 、马六明、缪晓春、洪浩、慕辰、邵逸农、陈羚羊、迟鹏、陈秋林、田太权、张鹏、白宜洛、海波

“我们的爱情”——朱久洋作品展

展览时间：2006年9月28日——10月28日

展览地点：798艺术区创世之初画廊

“晒梦场”——陈鱼作品个展

展览时间：2006年9月30日～2006年11月2日

展览地址：大山子艺术南区红T空间

“诱·惑”——王强、罗荃、苏梓寒油画展

策展人：王强、闫鹏

展览日期：2006年10月3日——10月8日

展览地点：798艺术区北京立方艺术中心

展览推荐艺术家：王强

“美丽的隐与露”——读王强的“衣服”

文/金惠敏

摘要： 我们知道，许多人是不屑于谈性的，这里只有行动而没有理论，只有肉体而没有超越，只有现实而没有想象。而性如果仅仅是性的话，那么它也就只能是生物性的东西。我们已经习惯与把性局限在生物学的意义上，传宗接代以及在发泄中的得到生理的平衡。在孔孟之道对性的社会体制的努力中，实际上仍潜在着对性的鄙视和压制。王强的“衣画”既不关心性政治学的意旨，又不拘泥于性的生理层面。较之于前者，它不以性为媒介，而是以性为指归：较之与后者，它艺术地表现性，扩大了人们对性的想象空间，扩大了人们对性的感受空间。在此性取得了其本身的价值。我真不明白，人们对“饮食”并不满足于果腹，而是追求所谓“食不厌精，脍不厌细”，发展出风靡全球的“中国烹调艺术”，但对“男女”之事为什么就不可以使之艺术化一些？王强的演示已经回答了这个问题：性是可以艺术化的，可以是很优美的，可以是无限的。

这些“衣画”除了用模特展示外，王强还使用了通常的画展方式。这给人的又是另外一种感受。展厅里挂着衣服，画被遮蔽在里面。观赏者需亲自动手解开衣服的纽扣，画才能呈现了出来。不过被打开的可不仅仅是对象的欲望，观赏者在王强绝妙的是，他通过这种展示方式，也同时打开了观赏者的欲望。观赏者在打开对象世界的时候，实际上也打开了自我。我的意思是，解蔽是双向的，互动的。似乎观赏者在看画，而王强也在观赏者。此时，观众已经不再固守于主体的位置，而于不知不觉中成了全部艺术活动的一个部分，既是主体，也是客体。于是整个展示就变成了一个大舞台。

还有应该注意的是，王强在艺术上巧妙地利用了读者的期待心理。把裸体画装在衣服里，本身就已经是阻抑了欲望。而为了进一步推延欲望，在画展中，他明令观众必须带上白手套方可动手解纽扣，欲望被一再地延迟了，但被延迟了的欲望恰恰成了快感和美感的源泉。

我们虽然将王强的“衣画”限定在“性艺术”这个界限之内，但其文化的蕴涵也是不应忽略的。我们知道孔孟之道在中国源远流长，程朱理学的“存天理，灭人欲”深入人心，这就形成了一套禁忌与惩罚的规则。性总是在一种被遮蔽的状态。

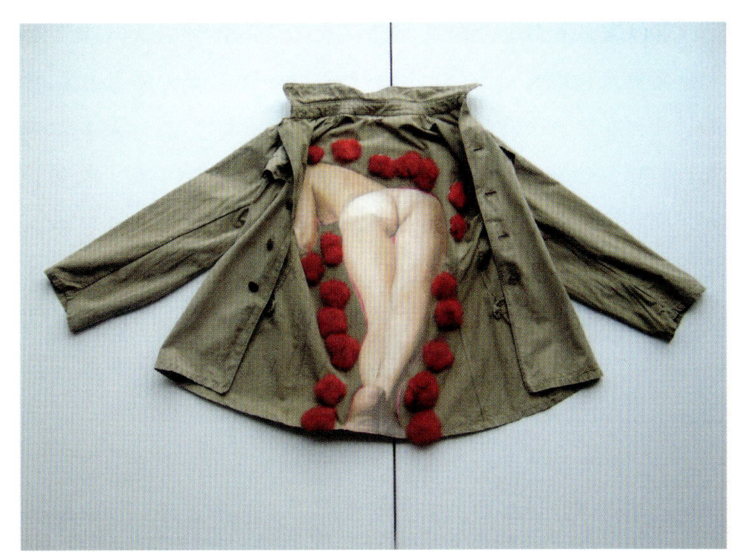

王强作品：衣服系列

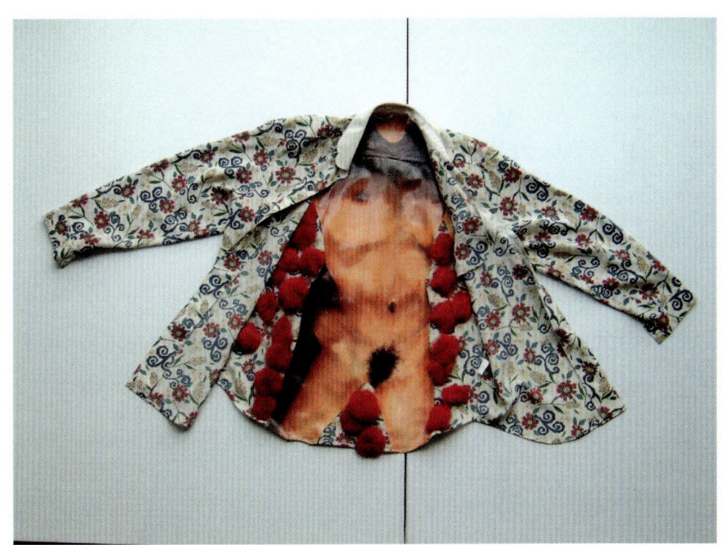

王强作品：衣服系列

衣服是文明的，是进步；另一方面，也是对原始欲望的遮蔽。于是在欲望及其遮蔽之间形成一种张力。但这欲望又是縛不住的，它总以一种文明的形式表现出来。无论如何，王强的文明与欲望的张力。王强本意上或许想诠释中国文化的“隐”，但由于“艺术即表现”，所以衣画的客观效果却又是“露”。我猜测，王强对于中国文化可能有着较为复杂的感情。

“触动2006”——当代架上绘画25人联展

展览时间：2006年10月5日——10月15日

展览地点：北京当代美术馆

参展艺术家：石立峰、韩旭成、朱君、张旻、佘松、吕顺、吴德武、彭燃、王衍如、张晨初、唐建英 、赵丽先、王晶、朗雪波、张春继、孙光华、龚海波、王遵、王朝、童雁汝南、李一丙、吴笛笛、张聃、高虹、金阳平

“艺术北京”——2006画廊博览会主题展

策展人：皮力

展览时间：2006年10月6日——10月10日

展览地点：全国农业展览馆

参展艺术家：曹斐、陈界仁、陈文波、陈晓云、咸进、开泽、洪东禄、阚萱、林明泓、邱黯雄、王音、翁奋、夏小万、杨福东、杨诘苍、杨千、郑国谷等

“十月”——当代艺术展

策展人：黑月(季胜利)

展览时间：2006年10月6日——10月26日

展览地点：雨画廊

参展艺术家：苍鑫、戴光郁、高氏兄弟、高强、黑月(季胜利)、刘国强、刘峥、张东、张慧、张庭群

方力钧个展

展览时间：2006年10月7日——10月31日

展览地点：今日美术馆

摘录——关于方力钧

方力钧使用四种媒介，用四种不同的诉说方式，诉说出多种人生感觉。巨幅油画在乎“艳丽幸福的人群”和外界力量的对比，把艳丽、幸福、期望描绘得非常夸张和突出，飘飘然于轻柔漂浮的云层中，却不知自己正被旋涡卷入无底深渊，一切都是在美好的情境中发生的。方力钧的雕塑装置，在乎的是被忽视被遗忘被踩踏的感觉，所以，不从美好情景着眼，直接选择角落和像被踩踏的似人非人的形象，对人类悲剧处境采用直

方力钧作品

面的方式。水墨画在乎水墨本身的大面积灰色调子，水分的透明感，把无助用比较轻柔和淡然的方式诉说出来。而版画却强调了人生悲剧带给作者的强烈情绪。

——栗宪庭《被遗忘在角落和被席卷而漂浮不定的人群》

一个“光头”，首先是一个“单分子”，但如同细胞，它具有增殖的功能。方力钧即描绘了一个“分子”的唯一状态时的独霸，正面反面，如磐如石，而在其他的画面中，这样的“单分子”又显示为不断复制的机能，一个形象被反复克隆，扩展成一个“分子”演变成的集体结构。这一方面说明了他推广形象帝国时的策略，同时，当“分子”和“分子”挤成一堆的时候，个体的意义完全被消解了，我们分不清谁是真正的主角，谁能主宰自己的命运，所有的“分子”都是卑微的，它很容易被一个很像自己的人所代替，这难道不是悲哀和无奈的原型吗?

——徐累《方力钧的形象“分子”》

方力钧通过画面早已创造出了属于自己的视像结构。这通常由主体人物与其所在背景共同组成，而组成的方式则是一种有限度的叠压关系。正是这种叠压关系，在早期的作品中构成了某种的荒诞不经；而在后期的作品中却在彼此提升中形成了别样的讥讽揶揄。

——赵力《重要的还是艺术》

方力钧试图让画中人物看世界的方式去影响观众看世界的方式，他对改变世界没有兴趣，而是想改变世界观……对于方力钧来说，最重要的感觉也许是“舒服”，而这里的“舒服”是中国式的：没有棱角，如水一般去适应事物，找到最适宜的相互状态。

—— 赵汀阳《改变“观看”的方式》

“新西方主义”——中国当代艺术在北京

策展人： 潘星磊、白峥

展览时间：2006年10月10日——11月12日

展览地点：THE HOUSE 艺术广场 .

参展艺术家：隋建国、展望、缪晓春、焦应奇、朱尚熹、魏立刚、崔宪基、郑学武、高氏兄弟、黄致阳、王佚琼、张玮、王楚禹、季胜利、方科、张琪凯、老六、王迈、张德丰、姚璐、王国锋、潘星磊等

“一个人的风景”——刘辉2006个展

展览时间：2006年10月14日——11月10日

展览地点：北京锦都艺术中心

“艺术家中的另类”——尹俊个展

展览时间:2006年10月14日——11月14日

展览地点:观音堂文化大道62号9艺术空间

“物欲与我”——张建俊油画展

展览时间：2006年10月21日——11月4日

展览地点：大山子798区碧索画廊

“落花·流水”——2006刘炜个人作品展

展览时间：2006年10月22——11月16日

展览地点：上海市虹桥路1426号

落花·流水

文/倪有鱼

摘要：在中国当代艺术家中，刘炜是一个生动而难以言说的个例。说他生动，是因为他的生活恣意洒脱富有传奇色彩；而他不断变化着的艺术，又总是让人琢磨不透。这个中国最早两度参加威尼斯双年展，被誉为中国最有“才情”的当代艺术家，总能在他天才的技艺中直接流露着他所感悟到的生存状态和情绪。他的话语方式更多依赖用笔的过程去呈现生存的直觉过程，从他对自己特定时期生存感觉的书写中，我们可以读到他生命的信息。

作为中国早期波普艺术的旗手之一，刘炜早在1991年，就和刚刚从中央美院版画系毕业的同班同学方力钧一起，在北京艺术博物馆举办了他人生中第一个重要的展览。在这次展览上，栗宪庭首次正式提出了“玩世现实主义”的概念。这个定义很准确，也很宽泛。因为即便是在玩世现实主义时期，刘炜的气质和语言也与其他人拉开了距离。他的早期作品比较夸张，虽然在表现题材上也包含了许多政治和色情，但却没有那么多流行的严肃和暴力，而是表现出强烈的戏谑和讽刺。他总是把伟人转化成一种符号，然后又把这种符号还原为世俗的“人”，有一种文化反叛的草根心理。而与同时代的很多画家相比，刘炜从一开始就没有搔首弄姿的作秀腔调，相反，他总是显得有点儿疲疲沓沓，有点儿吊儿郎当，奢侈地玩弄着才气，拿捏着很好的感觉，却一点也不装。

后来的刘炜，走了一条与当时潮流截然不同的道路。在连续参加了两届威尼斯双年展之后，逐渐被世界认可的刘炜，却变得越来越低调，在中国政治波普最红火的时候选择了抽身而退，过起了深入简出的生活。所以我们看到刘炜之后一直是在不断变化着的，而这变化却没有随着国内艺术界的各种风向而动。他总是由着性子，让人捉摸不定。理论家对于刘炜的很

花非花—刘炜作品

多评述，多少总有一点盲人摸象的意味。刘炜这样的艺术家，难免要让理论家们头痛，因为他实在不好被定义——有想法的艺术家，总是不断把历史从所谓的“正道”上划断和分开，拐了一个弯。刘炜就是不断的把所谓的正道划断，拐弯，另辟蹊径。在技法上，他显然受到学院传统的给养。当年在中央美院读书期间教过他的老师，对刘炜的感觉和印象，大都是“很有才气”，“很能画”。虽然我们现在看到的刘炜最早期的那批作品，还不能完全脱离这个系统的影响，但是从中已经可以明显感觉到他对这个系统的不满意和叛逆。

1996年，我们看到了刘炜的变化。他开始创作命名为“1989年出生”的狗和儿童的系列。从他在政治波普之后的

“狗”系列，“儿童”系列，以及后来的“Who am I”系列等等，从那些脏兮兮，粘乎乎的色彩和用笔之中，我们可以隐约读出他对这个丧失了精神交往的乱糟糟的世界的迷茫和焦虑。刘炜说：我画“好画”的时候没人承认我，我一开始画“坏画”就被大家承认了。这里面“好画坏画”的说法，颇值得玩味。我们现在总是看到了太多的艺术家和太多的“完美光鲜”的作品，大家都画得太好了，怎么不能够把画画“坏”呢？刘炜属于那种非但不涂脂抹粉，还要把你们的脂粉皮扯掉的顽童。他似乎有意识的把画画“坏”，以挑战受众的感知。他那独特的用笔模式在意象上如瘀血，如溃疡，如败絮，杂乱、琐碎、偏执。这恰恰是刘炜的性情，没有一点儿正经，倒是有一点恶

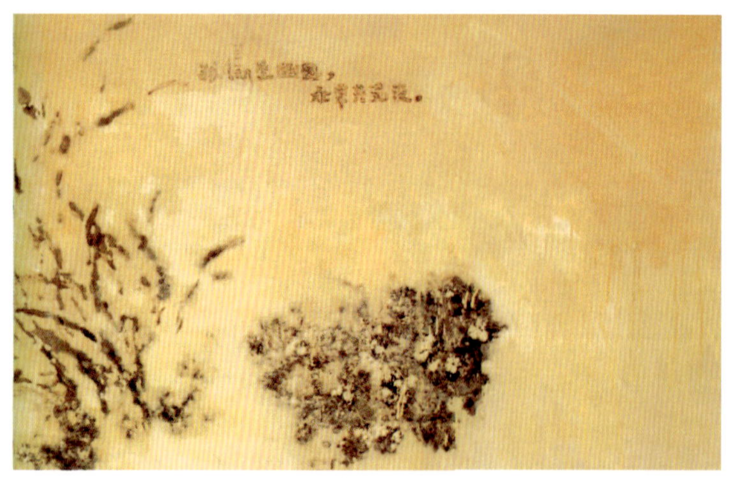

刘炜作品

刘炜作品

刘炜作品

作剧。也正是刘炜这种能把一切现实的物体都化为腐烂和垃圾的“恶作剧”的用笔，才成就了典型的刘炜式“化神奇为腐朽”的“烂乎乎”的风格。

我们很难想象刘炜创作过程中的状态，但我们相信那本身又是一种惊人的艺术。就像有人说，当若用录像机录下刘炜作画的过程，不知会使多少看录像的人发疯！我们身边总是有很多人在标榜自己是“玩艺术”的，艺术对于他们而言，“不重要”，又“太重要”，说白了，还是被艺术玩儿；而艺术对于刘炜，是“有所谓”，又“无所谓”的游戏。在他通县宋庄的宅院里，有池有树、养鱼养狗，古董则是肆意散放，这样的起居令人艳羡。到现在，他依然常常抽烟喝酒通宵画画，工作的时候总要听琢磨不透的音乐。刘炜好美食，好美酒，好品茶是圈内出了名的，有朋友开玩笑说他买普洱，不是一克一克，而是一吨一吨，来了朋友就一块一块散去。就像刘炜自己所说，也许是从小家庭环境比较宽裕，使得他对钱一直“没什么概念”。他的心是玩乐的，他的气质是逍遥的。在艺术上，我们说他“泼皮”，“恶搞”，没有一点儿正经，这其实是一种天性。所以，传统对于刘炜，并非一种表象的策略资源，而是一种内在的文化给养，是一种根深蒂固。他的内在性情从一开始，就与中国传统文人的风流诗意，放任不羁遥相对接。我们从他的住所的布置，那些花花草草，还有他收集的那些古董玩意儿中，可以感受到他的生活方式是娴雅的；而我们从他那极懂得吃喝玩乐的脾性，他那大大咧咧，疲疲沓沓的纯正京腔里，感受到一股解颐磅礴般的魏晋风度。

2005年，刘炜完成了一批纸上作品，又让我们有了新的惊喜。这些画作都是先刻木板，之后印于特殊的宣纸上，先印后画，随印随画。他用铅笔、颜料、水墨等单纯的材料使简单的三组形象变化出大约30幅不同意象的作品。画作不做精致装裱，大多保留了宣纸的毛边，固定于画框内。古人说作文长句多婉转，短句多铿锵，画也如此。当整个画面由无数碎线组合而成，层次因为点划的堆积而开始不明就里，遒劲化为缠绵、挺拔也变做绕指柔。木版画的自然肌理，加上铅笔的细线描摹，以及白色颜料并不实在的涂抹遮盖，在型式感上似乎让我们看到了基弗尔版画的影子，显露出极其强烈的当代感和国际化；而那一片片枯木败林，旁边还有传统青绿山水做变角映衬状，劈头盖脸的暧昧骚动，在表达语境上又让我们想到了董其昌和石涛。

刘炜作品

“记忆的斑点”——伊德尔油画作品展

展览时间：2006年10月28日——11月28日

展览地点：北京艺森画廊

记忆的建立——关于伊德尔的油画

文/冯博一

摘要：作为上世纪六十年代出生的艺术家伊德尔来说，他成长过程的视觉经验与那个时期他所能看到的图像，构成了他现在油画创作中的主要符号资源。在他展出的这些作品里的符号大致有两类：一类是天安门、人民大会堂、人民英雄纪念碑、华表等标志性建筑和红灯笼、红旗等符号的象征，以及在这些场景下的政治场面，比如毛主席在文革时期的检阅、党代会等等，这些都是当时所能接收到的政治性的公共新闻图像；另一类是英雄解放军，比如雷锋等，这是他在上中小学时学习的课本，看电影和连环画时的主要图像来源。但我感兴趣的是伊德尔在处理这些记忆的图像时，不是简单地复制成油画或其他形式，而是带有他个人的油画语言的转化。他将那些标志性

伊德尔作品：广场

建筑和人物或画成黑白针孔打印的斑点效果，或涂抹一片粉红的色彩。黑白建筑作为权力的象征，他处理的庄重、凝固而压抑，也许是他对儿时政治记忆的真实而恐惧的感受；粉红色的背景实际上传递着中国在“单一思维模式”时代日渐离去之后，人们对个人情感表达的需求。画面上的“斑点”具有一种摄影图片与生存记忆的痕迹，而成为那时中国的领袖、英雄以及中国人的某种视觉象征，也给我们曾经失落的文化形象和身份提供了回眸与反思的视觉标本。

“Passion and Force”——情劫展览

展览时间：2006年10月22日——10月29日

展览地点：仁艺术中心

参展艺术家：冯峰、王利丰、庆庆、崔岫闻、蔡志松、高惠君、张东红、邵帆、童振刚

“纸质之上”——方力钧、岳敏君、王广义、张晓刚版画展

策划人：今日国际画廊

展览时间：2006年10月30日——11月30日

展览地点：今日美术馆一层今日国际画廊

“春之舞”——朱维彬作品展

展览时间：2006年11月5日——11月25日

展览地点：北京墨岚画馆

“西村故事”——圆明园艺术家村纪事

策展人：杨卫

展览时间：2006年11月11日——12月11日

展览地点：九立方画廊

参展艺术家：刘辉、徐志伟、胡敏、胡杰、曾璜、赵亮

穿过圆明圆的五匹

策展人：蒋微

展览时间：2006年11月25日——12月30日

展览地点：北京朝阳区草场地艺术东区B区

参展艺术家：明德（马哲）、杨青、杨得清、陈牧（四毛）、片山、顾春雷

“东经E:000.00.000 北纬N:000.00.000”——翟墨个人抽象画作品展

展览时间：2006年11月25日——12月10日

展览地点：北京云水天地

“样板运动”——杨洮个展

展览时间：2006年11月26日——2月5日

展览地点：程昕东国际当代艺术空间

“样板”与“运动”：以艺术的名义

文/高岭

摘要：杨洮将文革时期的革命现代舞剧《白毛女》剧照，与体育运动项目结合起来，构成了他近期的《样板运动》系列油画作品。以中国人曾经经历的长期政治生活和精神生活中的公共视觉符号为题材来创作，最近十几年已经构成了中国当代艺术中重要的风景。就题材选择的范围和思路而言，杨洮的这批作品属于这个风景中的一个元素。我注意到，不少艺术家选择过样板戏的图式和形象，但是《白毛女》的图像形式却是第一次被杨洮单独集中使用的。

杨洮作品样板运动系列之二

杨洮作品样板运动系列之三

不仅如此，艺术家还把诸如跳高、高低杠、足球、高尔夫球、滑冰等体育运动的场景和道具，巧妙地搬进了画面之中。之所以说是“巧妙地”搬进，是因为画面整体结构和布局，依然是忠实于《白毛女》的原来剧照，而且画面传达出来的气氛如果不假思索，似乎依然笼罩在当年的那种英雄主义情绪中。

就这样，作为几代中国人政治生活和精神生活重要组成部分的文化符号，与今天的体育运动风尚宛若天成地结合在了一起，历史和现实穿越时空的隧道走在了一块，仿佛时空的差异和隔绝不曾存在和发生，仿佛过去的历史经验今天依然存在，

杨洮作品样板运动系列之一

仿佛今天的现实依然是历史的翻版。

范畴的不同场景的对比手法，也因为其对近年来艺术中大量使用简单公共符号现象的拒绝和对当下现实的关注，而获得了属于杨洮自己的艺术特色。

“形无形”——中国抽象绘画展

策展人:刘礼宾

展览时间：2006年12月2日——2007年1月31日

参展艺术家：陈若冰、李洋、林延、谭平、唐楷之、王光乐、徐红明、张帆、周洋明

深圳当代艺术创作库作品邀请展

展览时间：2006年12月2日——1月22日

展览地点：广东省广州市越秀区建设大马路8号之七逸雅居大厦

参展艺术家：邓荣斌、杜应红、花哥、刘红艺、莫峻峰、任小彬、沈鹭、田流沙、王志忠、吴德生、文杰、熊玮、易国

栋　、周金华、邹卫、祝欣、吴强、高玉磊

“暖冬”——宋庄艺术家联展

策展人：鲍智明

展览时间：2006年12月3日——12月26日

展览地点：北京大山子艺术区

参展艺术家：刘柳、刘旭东、亓文章、宋广袤、陶思睿、王芳、王南飞

“护照：身份的疆界转变”——当代艺术展

策展人：赵树林

展览时间：2006年12月3日——12月30日

展览地点：北京当代艺术美术馆（BS1）MUST BE艺术中心

参展艺术家：EkatherinaS（俄罗斯、德国）、任戎（德国）、盛奇（中国）、（意大利）、Musician（英国）、黄岩（中国）

中国当代艺术文献展

策展人：康坦艺术

展览时间：2006年12月22日——12月26日

展览地点：北京中华世纪坛美术馆

参展艺术家：蔡锦、苍鑫、曹力、陈鸿志、陈庆庆　、陈云岗　、陈志光　、戴政生、丁方、黄岩、贾涤非、贾穹、江衡、蒋涛　、雷子人、李虹、李险峰、李秀勤、刘君、刘俐蕴、罗中立、马东民、马军、明镜　、岂梦光、任传文、沈娜、谭勋、王嘉伟、王玺、王易罡、吴德斌、武艺、忻东旺、徐晓燕　、杨冬白　、姚鸣京、叶恒贵　、伊德尔、于凡、虞村、岳敏君、曾晓峰、张方白、张念、张庆、张卫、周京新

“太美好”——新年艺术鉴赏会

策展人：张思永

展览时间：2006年12月23日——2007年1月23日

展览地点：798正当代艺术会

参展艺术家：刘力国、曹晓冬、刘辉、王楚禹、庞永杰、

任福生、沈敬东、李楠楠、赵桢、刘锚锚、谢磊、乙妍、龚栖、郑江、张茜、王思伟、杜昆、陈亮孙立沙、赵亚楠、于凯先、许可、王琳、李睿、小六、曾刚、曾向阳、于航

2006今日中国美术大展

展览时间：2006年12月29日——2007年1月7日

展览地点：中国美术馆

参展艺术家：方力钧、马越、戈溢、赵光臣

"黄土厚成"——张国龙2006个展

展览时间：2006年12月30日——2007年1月25日

展览地点：北京锦都艺术中心

关于张国龙

摘录一：张国龙是当前中国抽象油画中学院倾向的突出代表之一。 他画中有一种生气和活力，一种躁动于母腹中的生命意识和生命状态，一种在强大的传统规范中而奋力挣脱的人格精神。这些使他的画中有一种外冲的张力。

张国龙特别强调布局的单纯和严谨；他在平面中寻求空间，这种空间往往不是指向远处的光亮，而是引向无限幽深；他在理性的框架结构中寻求自由表现，这种表现的重点不在韵而在势；他的色彩不是侧重于欢快与跳跃，而是倾向于浑朴与苍茫；他常以时隐时显的碑形作为画面主体，这或可视为人类原始生命崇拜物的现代化身；画面中疾速喷洒的线是更具有个性的语言方式，它直接呈现着画家的生命激情；他从西画入手，却顽强地表达着中国大西北黄土地上的灵魂。

—— 刘骁纯

摘录二：对当代艺术正在发生的这些变化，特别是当代艺术面临的这些要解决的问题，艺术家张国龙是早有敏感和思考的。我之所以说他是"早有"，是因为他从九十年代开始，就在自己的艺术实践中接触、碰撞过这些问题，尤其是这些问题的努力实践者和不懈探索者。

张国龙作品：黄土・厚层 NO.6

张国龙作品：黄土・脉 NO.1

就张国龙的艺术创作而言，多年来他一直围绕绘画精神上的中西融合，借由材料的物质属性抒发自己意欲谋求的文化意象，也在对材料的把握和运用中构筑起自己作品的个性形态。

——范迪安

艺术机构 | Five

宋庄艺术机构

凹凸空间

创立时间：2006年10月

面积：700平米

负责人：庞勇

地址：小堡嫘院凹凸空间10—12号

北京当代艺术馆

创立时间：2006年

面积：9800平米

负责人：秦风

地址:宋庄大兴庄村委后

大风画廊

创立时间：2006年9月

面积：120平米

负责人：高雷

地址：小堡北街241号

东区艺术中心

创立时间：2006年10月

面积：6000平米

负责人：崔金铎

地址：小堡环岛向北400米

韩燕画廊

创立时间：2005年7月

面积：400平米

地址：靳东升

地址：小堡南街76号

虹湾艺术馆

创立时间：2006年12月

面积：4000平米

负责人：宗昊 马建明

地址：小堡环岛向北800米

画家村画廊

创立时间：2002年3月

面积：1500平米

负责人：严宇

地址：任庄村北一号

境界画廊

创立时间：2006年10月

面积：300平米

负责人：刘金秋

地址：上上美术馆内

前哨画廊

创立时间：2005年1月

面积：600亩

负责人：刘楠

地址：小堡大街

宋庄1号美术馆

创立时间：2005年11月

面积：4000平米

负责人：梁克刚

地址：宋庄镇六合村

宋庄美术馆

创立时间：2006年10月

面积：5000平米

负责人：栗宪庭 李强

地址：宋庄小堡村

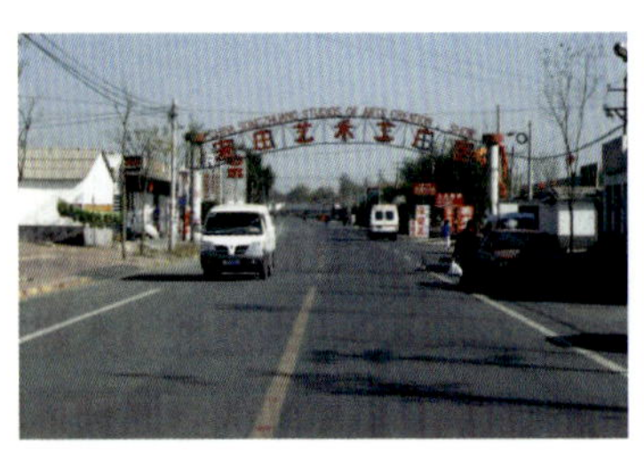

宋庄艺术工厂区

创立时间：2005年3月

面积：30000平方米

负责人：王志诚

地址：小堡街

苏蒙画廊

创立时间：2006年12月

面积：138平米

负责人：韩燕

地址：小堡南街66号

王强私人美术馆

创立时间：2006年9月

面积：200平米

负责人：王强

地址：宋庄镇任庄村

2006年宋庄报道 | Six

日期	媒体名称	报道题目	形式
5月9日	京报网	宋庄：画家村的产业梦	专题
8月3日	网上转载	宋庄画家村画家的另类生活	专题
8月28日	中国传媒人	第二届中国•宋庄文化艺术节将于10月6日在北京宋庄镇隆重举行	专题
9月	艺术先锋	宋庄画家村•宋庄文化艺术节的前世今生	专题
9月7日	中国经济网	宋庄文化艺术节金秋开幕　崔健邀你摇滚中秋	报道
9月7日	北京日报网	第二届中国•宋庄文化艺术节将于10月6日至16日举办	简讯
9月7日	法制晚报	中秋佳节崔健邀万人狂欢	简讯
9月7日	京华时报	崔健将在宋庄露天演出	简讯
9月7日	华夏时报	崔健中秋宋庄开演唱会	报道
9月7日	北京晨报	宋庄艺术节下月开幕	简讯
9月8日	城市快报	崔健感叹　老摇滚不识新摇滚	报道
9月8日	新浪网	和谐社会为目标的地域品牌——"中国•宋庄"	报道
9月8日	广州日报	摇滚中秋——崔健演唱会助阵宋庄	简讯
9月8日	北京商报	第二届中国宋庄文化艺术节金秋开幕	简讯
9月8日	科技网	宋庄艺术节下月开幕	简讯
9月8日	新浪娱乐	宋庄文化艺术节将宋庄艺术家群落推向国际	报道
9月8日	中国摄影报	宋庄美术馆将办摄影展	简讯
9月9日	光明日报网	宋庄文化艺术节将举行	简讯
9月11日	音乐生活报	摇滚文化艺术节展金秋"超越那一天"	报道
9月11日	中国信息报	第二届中国•宋庄文化艺术节10月将在北京举行	简讯
9月12日	通州网	第二届宋庄文化艺术节中秋开幕	报道
9月12日	中国文化报	第二届宋庄文化艺术节中秋开幕	报道
9月12日	科技日报	2006第二届中国宋庄文化艺术节将开	简讯
9月13日	新华网	宋庄：打造当代艺术收藏和交易"圣地"	简讯
9月13日	中国消费网	宋庄文化艺术节国庆期间开幕	简讯
9月13日	经济参政报	宋庄：打造当代艺术收藏和交易"圣地"	简讯
9月14日	旅游文化	中国•宋庄文化艺术节有望拉动当地旅游业	简讯
9月15日	中国国门时报	第二届中国•宋庄文化艺术节将于金秋开幕	简讯
9月15日	北京日报网	10月6日"打开宋庄"宋庄文化艺术节将举办	简讯
9月15日	大众健康报	第二届中国宋庄文化艺术节金秋开幕	简讯
9月18日	新浪影音娱乐	胡介报访谈：宋庄艺术群落实现"文化造镇"	专题
9月18日	北京电视周刊	2006第二届中国•宋庄文化艺术节金秋开幕	报道
9月19日	琵琶北京	崔健摇滚露天狂欢演唱会	专题
9月20日	京华时报网	崔健国庆期间在宋庄开唱　期待农民兄弟捧场	报道

9月20日	新经济导刊	通州区宋庄"画家村"文化造镇	专题
9月21日	每日新报	"画家村"金秋意正浓	专题
9月21日	国际商报	中国•宋庄文化艺术节10月开幕	简讯
9月22日	中国新闻	宋庄将办文化艺术节	简讯
9月22日	音乐周报	崔健中秋启动摇滚	报道
9月25日	音乐生活报	崔健：我希望更多的农民来看现场	报道
9月26日	华夏时报	第二届中国•宋庄揭秘之生态——蹭吃蹭喝　生存都是问题	专题
9月26日	华夏时报	第二届中国•宋庄揭秘之生态——或贫或富　朋友开始生疏	专题
9月26日	华夏时报	第二届中国•宋庄揭秘之生态——房价飞涨　村民忙着盖房	专题
9月26日	华夏时报	第二届中国•宋庄揭秘之生态——本村农民　也搞前卫艺术	专题
9月26日	北京青年报网	宋庄文化艺术节绽放十一	简讯
9月26日	科学新生活	崔健带你"超越那一天"	报道
9月27日	华夏时报	崔健——我更敏感，但不假装愤怒	专题
9月28日	中国青年报网	崔健：贴在我身上的标签　对我来说是不痛不痒	专题
9月28日	中国青年报	对我来说是麻木是不痛不痒	专题
9月30日	戏剧电影周刊	崔健宋庄个唱因故取消	简讯
10月	宝藏	栗宪庭谈中国当代艺术	专题
10月	风范	宋庄文化艺术节	专题
10月	名牌	宋庄的艺术江湖	专题
10月1日	往来	崔健——让一部分声音先喊出来	专题
10月3日	设计在线	第二届中国•宋庄文化艺术节　未来宋庄－－建筑艺术实践展	专题
10月5日	美术焦点网	胡介报——宋庄艺术节关键人物系列	专题
10月5日	美术焦点网	崔大柏——艺术节关键人物	专题
10月5日	美术焦点网	杨卫——艺术节关键人物	专题
10月6日	通州娱乐在线网	第二届中国•宋庄文化艺术节正式拉开帷幕	报道
10月6日	北京青年报	宋庄艺术节今日开幕	专题
10月7日	北京网	第二届宋庄艺术节　打开宋庄	报道
10月8日	财经时报网	文化造镇：下一个苏荷	专题
10月8日	财经时报网	商业平台上的诸神狂欢	专题
10月8日	财经时报	再叹宋庄：中国前卫艺术基地的艺术与商业博弈	专题
10月8日	新京报网	第二届宋庄艺术节开幕（图）	报道
10月8日	北京日报	千名艺术家艺术了宋庄	专题
10月9日	财经时报	宋庄启示录	专题
10月10日	新周刊网	宋庄艺术12年：千名画家的梦工厂	专题
10月11日	中国当代艺术门户网	2006第二届中国•宋庄文化艺术节金秋开幕	专题

10月11日	新浪影音娱乐	超女纪念碑现身宋庄艺术节　创作意图惹争议	报道
10月12日	重庆晚报网	超女纪念碑超女不买账　策划人：这是反讽	报道
10月12日	新浪娱乐	组图：崔健参观宋庄艺术节　对超女纪念碑感兴趣	报道
10月12日	中国新闻网	第二届宋庄文化艺术节在北京通州举行	报道
10月12日	上海青年报	超女纪念碑创作者：想把它立到湖南电视台门口	专题
10月13日	新京报	打开宋庄	专题
10月17日	千龙网	宋庄文化艺术节——杨卫访谈	专题
10月17日	中国青年报	“蓝猫：是这样长大的	专题
10月17日	光明日报	三辰卡通：动画娱乐＋知识传播	专题
10月17日	人民日报	三辰集团"知识卡通"成就行业"领头羊"	专题
10月17日	经济日报	蓝猫成长"三问"——三辰卡通集团创新发展纪实	专题
10月17日	统计周刊	文化创意产业呼唤统计出手—来自中国文化名镇宋庄的声音	专题
10月18日	财经文画网	为什么宋庄出现超女纪念碑	专题
10月23日	新浪影音娱乐	崔健为宋庄艺术节开场　为广大农民亮嗓	报道
10月23日	山东文化产业网	第二届宋庄文化艺术节中秋开幕	报道
10月27日	时尚网	第二届送状艺术节开幕	报道
11月	多维月刊	探秘中国前卫艺术基地	专题
11月	艺术评论	宋庄：全球化背景下的艺术群落	专题
11月	艺术评论	方力钧：梵高那样的激情是我不齿的！	专题
11月20日	北京日	胡介报：创作展览拍卖宋庄一个都不能少	专题
12月	艺术评论	转身看见美丽——盘点2006中国当代艺术	专题
12月11日	华赛网	翟墨：抽象画家航海梦	专题
12月14日	慧聪网	首届北京国际文化创意产业博览会今结束	报道
12月15日	通州旅游局网	通州区宋庄文化旅游创意亮相 首届中国北京国际文化创意产业博览会	简讯
2006年	第三期中国艺术	水墨制造：传奇传智传文脉 ——中国（宋庄）水墨同盟艺术新菜单	专题
2006年	第三期中国艺术	“以天下为我身”——梁建平水墨艺术初探	专题
2006年	第三期中国艺术	梁建平访谈录	专题
2006	第三期中国艺术	择"龙脉"而栖居而作画——漫谈鹿林的绘画及生活方式	专题
2006年	第三期中国艺术	上帝的归上帝，鹿林的归鹿林	专题

宋庄来访 | Seven

北京市委书记刘淇同志、市长王岐山同志考察宋庄

宋庄镇政府把文化创意产业作为宋庄经济发展的引导性产业，有意识地采取相应政策，发展文化创意产业，使得文化发展与经济建设同步。目前他们正在积极进行文化艺术产业链的研究规划工作，努力把艺术资源转化为艺术品牌并推向世界。

二十世纪九十年代中期开始，一些艺术家开始在宋庄安营扎寨。近年来，由于宋庄画家的作品频频面世，“宋庄”之名已由京郊村野远渡重洋传遍了世界各国，研究世界美术史的专家，也已将宋庄与法国的巴比松、美国的东村、德国的达毫、沃尔普斯韦德等世界艺术圣地相提并论。

2005年宋庄镇政府举办了首届宋庄文化艺术节，文化艺术节共征集了306名艺术家的720件作品，作品总价值近8000多万元，文化艺术节上还举办了“华威杯和谐中国大型中国传统书画展”，展出了国内30位著名老书画家100幅巨型画作。

首届宋庄文化艺术节全程参观人数近十万人。艺术节期间，宋庄镇借势进行了宋庄地区企业经济招商活动，邀请了国内50余家实力企业来到宋庄感受文化生活，寻找投资环境。通过参观文化园区和艺术家工作室，先后有19家投资企业洽谈对文化创意产业的投资事宜。

宋庄镇文化创意产业发展的基本思路是：以文化为核心竞争力，使文化创意产业成为经济发展的原动力和核心；形成文化创意产业、房地产业、休闲旅游产业互相融合的产业格局，形成不可复制的、独特的区域品牌。目前，宋庄镇文化创意产业新村的规划建设正在紧张地组织实施当中。

目前以亚洲最大的北京华骏育马有限公司、占地2000亩的莱克西施高尔夫绿色俱乐部、四星级的运河苑度假村为主体，形成了宋庄镇运动、娱乐、住宿三位一体的旅游资源。旅游业被业界成为无烟工业，旅游业的发展，对宋庄镇增加税收，解决就业，带动其它产业发展，将起到极大的促进作用。

北京市委书记刘淇同志、市长王岐山同志曾先后来到画家聚集的宋庄镇小堡村进行考察、调研，并参观了画家的画室。

2005年12月刘淇同志考察后，对宋庄镇文化艺术与经济发

刘淇（右一）在画家高惠君工作室

王岐山（左）胡介报（中）高惠君（右）

展相结合的做法表示赞扬。

2006年2月8号上午，市长王岐山来到宋庄镇小堡村，参观了画家高慧君的画室。在参观中王岐山向该镇的党委书记胡介报、镇长陈宇仔细询问了生活在小堡村的２００多位画家的生活、创作情况，并希望宋庄镇在开展文化创意产业建设时，要更加关心照顾艺术家们的生活，为他们艺术创作提供更好的环境。

王岐山市长还对小堡村发展文化创意产业提出了具体建议。

宋庄规划摘要 | Eight

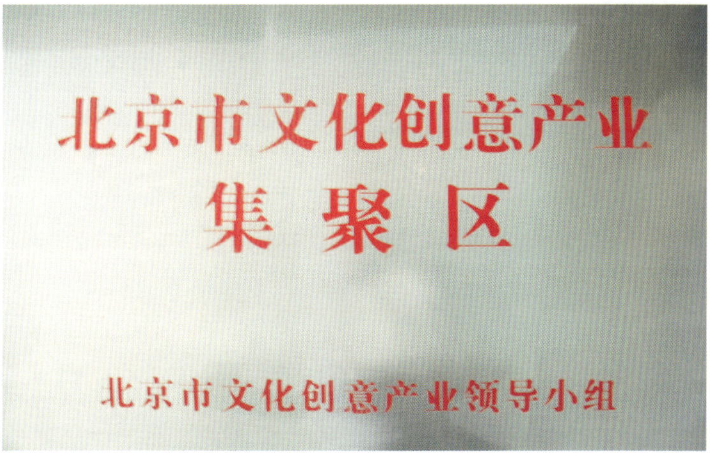

北京市文化创意产业
集聚区

北京市文化创意产业领导小组

中国·宋庄文化创意产业集聚区城市概念设计过程历时两年。宋庄镇人民政府秉承“文化造镇”理念，于2006年初委托北京工业大学建筑与城市规划学院针对当时宋庄艺术家群落发展现状实施完成“集聚区”的初步概念设计，此规划在集聚区发展和建设的初期阶段起到了积极的指导作用。2006年12月8日宋庄原创艺术与卡通产业集聚区被北京市文化创意产业领导小组列为首批北京市十大文化创意产业集聚区之一。为进一步提升“集聚区”发展和建设水平，全面打造“艺术宋庄、活力宋庄、魅力宋庄”。宋庄镇人民政府再度邀请美国龙安国际建筑规划设计顾问有限公司历时近一年，进行“集聚区”整体概念设计。此规划的完成正值宋庄艺术年鉴编辑的收尾阶段，编委会考虑到，广大艺术家和读者对宋庄未来的关注，特就该规划梗概在此呈现。

项目定位及竞争力分析

PROJECT OBJECTIVES

CITY COMPETENCE

MARKETING

PRODUCTION ANALYSIS

PROJECT OBJECTIVES

项目定位
Project Objectives

定位原则
Principal

- 做不大不做，致力于将宋庄打造为中国关注、世界瞩目的创意产业集聚区。
- 做不精彩不做，将最原创、最有趣、最时尚、最生猛的创意生活展现给世人。
- 做不绝不做，别人有的我们有；别人没有的我们也有，制造宋庄的唯一性和不可复制性。

宋庄，作为拥有1000多艺术家的艺术群落，艺术家的特性，使得他们已经不能满足现代主义那些冷漠的简单，他们需要感性的发泄、需要理想的寄托、需要有情感的生活方式，所以，现在宋庄和未来的宋庄，是艺术家们的生活理念和生活方式的回归，他们在宋庄，将实现：简单生活 激情创意 自由发挥 快乐成长……

主题定位
Objectives

宋庄原创艺术的发展——中央当代文化区[CAD]

北京，作为中国的政治、经济和文化中心，千百年的文化积淀，拥有其特殊的地位，但作为北京文化中心来讲，未能形成有代表性的中央文化区。宋庄，将抓住“十一五”规划的契机，大力发展原创艺术为主导产业，打造北京的特色中央文化区，提升北京文化的世界地位和形象，将宋庄文化创意产业聚集区打造为北京、中国和世界的文化、商贸、旅游和居住一体的世界艺术名都。

同时，宋庄要吸引全球的眼光走向世界，要打造一个具有聚集世界艺术家，国际交流、展演和交易的平台，需要大量引进现代主义元素，包括博物馆、画廊、商业区、高档酒店、休闲娱乐、高档物业开发等在内的现代基础设施建设，将营造一个艺术花园城市的氛围，与世界城市接轨，与世界商业，与世界生活接轨。

主题定位宣传词为：“中国宋庄镇 当代艺术城”

项目定位及竞争力分析

PROJECT OBJECTIVES

产业链发展配比预测

1）根据调查和不完全统计，宋庄2006年人口、经济等基础发展数据如下：

<table>
<tr><th colspan="2">指 标 项</th><th>数 据</th><th>备 注</th></tr>
<tr><td colspan="2">宋庄居民、暂住、流动人口数量</td><td>0.5万</td><td>农业人口除外</td></tr>
<tr><td rowspan="4">第一产业链
生 产</td><td>艺术家人数</td><td>1200多人</td><td></td></tr>
<tr><td>艺术工作室</td><td>700多个</td><td>大小不等</td></tr>
<tr><td>画廊、拍卖行等</td><td>30多家</td><td>尚无拍卖行</td></tr>
<tr><td>美术馆、展演中心等</td><td>4-5家</td><td></td></tr>
<tr><td rowspan="2">第二产业链
服 务</td><td>基础材料和工具厂商</td><td>55家</td><td>全镇共有工业企业550家，按照行业分，主要集中在建材、印刷、服装、食品、铸造、木制品等六大行业。（按10%估算配套产业）</td></tr>
<tr><td>酒店、餐饮、商业等</td><td>120家</td><td>小堡村投资3000万元建成了7200米的商业街，有餐饮、文房四宝小店、超市120户</td></tr>
<tr><td rowspan="2">第三产业链
生 活</td><td>艺术家等居住面积</td><td>6万平米</td><td>疃里新村总建筑面积51.5万平方米，村民入住率88%，白庙新村6.5万平方米，村民入住420户，入住率90%。根据以上推算，其他常住居民入住率为10%以上（不包括村内自建房、租房等）</td></tr>
<tr><td>医疗等公建配套等</td><td>50家</td><td>全镇有社区卫生服务站6家，28个村建立了村级医务室，16个村建立了便民药店。</td></tr>
<tr><td rowspan="2">经 济</td><td>产值</td><td>3.2亿</td><td>海外拍卖</td></tr>
<tr><td>创税</td><td>3200万</td><td>按10%估算</td></tr>
</table>

2）根据2006年基础数据和参考世界文化产业发展增长规律，我们分别拟定三个产业的权重和增长速率。

指标项		权重	增长速率	备注
第一产业链生产	艺术家人数	0.25	56.67%	10年后8000人，现1200人，按平均速率增长
	艺术工作室	0.15	18.89%	按艺术家人数1/3增长
	画廊、拍卖行等	0.06	11.33%	按艺术家人数1/5增长
	美术馆、展演中心等	0.04	5.67%	按艺术家人数1/10增长
	合计	0.5		设定06年综合权重
第二产业链服务	基础材料和工具厂商	0.1	5.67%	按艺术家人数1/10增长
	酒店、餐饮、商业等	0.3	11.33%	按艺术家人数1/5增长
	合计	0.4		设定06年综合权重
第三产业链生活	艺术家等居住面积	0.08	56.67%	按艺术家人数增长
	医疗等公建配套等	0.02	5.67%	按艺术家人数1/10增长
	合计	0.1		设定06年综合权重

3）根据以上各产业的权重和增长速率，即可计算出未来3年、10年产业发展综合权数增长系数：

指标项		权重	增长速率	3年后		10年后	
				权数	增长倍数	权数	增倍数
第一产业链生产	艺术家人数	0.25	56.67%	0.675	2.70	1.667	6.67
	艺术工作室	0.15	18.89%	0.235	1.57	0.433	2.89
	画廊、拍卖行等	0.06	11.33%	0.080	1.34	0.128	2.13
	美术馆、展演中心等	0.04	5.67%	0.047	1.17	0.063	1.57
	合计	0.5	/	1.037	2.07	2.291	4.58
第二产业链服务	基础材料和工具厂商	0.1	5.67%	0.117	1.17	0.157	1.57
	酒店、餐饮、商业等	0.3	11.33%	0.402	1.34	0.640	2.13
	合计	0.4	/	0.519	1.30	0.797	1.99
第三产业链生活	艺术家等居住面积	0.08	56.67%	0.216	2.7	0.533	6.67
	医疗等公建配套等	0.02	5.67%	0.023	1.17	0.031	1.57
	合计	0.1	/	0.239	2.39	0.564	5.64
总计		1.0	/	1.795	1.80	3.652	3.65

4）根据以上表格预测，可得出以下结论：

A. 通过3年的发展，宋庄文化产业发展整体将提升1.80倍，在产业发展链中，第一产业在将在06年基础上增长2.07倍，产业占比57.77%；第二产业将增长1.30倍，产业占比28.91%；第三产业将增长2.39倍,产业占比13.32%。

B. 通过10年的发展，宋庄文化产业发展整体将提升3.65倍，在产业发展链中，第一产业在将在06年基础上增长4.58倍，产业占比62.73%；第二产业将增长1.99倍，产业占比21.82%；第三产业将增长5.64倍,产业占比15.45%。

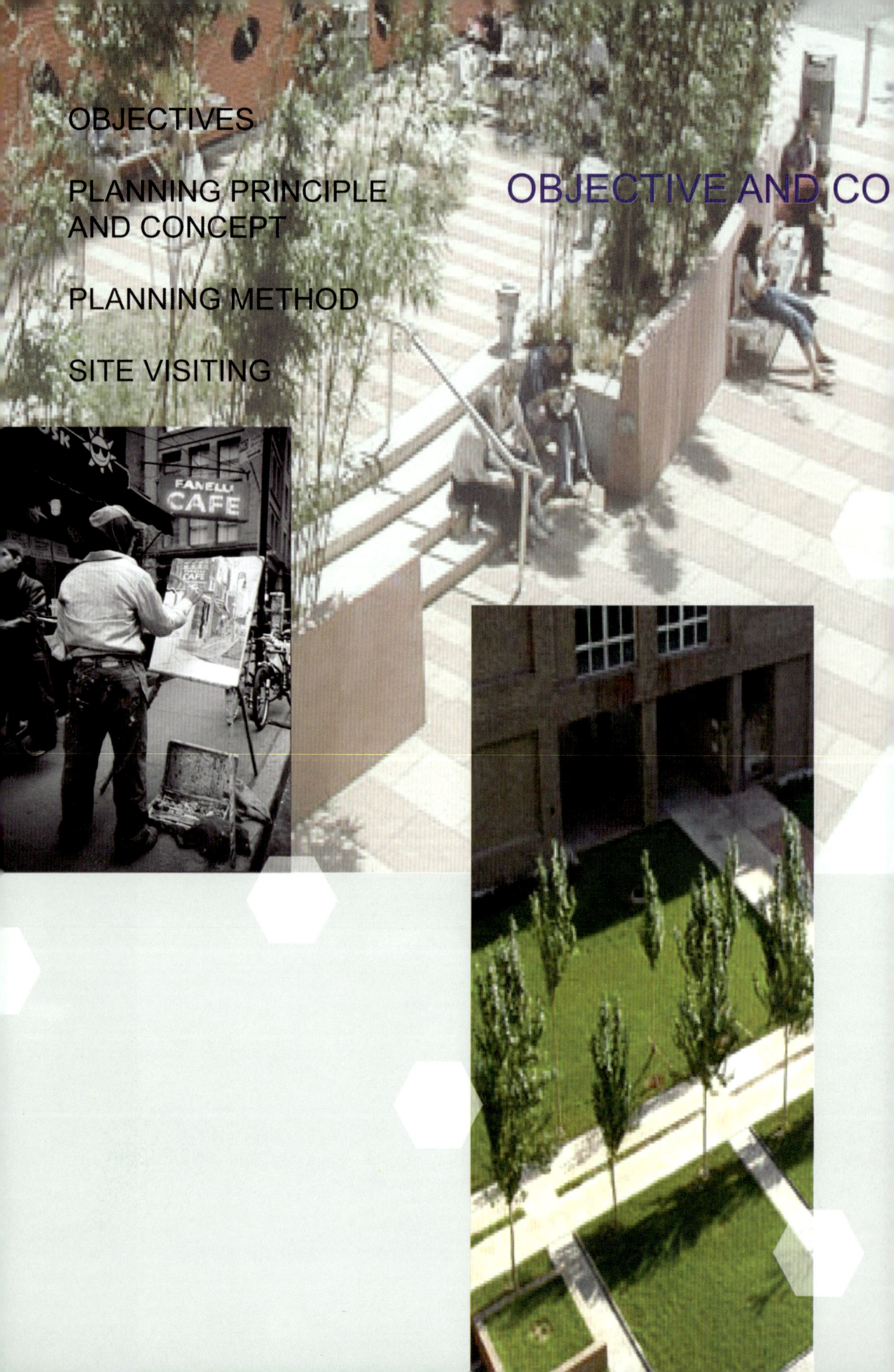
OBJECTIVES
PLANNING PRINCIPLE AND CONCEPT
PLANNING METHOD
SITE VISITING
OBJECTIVE AND CO
FANELLI
CAFE

PTION

规划目标

PLANNING OBJECTIVES

动力宋庄

打造动力宋庄，主要指构建创意产业链、优化产业结构，促进创意经济的良性循环，推动宋庄经济全面发展。以文化创意产业为重点，当代艺术与动漫网游为核心，展演、交流、交易、旅游为补充，在继续发展和升级商业和生活服务业等传统产业的同时，积极发展信息、咨询等新兴产业，以文化创想、文化创举提高经济效益，实现文化创富。

活力宋庄

打造活力宋庄，主要指促进公共交往，以公共活动多样性吸引人群，以消费经济引进人气，创造宋庄旺盛的生命力。活动多样性指将多元文化植入集聚区之中，以多样性公共开放空间推进城市创意性；消费经济主要指服务经济和体验经济——经济价值链的最高端，服务经济满足的是发展的需要，体验经济满足的是自我实现的需要，二者相互结合，构筑充满活力的宋庄。

魅力宋庄

打造魅力宋庄，主要指促进文化、艺术与生活的复合，以多元性营造宋庄的美和魅。以文化艺术和现代精华元素构建人文场所精神，满足人们各种个性化需要，将宋庄打造为艺术创作的灵感源泉、艺术文化交流的前沿阵地、现代文化的时尚胜地。

dynamic city
OBJECTIVES
PLANNING PRINCIPLE AND CONCEPT
PLANNING METHOD
SITE VISITING
dynamic city
规划理念与构思
Planning Principle and Concept
思想－经营城市
Fniancial City Management
城市经营是一种全新的城市建设和管
主要作用在于推进城市资产的保值、
值，扩大城市的经济实力，完善城市
能，优化城市的生态环境，提高城市
增强城市的综合竞争能力和知名度。
规划借鉴成功的城市经营模式，探讨
内在肌理与长远发展趋势的经营策略
• 以当代原创艺术为城市品牌占领国
场，加强市场竞争能力、扩大宋庄经
提升知名度，走名牌产品策略与城市
的经营之路；
• 以宋庄垄断的艺术特色优势把艺
化创意作为宋庄重要的无形资产来经
宋庄文化节等无形资产的商业化运作
明的城市形象，提升宋庄文化品味，
化经营之路。
• 以原生态环境和公共空间产业化
济、社会与环境的协调发展，增强宋
力与辐射能力，走环境经济经营城市
• 引入倒叙法这一创新城市经营理
法的偏锋在于：比一般情况下更加大
基础设施、公建配套地投入，比一般
更加大力度对传播的投入。这样的运
一个竞合平台，国家、发展商、老百
益。
green space
organically increase
sustainable development
OBJECTIVE
AND
CONCEPTION
... form ... smart gr

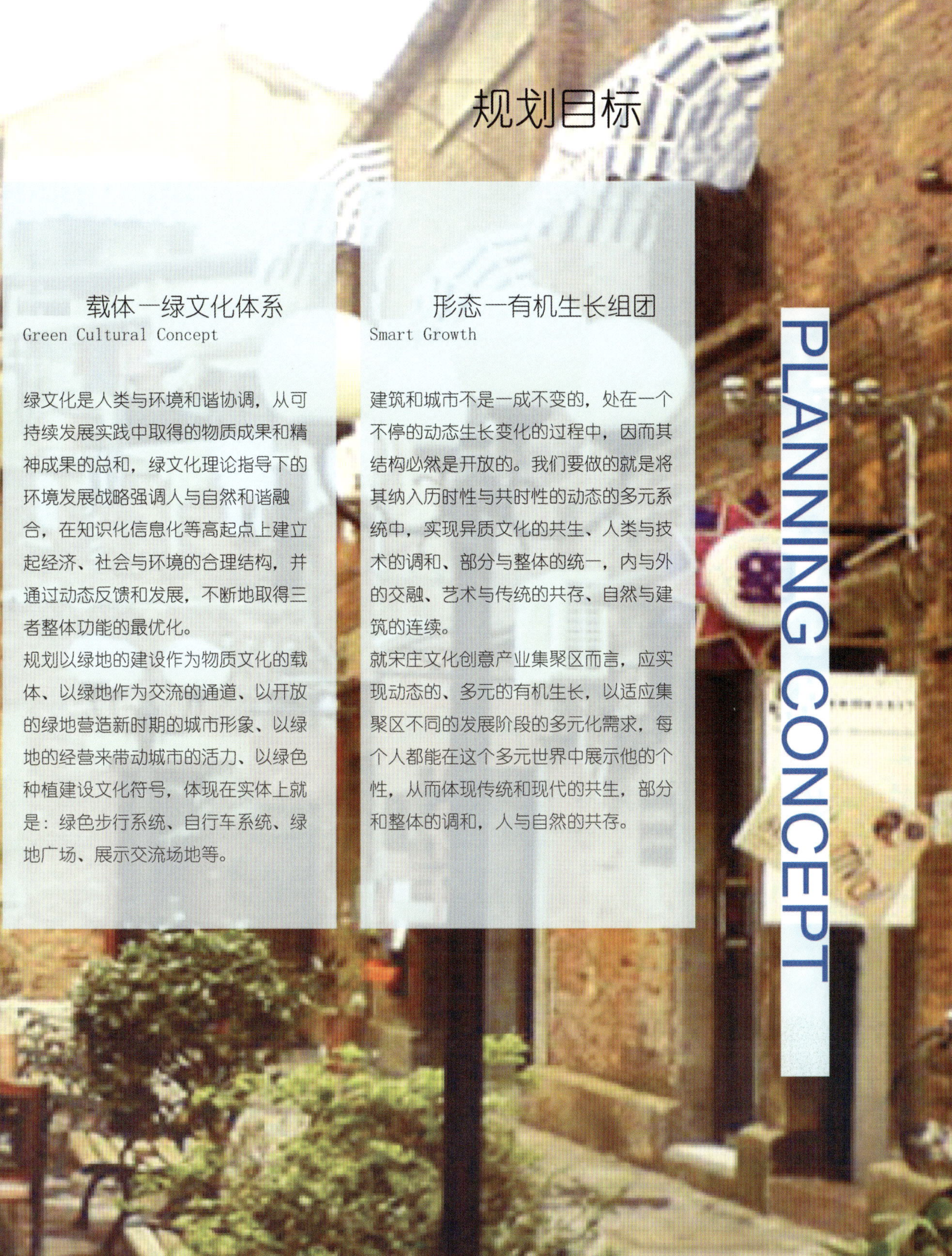

规划目标

载体—绿文化体系
Green Cultural Concept

绿文化是人类与环境和谐协调，从可持续发展实践中取得的物质成果和精神成果的总和，绿文化理论指导下的环境发展战略强调人与自然和谐融合，在知识化信息化等高起点上建立起经济、社会与环境的合理结构，并通过动态反馈和发展，不断地取得三者整体功能的最优化。

规划以绿地的建设作为物质文化的载体、以绿地作为交流的通道、以开放的绿地营造新时期的城市形象、以绿地的经营来带动城市的活力、以绿色种植建设文化符号，体现在实体上就是：绿色步行系统、自行车系统、绿地广场、展示交流场地等。

形态—有机生长组团
Smart Growth

建筑和城市不是一成不变的，处在一个不停的动态生长变化的过程中，因而其结构必然是开放的。我们要做的就是将其纳入历时性与共时性的动态的多元系统中，实现异质文化的共生、人类与技术的调和、部分与整体的统一，内与外的交融、艺术与传统的共存、自然与建筑的连续。

就宋庄文化创意产业集聚区而言，应实现动态的、多元的有机生长，以适应集聚区不同的发展阶段的多元化需求，每个人都能在这个多元世界中展示他的个性，从而体现传统和现代的共生，部分和整体的调和，人与自然的共存。

PLANNING CONCEPT

... ...

规划总体布局

规划结构与布局

City Structure and Layout

规划结构 Structure of City

两心 两轴 三区

两心：城市核心

市政金融商服核心：京榆旧路的徐宋路、宋梁路之间的地段因其核心位置必然是本产业集聚区土地价值最高、最具产业活力的地段。规划以其为中心，南面布置政府大楼、服务平台等;北面是一系列的商业金融、拍卖交易、文化办公等核心功能，南北两块形成区域性公共核心。

文娱会展休闲核心：潞苑北大街的会展中心复合区域，融合了酒店、公寓、酒吧街、展示、演艺等，透过最富有活力的元素传递动感魅力，引领时尚发展的潮流，打造最IN的前沿创意生活，为宋庄注入新鲜活力，是区域性文化时尚核心。

两轴：东西向的京榆旧路城市发展轴和南北向的徐宋路文化发展轴

- 京榆旧路城市发展轴：集聚区东西向主要联络线，M6支线的建设使交通更为便利，以总部基地、政府办公、服务平台、商业娱乐、拍卖交易等服务功能为主，形成错落有致、收放自如、流畅多变的空间序列，是宋庄城市发展的主轴。
- 徐宋路文化发展轴：以现状小堡村原创艺术为依托，布置画廊、工作室、展馆、交流平台等文化设施，形成有机、有趣、有序的城市线性空间，展示宋庄当代艺术文化特色风貌。

三区

依据产业集聚区的性质、功能及用地现状 分
个功能片区：现代艺术创意区、动漫创意产业
及生活居住区。

- 现代艺术创意区：是整个产业集聚区的主体
魂。以现状小堡村为核心，涵盖了创意工作室、
演交易等功能，积极打造宋庄城市品牌。

- 动漫创意产业区：主要包括三辰卡通基地、
企业孵化、服务平台、教育等功能，以实现集
的产业规模化与产品品牌化。

- 生活居住区：居住区多集中于地块东南面，
借用潮白河与翟减沟的生态渗透，将其打造为
优美、配套设施齐全的怡居生态住区。

LAND USE LAYOUT METHOD

功能结构图

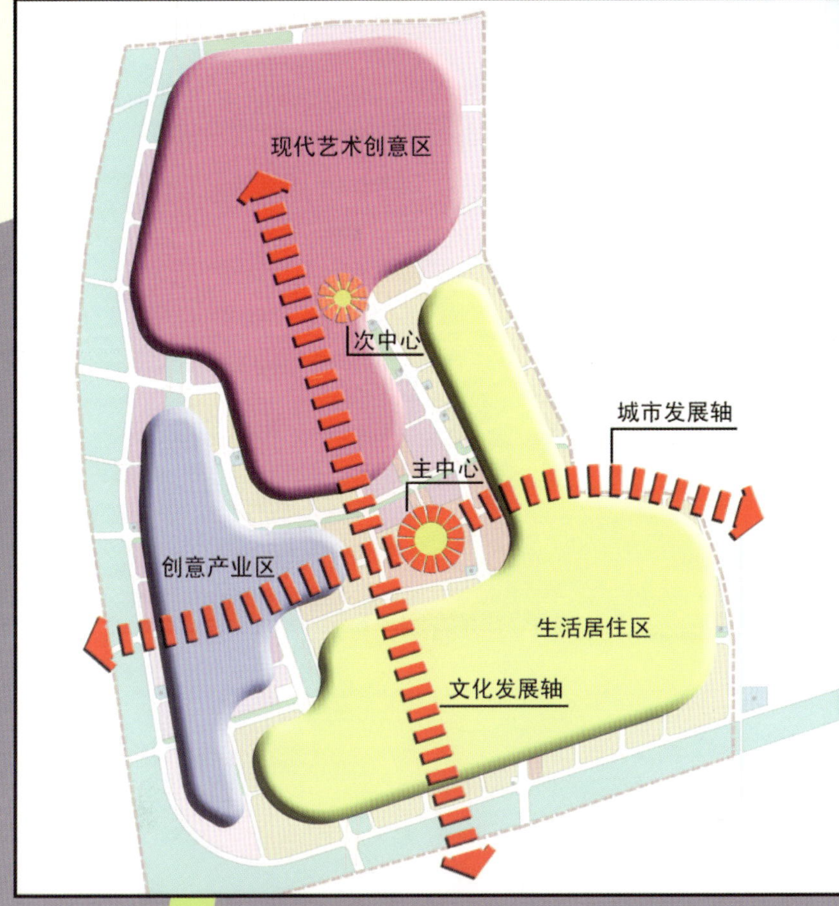

规划用地平衡表

类别	用地面积（ha）	比例（%）
写字楼	28.4	1.94
酒店	10.48	0.72
商业配套	24.52	1.67
文化、娱乐	346.91	23.68
会议展示	9.72	0.66
体育	3.28	0.22
教育科研设计用地	42.47	2.9
居住、公寓	363.36	24.81
多功能	5.91	0.4
医疗	285.96	19.52
道路广场	311.52	21.27
绿地及水面	5.36	0.37
市政用地	26.7	1.82
保留用地	0.26	0.02
总计	1464.85	100

Overall Conceptual Design

总体概念设计

中国. 宋庄南部文化创意产业集聚区鸟瞰图

博物馆效果图

Core Building Design

节点建筑设计

博物馆 Museum

位于宋庄创意文化园的核心区北部，毗邻京榆旧路。被期待成为宋庄的艺术标志物，与其他建筑群体不同之处在于，它是位于一片场地上的孤立建筑物，正如雕塑中的阳文一样，它是一个突出的前景物，其它远近建筑都成为它的背景。因此，雕塑感&戏剧性是其应有的个性。

建筑主体被塑造成棕红色的立方体，由一个架空的体块和一个落地的体块共同组成，体块间是由玻璃体围合的交通流动空间。体块上开不规则缺口，形成建筑与外环境的对话。为了引导参观者走向场地中心的立方体，设置了贯穿立方体的流线型坡道，它贯穿了场地，也贯穿了建筑的内部空间，成为主题。建筑材料选用宋庄目前普遍使用的红色清水砖，通过砖的拼接与错缝，给建筑以不一样的表情。

艺术服务平台效果图

Core Building Design

节点建筑设计

艺术服务平台 Public Service Center

位于宋庄创意文化园的核心区南部，毗邻京榆旧路。该建筑含有多种使用功能，因而对建筑空间的大小要求也不相同，因此，建筑体由一些大小不同的不规则体块并联而成，这些不规则的体块围合组成一个与基地环境丝丝入扣的不规则四边形，中间围合成曲线形庭院，无论是作为艺术家们畅所欲言的论坛，还是作为艺术品的露天展厅，都是一个必然的选择。四边形的缺口面向京榆旧路，作为主入口，入口台阶设计成为宽大的景观式台地，可休憩，也可将雕塑置于其上。 建筑材料下延续宋庄常用的青砖，通过砖的拼接与错缝，表现多种细节。

窗框或阳台一律采用黑色型钢，力求达到不一样的雕塑感，部分窗框外挑斜向的挑板，除建筑形体塑造外，也是为了减少西晒对室内的影响。建筑主体为三层，并局部设四层，顶层强调体块的穿插，通过青砖的实体与磨砂玻璃构成的虚体对比，形成不同的节奏与韵律。

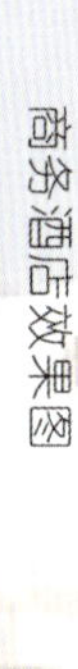

商务酒店效果图

Core Building Design

节点建筑设计

商务酒店 Commercial Hotel

位于宋庄创意文化园的核心区东部，位于两条主干道，京榆旧路和宋梁路的交汇点，同时作为核心区乃至整个创意园的制高点，商务酒店在建筑形象上必须突围而出。它是宋庄的商务酒店，那么除了要体现商业气氛，还要有扑面而来的艺术气息，虽然这是相当矛盾的冲突点。建筑形体更多的是在追求一种肌理和张力。

一对事物中的某个方面总是与另一个方面保持平衡，它们可以被视为发展过程或是时间过程的两个范畴。白天过后是黑夜，黑夜后面又是白天；工作之后是休息，然后是新的工作；发展之后是调整，然后是新的一轮的发展。

相对的概念在此次建筑设计中，被描述成一对事物的发展轮廓。我们常常要问自己：一条无限延伸的螺旋线的尽段究竟是什么?

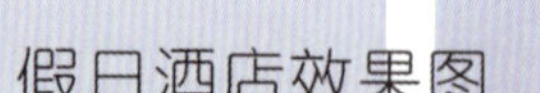

假日酒店效果图

Core Building Design

节点建筑设计

假日酒店 Holiday Inn

位于宋庄创意文化园的北部，潞苑北大街北侧。假日酒店与商务酒店不同，所需要的是休闲怡然的气氛。故而设计采用四层低矮的联排建筑，来形成低密度的建筑氛围，建筑群与建筑群之间，穿插绿色的自然环境，并在中间设置较大的自然庭院，给居者提供高质的户外空间。建筑底层部分架空，作为车库，并在门前设置花园平台，形成居者与路人的交流空间，也软化了建筑内外空间的界线。高品质的住宅产品，更为重要的是要求社区拥有自己独特的人文氛围和生活方式，其对居住者的人文熏陶和精神感召是一般的社区无法企及的。每一个生活在社区里的人都拥有独有的归属感和文化认同感。

这种超越了单纯景观享受的居住模式将是未来居住的趋势和潮流。 建筑不是平板的面对街道，而是自然转了一个角度，并作略微的起翘，改变了建筑的直白，也丰富了天际线。建筑材料延续宋庄常见的青砖，并搭配紫灰色的金属板和金属穿孔板，作为阳台挡板和遮阳体。

建筑改造前

会展中心效果图

Core Building Design

节点建筑设计

会展中心 Exbition Center

会展中心位于区域的北部，以现状厂房为基础改建，由于相邻道路拓宽，现有南侧厂房将被拆除，原有厂房外墙被保留，并以斜立的原木楔形墙体包裹，建筑外墙的第三层是一层清透的玻璃，斜向穿越的建筑外表皮将会使北京灼热的阳光柔和均匀的投射在室内，避免眩光。

原有厂房所围合的两个院落将被保留，东侧庭院将真正的演绎为建筑群的庭院，因为它所面对的就是建筑的主入口，为了昭示主入口的位置，将主入口做成由系列通长木板排列而成的线型立体构成，木板在位移与旋转时形成渐变的曲面，在曲面相交处顺理成章的形成入口空间。大门为一巨型铜门，粗犷又卓而不群，穿越木板的间隙人们目力所及的即为建筑围合的自然庭院。西侧建筑将变身为阳光厅，以直跑楼梯为主题，在厅中设临时展厅，建筑体将由单栋建筑转型为围合的建筑群体。

雕塑系统规划图

City Sculpture Design

城市雕塑设计

随着中国城市化的进程，城市雕塑建设在近年来有了前所未有的发展。作为城市雕塑的先导的城市雕塑规划越来越得到人们的重视。作为公共艺术的有机组成部分的城市雕塑，代表了一座城市的历史积淀、文明神韵，记录着时代政治、文化的浮沉、变幻，作为物化的历史与文化，与建筑一道成为城市沧桑的见证者。优秀的城市雕塑是“时代精神的凝聚”，被誉为城市的灵魂和“会说话的眼睛”。

规划目标 Objective

- 结合空间特点 ，强化环境空间的系统秩序性和可识别性。
- 改善和美化空间环境，协调与整体的关系和与其他空间的联系。
- 充实和加强空间艺术氛围，提升空间文化内涵。
- 提出城市雕塑的整体概念、创作要求和实施方法。
- 制定政策性的保护措施。

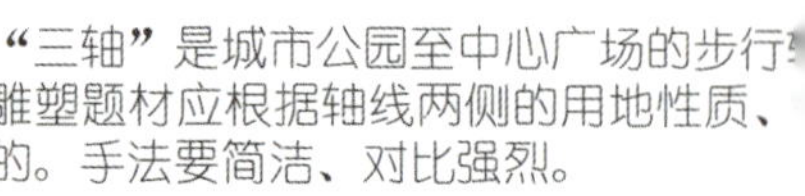
“三轴”是城市公园至中心广场的步行
雕塑题材应根据轴线两侧的用地性质、
的。手法要简洁、对比强烈。

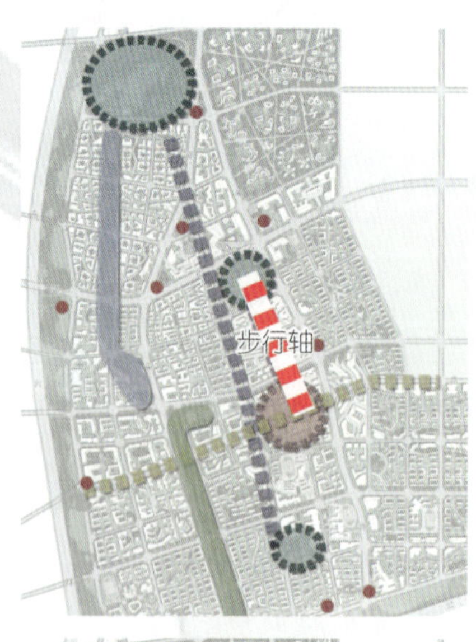

• 城市步行轴雕塑系统：通过当代先锋雕塑对艺术商业和生活商业的理解与表现，从侧面展示了宋庄独特的艺术区商业街。

• 城市文化轴雕塑系统：对宋庄创意文化特点的诠释，展示了宋庄坚实的、先锋的、原创的文化发展理念。

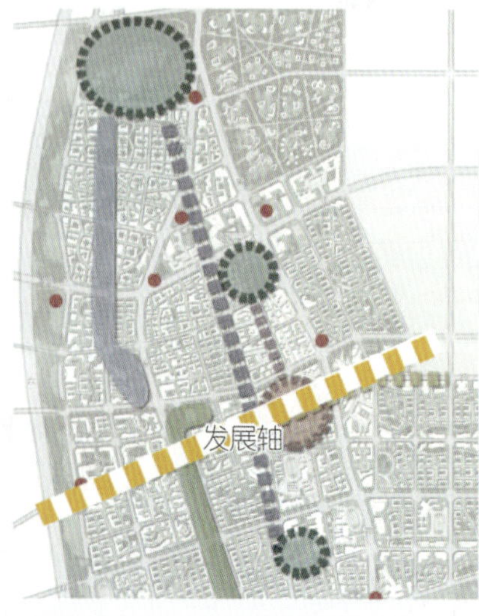

• 城市发展轴雕塑系统：通过当代先锋雕塑的各种风格的展示，突出城市开放的、包容的发展理念。

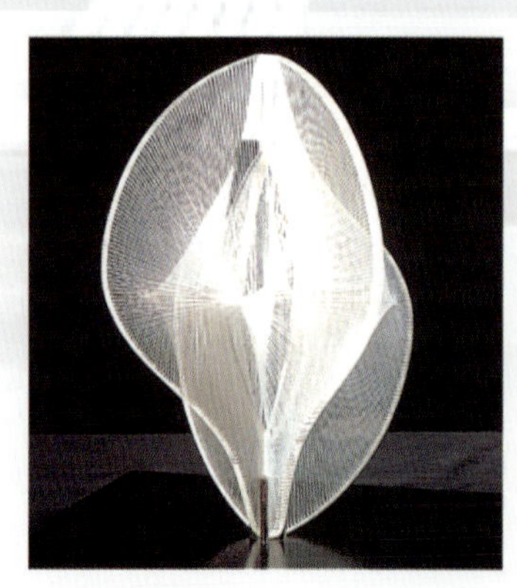

的文化轴、贯穿东西的发展轴
间层次而定位。风格应定位在现代的、抽象

City Sculpture Design

城市雕塑设计

SOKA

Streets Design

城市街道设计

文化街效果图

文化街效果图